NORBERT STANZEL

DIE GEISSEL GOTTES

Bischof Kurt Krenn und die Kirchenkrise

MOLDEN
VERLAG

Norbert Stanzel

DIE GEISSEL GOTTES

Bischof Kurt Krenn
und die Kirchenkrise

MOLDEN VERLAG WIEN

Die Deutsche Bibliothek – CIP-Einheitsaufnahme
Stanzel, Norbert:
Die Geißel Gottes – Bischof Kurt Krenn und die Kirchenkrise. – Wien:
Molden Verlag, 1999
ISBN 3-85485-030-1

1.–5. Tausend, Juni 1999

Lektorat: Herbert Nikitsch
Titelphoto: Robert Newald
Umschlagentwurf: Veronika Molden
Herstellung: Franz Hanns
Druck: Wiener Verlag, Himberg

ISBN 3-85485-030-1

Inhalt

Vorwort 9

I. TEIL

Ewiger Streit in der ewigen Stadt 15

Ein klarer Punktesieg 27

Von Rannariedl auf den Stephansplatz 57

Probegalopp in Wien 74

„... da müßte eher der liebe Gott abdanken" 88

Zwischen Schwarz und Blau –
das politische Credo Kurt Krenns 110

Der Superstar der Medien – oder:
Only bad news are good news 126

Wahrheit versus Ehrlichkeit:
Woran glaubt, wer wie Kurt Krenn glaubt? 140

Was wäre die Kirche ohne Krenn? 150

2. TEIL

Gespräche über Kurt Krenn

Franz Žak 157
Alois Mock 167
Andreas Mölzer 170
Robert Prantner 174
Helmut Schüller 178
Erhard Busek 187
Ewald Stadler 192

3. TEIL

Dokumente

Auszug aus dem Österreich-Quinquennalbericht 1992–1997 203
Rede von Johannes Paul II., 20. November 1998 214
Kongregation für die Glaubenslehre, 19. Dezember 1998 224
Gesdächtnisprotokoll von Pater Gottfried Schätz, 3. Februar 1998 230

Quellen- und Literaturverzeichnis 234
Anmerkungen 235
Register 253

**„Auf diesem Boden
wächst nichts Gutes für die Kirche in unserem Land.“**

MONSIGNORE MICHAEL WILHELM

Vorwort

Am Anfang dieses Buches stand eine Absage: „Nein“, sagte Michael Dinhobl, der Pressesprecher von Kurt Krenn: „Der Herr Bischof wird sicher nicht mit Ihnen reden – wegen Ihrer Kommentare.“

Ist es sinnvoll, ein Buch zu schreiben, wenn die Hauptperson jegliche Zusammenarbeit verweigert? Die Frage ist im Falle Krenns sicher zu bejahen. Immerhin hat er seit 1986 zu so gut wie allen kirchlichen, aber auch zu einer Fülle gesellschaftlicher und politischer Themen öffentlich Stellung bezogen und sich zu allen möglichen, mehr oder weniger bedeutenden Fragen geäußert – zum ungeborenen Leben wie zum Fußball oder zu den politischen Parteien. Das Problem, über zuwenig authentische Aussagen Krenns zu verfügen, besteht also nicht. Zudem ist dieses Buch auch nicht als Biographie im klassischen Sinne angelegt. Es geht in ihm nicht nur um die Person Krenns, sondern ebenso um die Entwicklung der römisch-katholischen Kirche in Österreich.

Doch lohnt es sich überhaupt, ein Buch über „Kurt Krenn und die Kirchenkrise“ zu schreiben, wo doch die Massenmedien seit gut dreizehn Jahren ohnehin voll sind mit Berichten über die katholische Kirche in Österreich und speziell über den St. Pöltener Bischof? Ist nicht schon längst ein gewisser Sättigungsgrad bei den Lesern, Sehern und Hörern erreicht, ist nicht bereits alles gesagt, geschrieben und gesendet worden, was es zu beiden Themen – zu „Kurt Krenn“ und zur „Kirchenkrise“ – zu sagen, zu schreiben und zu senden gibt?

Die Fragen sind berechtigt – doch lassen sie eines außer acht: Gerade in der Dramatik der tagesaktuellen Medienberichterstattung kommt die Darstellung der Zusammenhänge zu kurz: Je spektakulärer das Ereignis, über das berichtet wird, desto größer die Gefahr, daß es seine Hintergründe überdeckt.

Das gilt grundsätzlich für jede Art der (politischen) Berichterstattung, speziell jedoch für jene über die katholische Kirche. Denn nirgendwo sonst sind die Entscheidungsabläufe derart intransparent und damit auch schwer nachvollziehbar wie in dieser römisch-katholischen Kirche. Das wird bei praktisch jedem Ereignis deutlich, welches das (Medien-)Interesse auf sich zieht. Um ein Beispiel zu nennen: War der Streit zwischen Christoph Kardinal Schönborn und Bischof Kurt Krenn während und nach dem Ad-limina-Besuch in Rom im November 1998 bloß der Ausdruck der Rivalität aufgrund persönlicher Eitelkeiten zweier erzkonservativer Kleriker, die sich von ihrem Kirchen-Verständnis her gar nicht so sehr unterscheiden? Ging es schlicht um Macht – nämlich darum, wer für Österreichs Katholiken innerhalb des Episkopats den Ton angibt? Oder ging es doch um einen inhaltlichen Richtungsstreit? Wäre dann der Machtkampf bloß die Auswirkung des Richtungsstreits seit dem 2. Vatikanischen Konzil – oder der Richtungsstreit bloß vorgeschoben, um damit die eigenen Machtinteressen besser durchsetzen zu können?

Dieses Buch versucht, auf diese Fragen Antworten zu geben oder zumindest vorzuschlagen. Antworten, die freilich nicht im Sinne einer allein gültigen Wahrheit zu verstehen sind. Vielmehr soll anhand möglichst genauer Beschreibungen unter Heranziehung nachprüfbarer Quellen der Leserin und dem Leser die Möglichkeit gegeben werden, sich nach eigenem Wissen und Gewissen eine eigene Meinung zu bilden.

Wenn dabei zuweilen Quellenangaben nur angedeutet und manche Informanten anonymisiert sind, so liegt das daran, daß die jeweiligen Auskunftspersonen in einem existentiellen

Abhängigkeitsverhältnis zu kirchlichen Strukturen stehen und bei Bekanntgabe mit entsprechenden Folgen zu rechnen hätten. Ähnlich verhält es sich mit der Beschreibung von Vorgängen in der Bischofskonferenz, die grundsätzlich vertraulich tagt. In so gut wie allen Fällen konnten allerdings Bestätigungen aus unabhängiger zweiter Quelle eingeholt werden. Freilich, der Umstand, daß der Autor, gerade wo es am heikelsten und damit am spannendsten wird, die Identität seiner Gesprächspartner verschweigen muß, ist recht unbefriedigend. Doch das liegt im Wesen jeder kirchlichen Berichterstattung. Und immerhin: Eine „anonymisierte" Quelle ist keine anonyme Quelle – zumindest nicht für den Autor, der selbst wohl das allergrößte Interesse daran hat, keiner Fehlinformation aufzusitzen. Denn bei einem namentlich identifizierbaren Gesprächspartner muß dieser selbst für die Richtigkeit seiner Aussagen geradestehen. Bei anonymisierten Quellen ist letztlich der Autor verantwortlich.

Mein aufrichtiger Dank gilt daher all jenen, die mit Auskünften, Informationen und Hinweisen zum Entstehen dieses Buches beigetragen haben – gleichgültig auf welcher Seite im Konflikt innerhalb der römisch-katholischen Kirche Österreichs sie stehen.

Norbert Stanzel
Wien, im Mai 1999

1. TEIL

Ewiger Streit in der ewigen Stadt

Den wenigen Touristen, die an jenem sonnigen, aber windigkalten Herbsttag über den Petersplatz schlenderten, wird die Szene nicht weiter aufgefallen sein: Priester gehören in Rom zum Stadtbild – und auch Priester, die von einem TV-Kamerateam interviewt werden, sind hier keine Seltenheit. In seiner Heimat allerdings, bei den Laien wie im Klerus und vor allem bei seinen Kollegen im österreichischen Episkopat, sorgte für helle Aufruhr, was da der St. Pöltener Diözesanbischof Kurt Krenn am 21. November 1998 dem ORF-Redakteur Christian Rathner ins Mikrofon sagte: „Mir genügt's, wenn die Lügner das Maul halten". Es war klar, wer mit diesem Zornausbruch gemeint war: Krenn behauptete zwar einige Tage später, er hätte den „Lügner" auf die „Schlagzeilenmacher und die das geschrieben haben"[1] gemünzt; doch die Rolle der Medien war im besagten ORF-Interview nicht einmal am Rande ein Thema gewesen, und aus der Fragestellung des Reporters ging zweifelsfrei hervor, daß nur Christoph Kardinal Schönborn gemeint sein konnte, den Krenn auch als einzige Person in dem Interview am Petersplatz – zumindest indirekt – apostrophiert hatte: „Der Vorsitzende der Bischofskonferenz ist ja keine Gouvernante".

Um zu verstehen, wie heftig Krenn mit seinem Statement gegen die – ansonsten von ihm doch so vehement eingeforderte – hierarchische Etikette verstoßen hat, muß man sich die „Hackordnung" vergegenwärtigen, wie sie auch unter den höchsten Würdenträgern der römisch-katholischen Amtskirche besteht. Denn wenn auch alle Bischöfe, durch die apostolische Sukzession als direkte Nachfolger der Apostel legitimiert, als im weitesten Sinne gleichgestellt anzusehen sind, existieren doch Rangunterschiede. Und solche Rangunterschiede gibt es nicht nur etwa zwischen einem Diözesan- und dem ihm untergeordneten Weihbischof[2]; auch die beiden Kontrahenten Schönborn und Krenn haben aufgrund ihrer Position in der Kirche Österreichs ein hierarchisches Verhältnis zueinander: Als Wiener Erzbischof ist Schönborn zugleich Metropolit der Wiener Kirchenprovinz, dem die Diözese St. Pölten als Suffraganbistum untersteht; und als Suffragan- bzw. Provinzialbischof ist Krenn seinerseits seinem Metropoliten zu besonderer Loyalität verpflichtet. Dazu kommt, daß Schönborn in seiner Eigenschaft als Vorsitzender der Bischofskonferenz zwar nicht der Vorgesetzte der österreichischen Bischöfe ist, wohl aber ihr gewählter Repräsentant; und diese seine Funktion als Vertreter der Kirche Österreichs in der Öffentlichkeit bzw. gegenüber anderen religiösen und staatlichen Institutionen droht durch öffentlich deklariertes Mißtrauen und andere Undiszipliniertheiten seitens der übrigen Bischöfe desavouiert zu werden.

So war es auch eben die Frage nach der Disziplin in der Bischofskonferenz, an der sich der Krieg der Worte zwischen Schönborn und Krenn entzündet hatte. Konkreter Anlaß dafür war der Quinquennal-Bericht der österreichischen Bischöfe anläßlich ihres Ad-limina-Besuches[3] in Rom vom 16. bis 21. November 1998. Ein solcher Bericht über den Zeitraum seit der letzten Pflicht-Visite ist zwar nicht verpflichtend vorgeschrieben, aber durchaus Usus im Umgang zwischen dem Vatikan und den Ortskirchen. Über seine Erstellung hatte sich die Bischofskonferenz bereits im November 1996 auf ihrer Herbsttagung in Stift Vorau, zwei Jahre vor dem mehrmals von Rom verschobenen Ad-limina-Besuch, geeinigt und als Verantwortliche den damaligen Vorsitzenden, der Grazer Diözesanbischof Johann Weber, sowie seinen Klagenfurter Amtskollegen Egon Kapellari nominiert. Bei der Frühjahrsbischofskonferenz im März 1997 in Stift Schlägl im Mühlviertel wurde nochmals im Protokoll vermerkt, daß Weber, Kapellari und der Sekretär der Bischofskonferenz, Monsignore Michael Wilhelm, unter Beiziehung von Mitarbeitern den Bericht bis November 1997 vorlegen sollten; als Redaktionsmitglieder wurden der Vorauer Propst Rupert Kroisleitner Can. Reg., die Ursulinen-Oberin Sr. Elisabeth Göttlicher, der Salzburger Kirchenzeitungs-Chefredakteur Karl Roithinger und der Wiener „thema_kirche"-Chefredakteur[4] Peter Wesely genannt. Mit der Verschiebung des Ad-limina-Besuches verzögerte sich auch die Fertigstellung des Berichts, der ja auf möglichst aktuellem Stand gehalten sein sollte; seine grundsätzliche Ausrichtung sowie seine redaktionelle Betreuung blieben jedoch auf der Tagesordnung auch der folgenden Sitzungen der Bischofskonferenz. Schließlich lag auf der Frühjahrs-Tagung des Episkopats, die von 31. März bis 2. April 1998 im Erholungsheim der Elisabethinen in Linz-Freinberg stattfand, eine Rohfassung vor, zu der im Protokoll festgehalten wurde: „Der Entwurf findet in seiner Grundstruktur die Zustimmung der Bischöfe." Zudem wurde ausdrücklich vermerkt, daß der Endbericht nach dem Ad-limina-Besuch im neuen „Jahrbuch der Katholischen Kirche in Österreich" veröffentlicht werden sollte. Der Entwurf wurde ausführlich diskutiert, eine Reihe von Korrektur- und Änderungswünschen wurden eingebracht, die aber – so der Sekretär der Bischofskonferenz, Michael Wilhelm – eher stilistischer denn inhaltlicher Natur waren; auch diese verbesserte Zweitfassung wurde dem Protokoll beigefügt.

Bei der von 3. bis 5. November 1998 im Wiener Pallotti-Haus abgehaltenen Herbst-Vollversammlung des Episkopats konnte das Redaktionsteam dann zwar noch immer keine Endfassung präsentieren, doch hatte es für diese Verzögerung einen durchaus plausiblen Grund: Nur wenige Tage davor (vom 23. bis 26. Oktober) war im Salzburger Bildungshaus St. Virgil die mit Spannung erwartete Delegiertenversammlung im Rahmen des „Dialog für Österreich" abgehalten worden, deren Vorbereitung und Durchführung das Sekretariat der Bischofskonferenz bis an die Grenze seiner Kapazität beansprucht hatte. So konnte in der Bischofskonferenz nur auf die vorliegenden Rohfassungen verwiesen werden, zugleich wurde jedoch zugesagt, daß die Endfassung den Bischöfen rechtzeitig vor Antritt ihrer Vatikan-Visite[5] übermittelt werden würde. Gegen diese Vorgangsweise wurde keinerlei Einspruch erhoben. Tatsächlich wich dann die Endfassung nur geringfügig von der im Frühjahr diskutierten Version ab: So wurde etwa bei der Schilderung der „Causa Groër" die Formulierung „höchst unprofessionell" durch „höchst ungeschickt" ersetzt.

Doch dann passierte zweierlei: Zum einen verzögerte sich die Endfertigung, sodaß manche Bischöfe, so auch die beiden St. Pöltener – Kurt Krenn und sein Weihbischof Heinrich Fasching – den Text erst am Tag vor ihrer Abreise auf den Schreibtischen hatten. Zum anderen gelangte der fertige Bericht, der erst nach Abschluß des Ad-limina-Besuchs veröffentlicht werden sollte, durch eine gezielte Indiskretion an die Austria-Presse-Agentur.

Das Medien-Echo war, drei Tage vor dem Beginn des Ad-limina-Besuchs, gewaltig. Denn in dem Bericht wurde in einer für die katholische Amtskirche unüblich direkten Sprache die Lage ungeschminkt dargestellt[6]. Bereits in dem von Schönborn als Vorsitzenden der Bischofskonferenz und seinem Stellvertreter Weber unterzeichneten Vorwort werden „Defizite und menschliche Schwächen in der Kirche" angesprochen. Im Weiteren wird der Verärgerung der Gläubigen über die Ernennung konservativer Bischöfe Ausdruck verliehen und die „offenbar geringe Fähigkeit der Kirche zu einem tauglichen Krisenmanagement" bei der Bewältigung der „Affäre Groër" beklagt. Zudem wird den Anliegen und Meinungen kritischer Katholiken ausreichend Raum gewidmet: manche von ihnen würden, so heißt es da etwa, die Kirche für „heuchlerisch" halten, weil diese sich selbst nicht an die von ihr verkündeten Grundsätze halte; auch sei es „kein Wunder", daß angesichts des Priestermangels „vor allem in Kernsegmenten der Kirche immer öfter die Frage nach einer Öffnung des Amtes in Bezug auf die Leitung der Gemeinde gestellt wird".

Später sollten sich Journalisten[7] fragen, wie Kurt Krenn je einem derartigen Text seine Zustimmung erteilen hatte können. Die Frage ist berechtigt – wissentlich hätte Krenn diese Inhalte wohl nie mitgetragen. Die mancherorts gezogene Schlußfolgerung, das Redaktionsteam hätte in einer Hinhaltetaktik den konservativen Bischöfen die kritischen Passagen quasi untergejubelt, ist aber ebenso falsch wie die Interpretation, Krenn hätte bewußt zu dem Text geschwiegen, um dann in letzter Minute einen Eklat zu provozieren. Die Erklärung ist viel simpler: Der St. Pöltener Diözesanbischof, der aus seiner Abneigung gegen das Aktenstudium nie ein Hehl gemacht hat, hatte den Bericht – in seiner End- wie in seiner Rohfassung – schlicht nicht gelesen. Auch er wurde von der APA-Veröffentlichung, die von praktisch allen Medien des Landes übernommen worden ist, überrascht – wenn auch zeitversetzt, befand er sich doch bereits auf dem Weg nach Rom.

Was also tun? Auf der einen Seite mußte Krenn in irgendeiner Form seine Distanz zu den Inhalten des Berichts demonstrieren; auf der anderen Seite hätte ihn das Eingeständnis, den Text gar nicht gelesen bzw. seine Erstellung nicht mitverfolgt zu haben, mit Sicherheit der Lächerlichkeit preisgegeben. Und ein Einspruch bei seinen Bischofskollegen, die

Forderung nach Änderung in letzter Sekunde, war mittlerweile nicht mehr möglich: Der gesamte Text war ja bereits via APA publiziert worden.

Unter diesen Umständen blieb Krenn eigentlich nur eine Option: seinerseits an die Öffentlichkeit zu gehen – wobei es widersprüchliche Aussagen über den genauen Hergang gibt. Krenn bzw. sein Pressesprecher Michael Dinhobl geben an, daß eine ganz normale Interview-Anfrage von „News“ vorgelegen sei. „News“-Chefredakteur Alfred Worm wiederum deutete einen überraschenden Anruf von Bischof Krenn aus Rom an. Der Effekt blieb derselbe: Mitten in den Ad-limina-Besuch platzte ein „News“-Interview mit Krenn als willkommener Anlaß zu scharfer Kritik an der späten Übermittlung der Endfassung des Quinquennal-Berichts bzw. dessen vorzeitiger Veröffentlichung. „Es gibt keinen Bericht“, wetterte der Bischof, „was öffentlich wurde, habe ich später bekommen als die Medien.[8] Ich habe von diesem Papier auch inhaltlich nichts gewußt. Ich stimme in vielen Punkten mit ihm auch nicht überein. Die Behauptung, das sei ein Bericht der Bischofskonferenz, ist daher völlig falsch. Kirchenrechtlich ist das gar nichts. Bestenfalls die Stellungnahme von Leuten, die das verfaßt haben. Jedenfalls muß ich mich völlig distanzieren.“ Im übrigen sei der Bericht „weder beraten noch abgestimmt worden“[9].

Kaum war der Inhalt des Krenn-Interviews – am Mittwoch, dem 18. November 1998 – bekannt geworden, reagierte auch schon der Sekretär der Bischofskonferenz, Michael Wilhelm[10]: Wenn Krenn behaupte, der Bericht sei weder beraten noch abgestimmt worden, „dann ist das Gegenteil wahr“. Unverständlich sei auch, daß Krenn davon spreche, daß das „Geheimnis“ um die Verfasser gelüftet werden müsse – diese seien von der Bischofskonferenz im Herbst 1997 eingesetzt worden.

Bereits davor hatte Krenn seine mittlerweile in Rom eingetroffenen Bischofskollegen mit Vorhaltungen wegen des Berichts konfrontiert. Diese drehten allerdings nach Bekanntwerden seines „News"-Interviews den Spieß um und warfen ihm seinerseits Illoyalität und Disziplinlosigkeit vor. Am nächsten Tag, bei der Feier des vorgeschriebenen gemeinsamen Gottesdienst in San Paolo fuori le Mura, der Bischofsmesse beim Grab des heiligen Paulus, waren die Dissonanzen unter den Oberhirten auch für die anwesende Journalisten unübersehbar: Beim traditionellen Friedensgruß stand Krenn gut eine halbe Minute lang alleine da, während sich die anderen Bischöfe umarmten. Und der Ablauf des anschließend improvisierten Pressegesprächs im Vorraum der Sakristei von San Paolo war dann symptomatisch für die Rollenverteilung in der katholischen Kirche Österreichs: Auf Wunsch Kardinal Schönborns hatten es der Tiroler Diözesanbischof Alois Kothgasser und der Wiener Weihbischof Helmut Krätzl übernommen, die Journalisten über den bisherigen Verlauf der Visite zu informieren. Während sich jedoch die anderen Bischöfe dezent zurückzogen und dem Duo Kothgasser/Krätzl das Feld überließen, blieben Kurt Krenn und der Salzburger Weihbischof Andreas Laun im Raum und führten parallel zu den Ausführungen Kothgassers und Krätzls Einzelgespräche mit den Journalisten.

Die Aussagen der Oberhirten konnten unterschiedlicher nicht sein. Während Kothgasser und Krätzl den „offenen und gelösten" Charakter der Gespräche mit der Kurie lobten und zufrieden feststellten, daß „zumindest kein Thema der Zensur verfallen ist" – womit sie die Verhandlungen der Salzburger Delegiertenversammlung „Dialog für Österreich" ansprachen –, unterhielt Krenn die Journalisten mit Anekdoten vom vorangegangenen gemeinsamen Mittagessen der Bischöfe mit dem Papst. Sein einziger Kommentar zum inhaltlichen

Verlauf der Visite dagegen war ebenso viel- wie nichtssagend – und unterschied sich jedenfalls deutlich von den Einschätzungen seiner Kollegen: „Man kann noch nicht sagen, wie es gelaufen ist.“

Am nächsten Tag – es ist Freitag, der 20. November 1998 – überschlagen sich dann die Ereignisse: Früher als erwartet wird die Rede des Papstes veröffentlicht[11], und eiligst lassen Schönborn und Weber die mitgereisten Journalisten per Mobiltelefon-Rundruf für die Mittagszeit zu einer improvisierten Pressekonferenz in das vatikanische Gästehaus in der Via della Scrofa bestellen. Auf dieser beschränkte sich der Kardinal auf ein kurzes Einleitungs-Statement („ein ermutigender Text ... kein Redeverbot ... auch nicht über die heißen Eisen“) und überließ Johann Weber die genauere Interpretation der Ansprache von Johannes Paul II. Dem Grazer Bischof stand dabei die Ratlosigkeit ins Gesicht geschrieben. Erleichtert zeigte sich der Vize-Vorsitzende der Bischofskonferenz darüber, daß „keine Türe zugeschlagen und die Bischöfe nicht gerügt werden“ – offenbar war mit Ermahnungen seitens des Vatikan wegen der eindeutigen Reform-Voten der Salzburger Delegiertenversammlung gerechnet worden. Doch die Bedenken des Papstes gegen den Dialog an sich, speziell auch gegen das Kirchenvolks-Begehren von 1995, waren unüberhörbar gewesen. Hier ein Auszug aus seiner Rede[12]: „Leider sind jedoch auch Mißverständnisse und Fehlentwicklungen nicht ausgeblieben: Es haben sich einige Sichtweisen über die Kirche eingeschlichen, die weder dem biblischen Befund noch der Überlieferung der Kirche entsprechen. Der biblische Ausdruck vom ‚Volk Gottes‘ wurde im Sinne eines politischen Volksverbandes gedeutet, der in seinem Aufbau den Richtlinien folgt, die für jede andere gesellschaftliche Größe gelten. Da die Regierungsform, die mit dem heutigen Empfindungsvermögen am meisten in Einklang steht, die Demokratie ist, wurden unter manchen Gläubigen Rufe nach einer Demokratisierung der Kirche laut, die sich gerade in Eurem Land und über dessen Grenzen hinaus mächtig Gehör verschafft haben. Gleichzeitig hat die authentische Auslegung des Wortes Gottes und die Verkündigung der Lehre der Kirche mitunter einem falsch verstandenen Pluralismus Platz gemacht. Daraufhin dachte man, die geoffenbarte Wahrheit ließe sich demoskopisch erheben und demokratisch bestimmen. Muß man nicht tief betrübt sein, wenn man feststellt, welche irrigen Auffassungen in Fragen des Glaubens und der Sitten, aber auch in bestimmten Angelegenheiten der kirchlichen Diziplin in das Denken vieler Laien eingedrungen sind? Über die geoffenbarte Wahrheit kann keine ,Basis' befinden. Die Wahrheit ist kein Produkt einer ,Kirche von unten', sondern kommt ,von oben', von Gott." Zu dieser Passage der Papst-Rede hatte später einer der Bischöfe gemeint: „Das könnte auch von Kurt Krenn stammen."[13]

Noch im Rahmen der improvisierten Pressekonferenz, jedoch bereits nach Beendigung des offiziellen Frage-Antwort-Spiels vor laufenden TV-Kameras, thematisierte dann der Autor, der als innenpolitischer Redakteur des „Kurier" anwesend war, mit einer Frage an Schönborn dessen Streit mit Kurt Krenn wegen des Quinquennal-Berichts: „Herr Kardinal, ist der Konflikt mit Ihrem Mitbruder Krenn wegen des Berichts nun bereinigt?" – Schönborn verneinte energisch. – Was das nun bedeuten könne, lautete die nächste Frage: „Soll das innerhalb der Bischofskonferenz geregelt werden? Oder ist das auch für Rom relevant?" – Die Antwort des Kardinals fiel knapp, aber unmißverständlich aus: „Das ist eine schwere disziplinäre Verfehlung innerhalb der Bischofskonferenz, ein Vertrauensbruch. Das ist auch für Rom relevant und kann disziplinäre Folgen haben." – Die anschließende Frage, ob Schönborn diese Meinung auch öffentlich kundtun werde, bejahte der Erzbischof: Er wolle dies jedenfalls beim abschließenden Pressegespräch – dieses war für Samstag, den 21. November 1998, im österreichisch-deutschen Pilgerhospiz Santa Maria dell'Anima angesetzt und sollte ursprünglich der Präsentation des mittlerweile bekannt gewordene Quinquennal-Berichtes dienen – ausführlicher tun. Somit war klar, daß Schönborn auch weiterhin und offiziell zu seiner Kritik am Verhalten Krenns stehen würde. Mit der Veröffentlichung dieser ersten knappen Rüge des Kardinals an die Adresse Krenns in der Abendausgabe des „Kurier" war jedoch die Bombe bereits geplatzt. So erneuerte und bekräftigte Schönborn noch am selben Abend seine Kritik am St. Pöltener Bischof in einem Interview mit der „Zeit im Bild 2": Es sei nicht zu akzeptieren, daß ein Mitglied der Bischofskonferenz gemeinsam gefaßte Beschlüsse in der Öffentlichkeit negiere, er werde an zuständiger Stelle in Rom die jüngste Entwicklung ansprechen.

Glaubte Schönborn damals wirklich, er könne Krenn von Rom disziplinieren lassen? Oder hatte ihn bloß der verständliche Ärger über seinen neuerlich durch interne Turbulenzen verpatzten Rom-Auftritt übermannt?[14]

Krenn fühlte sich jedenfalls herausgefordert – und konterte tags darauf mit seinem mittlerweile berühmten „Gouvernanten-Lügner-Maulhalten"-Interview. Und als Schönborn bei der Pressekonferenz am späten Nachmittag des 21. November im Pilgerhospiz Santa Maria dell'Anima von ORF-Korrespondent Andreas Pfeifer mit den Zitaten Krenns konfrontiert wurde[15], war klar, daß sich der nunmehr offen ausgebrochene Konflikt nicht mehr durch unverbindliche Erklärungen übertünchen ließ: Schönborn bekräftigte, daß „Verdächtigungen oder falsche Erinnerungen nicht im Raum stehen bleiben dürfen"; er werde einen schriftlichen Bericht für die römische Bischofskongregation verfassen. Im übrigen kommentierte der Kardinal jenen verbalen Tiefschlag Krenns – der ihm ja auch nur vom Hörensagen bekannt war – nur knapp: Man solle nicht jedes Wort auf die Goldwaage legen.

Um 19 Uhr 40, nach Ausstrahlung des zusammengeschnittenen Wortwechsels zwischen Schönborn und Krenn in der „Zeit im Bild 1“, wußte praktisch ganz Österreich, daß damit der offene Machtkampf in der Bischofskonferenz begonnen hatte – nur der Episkopat, dessen Mitglieder großteils bereits auf der Heimreise waren, erfuhr erst wesentlich später von der Eskalation. Und der Klagenfurter Bischof Egon Kapellari saß zu diesem Zeitpunkt ahnungslos neben Militärbischof Werner und Kurt Krenn im Dienstwagen des St. Pöltener Bischofs: Das Bischofs-Trio war unterwegs nach Süditalien, um an der 20-Jahres-Feier der Bischofsweihe des Apostolischen Nuntius in Österreich, Erzbischof Donato Squicciarini, in dessen apulischer Heimatstadt Altamura teilzunehmen. Ob Krenn bei dieser Gelegenheit den diplomatischen Vertreter des Papstes in Wien über seine Sicht der Dinge informiert hat, ist nicht bekannt. Er hätte es allerdings gar nicht notwendig gehabt – Krenn steht ohnehin in ständigem Kontakt mit der Nuntiatur in der Wiener Theresianumgasse.

Der Abschluß des Ad-limina-Besuchs war zugleich der Startschuß für ein erbittertes Ringen um die Vorherrschaft in der katholischen Kirche Österreichs, das die Gläubigen bis ins Frühjahr 1999 in Atem halten sollte und das wohl auch noch in den nächsten Jahren für erhebliche Unruhe sorgen wird. Dabei geht es zwar nach außen hin zumeist um rein formale Probleme – etwa um die Frage, ob der Bischofsbericht ordnungsgemäß zustande gekommen ist, oder um die kirchenrechtliche Einschätzung der Voten der Salzburger Delegiertenversammlung. Doch hinter all dem stehen letztlich essentielle Kirchenfragen zur Diskussion, konkurrieren – vereinfacht dargestellt – zwei miteinander völlig unvereinbare und sich erbittert befehdende Vorstellungen über die Rolle der Kirche in dieser Welt: Hier das Bild einer Kirche, die sich im Sinne des Geistes des 2. Vatikanischen Konzils „vorurteilslos dem Dialog mit der Welt stellt, [...] die die Welt nicht beherrschen, sondern ihr dienen will"[16] und „in ihren Reihen das vorzuleben versucht, was sie der Gesellschaft als menschenwürdig und lebenswichtig zu tun rät"[17]. Und dort das Bild einer Kirche, die sich, im Widerstand zu „nachkonziliarem Meinungsdruck"[18], dem Zeitgeist entzieht und die pastorale Zielsetzung des 2. Vatikanums durch eine „bewußt theologische Fragestellung ergänzt"[19] – „Was müssen wir bewahren, um mit Gottes Hilfe und durch der Kirche Werk diese Welt zu bewahren und zu heiligen?"[20]

Ein klarer Punktesieg

Um Reformanliegen im Sinne des 2. Vatikanischen Konzils ist es wohl auch den meisten Teilnehmern der Salzburger Delegiertenversammlung, die drei Wochen vor den geschilderten Vorfällen im Zuge des Ad-limina Besuchs der Bischöfe stattgefunden hat, gegangen. Und die Streitigkeiten innerhalb der Bischofskonferenz sind nur schwer von der Debatte um die in Salzburg formulierten inhaltlichen und pastoralen Reformwünsche zu trennen. Schließlich war und ist Kurt Krenn der Hauptexponent jenes Teiles der österreichischen Amtskirche, der diese Reformen strikt ablehnt (was freilich nicht heißt, daß jene Bischöfe, die sich dazu wenig, gar nicht oder unbestimmt geäußert haben, Neuerungen unbedingt befürworten). Zwar hatte sich Krenn in Salzburg noch lobend über das harmonische Diskussionsklima geäußert[21], und wer die Fernsehbilder vom Handschlag zwischen Kurt Krenn und Thomas Plankensteiner, dem Sprecher der Plattform „Wir sind Kirche" und Initiator des Kirchenvolks-Begehrens, sah, der konnte meinen, der Heilige Geist hätte in Salzburg ein kleines verspätetes Pfingstwunder bewirkt: Nicht nur, daß die verfeindeten Lager miteinander redeten; es schien, als ob sie einander auch zuhören konnten und verstehen wollten. Doch wurden in der allgemeinen Euphorie die mahnenden und warnenden Worte Krenns vor dem Abschlußplenum offenbar überhört: Krenn sprach von „Formulierungen in den Texten, die nicht mit dem Glauben übereinstimmen, mit der Glaubenslehre der Kirche. [...] Man kann nicht einfach sagen, wenn es genug Stimmen gibt, dann gilt das. Wir haben gesagt: Wichtig heißt noch lange nicht richtig. Das sei auch hier gesagt."[22] Und bereits unmittelbar nach Ende der Tagung, kurz vor der vom 3. bis 5. November 1998 in Wien stattfindenden Herbstsession der Bischofskonferenz, legte Krenn nach: „Einiges lief falsch", verkündete er in einem Interview mit den „Niederösterreichischen Nachrichten" vom 31. Oktober 1998. Die Bischöfe würden es „umdrehen. Das wird ganz anders ausschauen. Wenn es um Abweichungen von der Lehre geht, können das die Bischöfe nicht akzeptieren."

Es war also die offene Frage, wie die Bischöfe mit den Reform-Voten umgehen sollten, die den inhaltlichen Hintergrund der Streitereien um den Quinquennal-Bericht in Rom bildeten. Dabei spielten sich die Auseinandersetzung während und vor allem nach dem Ad-limina-Besuch auf drei Ebenen ab: Erstens kam es zu einer bis dahin in der jüngeren Kirchengeschichte Österreichs einzigartigen Serie von öffentlichen Auseinandersetzungen in den Medien und Rücktrittsaufforderungen an einen Bischof. Zweitens setzte ein diplomatisches Intrigenspiel zwischen Österreich und dem Vatikan um die Vorherrschaft im heimischen Episkopat ein. Und drittens wurde im Zuge dieser Konfrontationen zugleich über das Schicksal der Salzburger Reformvoten entschieden.

Auf allen drei Ebenen dieser Auseinandersetzung ist Kurt Krenn im Frühjahr 1999 als klarer Punktesieger hervorgegangen.

Dabei hatte es kurz vor und unmittelbar nach dem Ad-limina-Besuch noch so ausgesehen, als ob – unter dem Eindruck der von Salzburg ausgehenden Aufbruchsstimmung – die eine oder andere Reform unvermeidlich wäre. Zudem hatte sich Krenn durch sein Verhalten in Rom derart diskreditiert, daß er isoliert wie nie zuvor dastand und eine Ablöse nur mehr eine Frage der Zeit schien. Daß es ganz anders kam, lag wohl auch daran, daß Krenn offensichtlich alle strittigen

Punkte miteinander zu verknüpfen und gegeneinander auszuspielen wußte: Den Streit um seine Person mit dem Buhlen der österreichischen Bischöfe um die Gunst des Vatikans und mit der Frage nach der (Nicht-)Umsetzung der Salzburger Reformwünsche.

Um die Dramatik und vor allem das taktische Geschick Krenns in dieser Auseinandersetzung auf dem Schlachtfeld der veröffentlichten Meinung zu demonstrieren, sollen hier die Ereignisse nach dem Ad-limina-Besuch chronologisch Revue passieren.

21. November 1998:
ORF-Interview mit Kurt Krenn in Rom: „Der Vorsitzende der Bischofskonferenz ist keine Gouvernante." – „Mir genügt's, wenn die Lügner das Maul halten."

23. November 1998:
Krenn über den Zwist mit Schönborn und den Reformdialog: „Eine Zurechtweisung kann nur dann gelingen, wenn man sich das gefallen läßt [...] Seine Heiligkeit hat alles Wesentliche angesprochen und das Unwesentliche weggelassen. Auf die Forderungen des Kirchenvolks-Begehrens ist er gar nicht eingegangen, weil ihm das nicht wichtig war." (profil)

Der Salzburger Weihbischof Andreas Laun erklärt, daß aus seiner Sicht die Vorgangsweise bei der Erstellung des Quinquennalberichts „in Ordnung" war. (Kathpress)

Schönborn und Krenn veröffentlichen via Kathpress eine gemeinsame Erklärung: „Zur Diskussion, die um den Fünfjahresbericht entstanden ist, haben wir vereinbart, die zuständige römische Kongregation für die Bischöfe zu informieren und umgehend ihr allfälliges Votum zu erbitten."

Der Eisenstädter Diözesanbischof Paul Iby sagt über

Krenn: „Vor allem die Wortwahl ist einem Bischof ganz unangemessen." (Austria Presse Agentur APA)

Der Wiener Weihbischof Alois Schwarz meint: „Ich würde mich entschuldigen, wenn solche Worte gefallen wären." Der Quinquennal-Bericht sei ordnungsgemäß zustande gekommen. (APA)

Der Linzer Diözesanbischof Maximilian Aichern erklärt: „Der Bericht für Rom ist gemeinsam erarbeitet worden und vor der Endredigierung mehrmals in der Bischofskonferenz besprochen worden. Sonderbar, daß Bischof Krenn den Bericht nicht bekommen hat – alle anderen Bischöfe hatten ihn in der Hand." (APA)

24. November 1998:

Das Sekretariat der Bischofskonferenz dokumentiert die Entstehung des Berichts samt Aufzählung, wann und wie oft die Bischofskonferenz die Entwürfe behandelt hat.

Kurt Krenn erklärt, daß ihn vor allem der Chronik-Anhang – der laut Auskunft des Sekretariats der Bischofskonferenz kein „konstitutiver Teil" des Quinquennal-Berichtes an den Vatikan war – stört, in dem u. a. auch Protestaktionen gegen Krenn aufgelistet sind. Zum eigentlichen Bericht meint er: „Dazu kann ich jetzt nichts mehr sagen, weil dann kann man schon am kleinsten Ding alles aufhängen." (Niederösterreichische Nachrichten)

In einem Live-Interview im ORF-Report sagt Krenn über seine Aussage „die Lügner mögen das Maul halten", daß der Satz nicht Schönborn gegolten habe: „Deswegen gibt es nichts zu entschuldigen. Er galt den Schlagzeilenmachern und denen, die das geschrieben haben. Ich habe an viele andere gedacht, nur nicht an einen Mitbruder, schon gar nicht an den Kardinal."

25. November 1998:
Der Sprecher der Äbte der Diözese St. Pölten, Propst Maximilian Fürnsinn aus Herzogenburg, kündigt an, daß die Äbte in Rom die Abberufung Krenns fordern werden: „Bischof Krenn muß sich entschuldigen. Diese Sache ist schleunigst zu klären. Schönborn muß sich wehren. Das darf er sich als Vorsitzender der Bischofskonferenz nicht gefallen lassen." (News)

Der Vorarlberger Bischof Klaus Küng sagt: „Ich meine, daß es unter Bischofskollegen nicht zu derartigen Äußerungen kommen soll." (APA)

Der Klagenfurter Bischof Egon Kapellari läßt mitteilen, daß er sich zum Konflikt nicht äußern wolle und der Erklärung des Sekretariats der Bischofskonferenz nichts hinzuzufügen habe.

Wiens Erzbischof Christoph Kardinal Schönborn erklärt, er wolle den Konflikt mit Krenn „schnell vom Tisch bringen und nicht mehr in der Öffentlichkeit austragen". Er habe dem Präfekten der römischen Bischofskongregation, Kardinal Lucas Moreira Neves, bereits eine „mündliche Sachverhaltsdarstellung" abgegeben. (News)

Joachim Angerer, Abt des niederösterreichischen Prämonstratenser-Stifts Geras, fordert in der „Zeit im Bild 2" die Ablöse Krenns.

26. November 1998:
Krenn erklärt, er werde die Funktion des Bischofs von St. Pölten „solange ausüben, wie es der heilige Vater will". Er rechne nicht mit seiner Abberufung: „Diese Gerüchte gibt es schon seit Jahren und sie haben sich nicht erfüllt." Krenn wirft Abt Angerer vor, „mit seiner Aktion der Kirche zu schaden".

27. November 1998:
Kurt Krenn nimmt noch einmal zu seinen Aussagen in Rom

Stellung: „Warum soll ich das zurücknehmen? Das, was gesagt ist, stimmt. Wenn mich jemand einen Lügner nennt, muß er es aushalten, auch von mir ein Lügner genannt zu werden." Ab jetzt wolle er aber nichts mehr dazu sagen: „Es muß einmal ein Ende herausgehen. Das sind doch keine Themen. Jetzt ist Ruhe. Wir haben mehr Arbeit als einer Sache nachzulaufen, die sich bald als Nebensächlichkeit herausstellt." (Der Standard)

Der geschäftsführende Obmann des Parlamentsklubs der Freiheitlichen, Ewald Stadler, kritisiert Kardinal Schönborn: „Sein Vorgehen nenne ich Agitation gegen Bischof Krenn." (Die Presse)

29. November 1998:
Auf Einladung von Kardinal Schönborn kommt es in dessen Wohnung im erzbischöflichen Palais in der Wollzeile zu einer nächtlichen vertraulichen Aussprache zwischen ihm und Krenn. Zwei Tage später erscheint ein Bericht darüber im „Standard", der Krenn zitiert: „Es war sehr nützlich und freundschaftlich, wie es sich gehört." Es sei nicht darum gegangen, die Vergangenheit zu besprechen, sondern die Zukunft. „Wir haben keine solchen Probleme, wie das die Presse immer meint."

1. Dezember 1998:
Das „Wirtschaftsblatt" berichtet, das Land Niederösterreich hätte bei der Staatsanwaltschaft Krems Anzeige wegen Verdachts der Untreue gegen Abt Angerer erstattet.

Noch am selben Tag stellt sich die Unrichtigkeit dieser Beschuldigungen heraus. Angerer spricht von „mafiösen Methoden" und vermutet Anhänger Krenns hinter der Denunziation. (Zeit im Bild 3)

Der Wiener Generalvikar Helmut Schüller fordert Krenn

– mit Wissen und Zustimmung seines Erzbischofs Schönborn – dazu auf, sein Verhalten zu ändern oder die Konsequenzen zu ziehen, also zurückzutreten. Ändere sich nichts, müßte Rom entscheiden. (Kurier)

2. Dezember 1998:
Der Pressesprecher Krenns, Michael Dinhobl, teilt mit, daß Krenn die Kritik Schüllers nicht kommentieren wolle.

Der Präsident der Katholischen Aktion, Christian Friesl, pflichtet Schüller bei: Entweder orientiere sich Krenn neu, oder es solle eine Neubesetzung wie in der Schweizer Diözese Chur geben. (Kathpress)

Der Wiener Pastoraltheologe Paul Zulehner glaubt an einen „selbstmörderischen Akt, den Krenn vollzogen hat, um den Zug der Reform der Kirche zum Stoppen zu bringen". Die Bischöfe wären aber „gut beraten, ihn vom Gleis zu heben und dann weiterzufahren". (Zeit im Bild 1)

3. Dezember 1998:
Krenn kommentiert die Aussagen Schüllers: Die Vorwürfe seien „äußerst perfid". Er werde Erzbischof Schönborn fragen, „warum er es zuläßt, daß ein Generalvikar so unbedarft daherredet. Wenn Schüller meint, meine Amtsfähigkeit als Bischof ernsthaft zu prüfen, antworte ich: das geht einen Generalvikar einer anderen Diözese überhaupt nichts an." (News) Im übrigen gehe es ihm, so Krenn, „wie einem bekannten Literaten, dem zu Hitler nichts einfiel. Auch mir fällt zu Schüller nichts ein." (Die Presse) Die Angriffe gegen ihn seien nach dem Muster einer „alten Sowjetschablone. Man beschuldigt jemanden, der würde Unfrieden stiften und stiftet sie im Augenblick selbst." (Der Standard) Außerdem wolle er ja bloß die Probleme der Kirche lösen, „manchmal auch gegen den Zeitgeist". (ORF-Radio-Abendjournal) Krenn be-

teuert weiters, daß er sich nicht als „Polarisierer“ sehe. Er habe sich „überfallen“ gefühlt und daher wehren müssen. Er habe Frieden gewollt, doch nun hätten „neue Überfälle“ stattgefunden wie der „Ausritt“ von Schüller. Nun sollte aber Ruhe einkehren: „Weitergehen tut es dann, wenn es uns gelingt, den Mund zu halten. Zur Befriedung will ich künftig schweigen – so gut es geht.“ (Zeit im Bild 1)

Nach einer Privataudienz bei Johannes Paul II., einem Höflichkeitsbesuch während des österreichischen EU-Ratsvorsitzes, spricht Bundeskanzler Viktor Klima mit dem Papst über die Kirchenkrise in Österreich. Anschließend erklärt der SPÖ-Vorsitzende: „Ich habe als Katholik dem Papst den Wunsch vieler Katholiken nach innerem Frieden in der Kirche in Österreich übermittelt.“ Über die Antwort des Heiligen Vaters berichtet Klima nichts.

4. Dezember 1998:

In der rechtskonservativen Wochenzeitung „Zur Zeit“ schreibt Kurt Dieman, der Krenn als seinen „gelegentlichen Beichtvater“ bezeichnet, in einer Kolumne mit dem Titel „Hochwürdigster Abt Joachim Angerer“ über angebliche „seelsorgliche Probleme“ von Äbten, „von denen man hört, daß ein hinter der Sonnenbrille sorgsam verborgenes Veilchen von der sanften Handreichung des Stiftsförsters herrühre, der Seine Gnaden dabei überraschte, wie derselbe mit seiner Frau Gemahlin allzu gnädig war.“

5. Dezember 1998:

Nuntius Donato Squicciarini fordert die Bischöfe zum Dialog auf: „Nächste Woche treffen sich die österreichischen Bischöfe und das ist der Weg. Je mehr Dialog zustande kommt, je mehr Probleme kann man klären und Lösungen finden.“ (Zeit im Bild 1)

6. Dezember 1998:
In der italienischen katholischen Zeitung „Il Regno" nimmt Krenn ausführlich Stellung. Den Quinquennal-Bericht lehne er sowohl wegen des Inhalts als auch wegen der „mangelnden Einhaltung einer regulären Vorgangsweise" ab. Er frage sich, warum ein Bericht erstellt wurde, der „nicht die Wahrheit widerspiegelt". So lehne er die Passagen über die Affäre Groër ab. Die Bischöfe hätten von Rom den Auftrag bekommen, nicht mehr darüber zu reden. Daher hätte es im Bericht nicht „gewisse Bewertungen geben dürfen". Um nicht gegen die römische Anordnung zu handeln, sage er nichts, so Krenn. Er sei aber gegen die Groër-Erklärung der vier Bischöfe – womit die Erzbischöfe Schönborn und Eder sowie die Bischöfe Weber und Kapellari gemeint waren, die am 27. Februar 1998 eine gemeinsame Erklärung veröffentlicht hatten, in der es u.a. heißt: „Wir sind nun zu der moralischen Gewißheit gelangt, daß die gegen Alterzbischof Kardinal Hans Hermann Groër erhobenen Vorwürfe im wesentlichen zutreffen." – Er, Krenn, halte sich an das Schweigen, weil „die Wirklichkeit und Wahrheit nur Verwirrung und Irritation auslösen" würden.

Bei der Salzburger Delegiertenversammlung sei es ein „fundamentaler Fehler" gewesen, einer „eher zufällig" zusammengesetzten Versammlung Abstimmungen zu gestatten. So seien „nichtkatholische Positionen" aufgetaucht. In Rom wisse man das alles. Der Papst habe aber nicht darüber geredet, weil man den „Irrtümern einen offiziellen Charakter gibt, wenn man über Dinge redet, die gegen den Glauben sind". Johannes Paul II. kenne die Situation in Österreich genau, er werde von vielen informiert, auch von ihm, „wenn er es verlangt".

Krenn nimmt im „Il Regno"-Interview auch zur Ära des Wiener Erzbischofs Franz Kardinal König Stellung: König habe „viel Gutes getan“ und „viel Erfolg gehabt“. Aber in jener Zeit sei es dazu gekommen, daß die Bischöfe nicht mehr imstande waren, „zum Glauben und zur Glaubenslehre“ zu erziehen. „Seit Jahrzehnten sind wir Bischöfe nicht mehr die Lehrer des Glaubens, sondern nur Ausführende.“

Am Abend kommt es in der ORF-TV-Talk-Show „Zur Sache“ (Diskussionsleiter: Peter Pelinka; Teilnehmer: Bischof Kurt Krenn, Generalvikar Helmut Schüller, die Ex-Präsidentin der Katholischen Aktion Eva Petrik, der Pastoraltheologe Paul Zulehner sowie der Journalist und Buchautor Hubert Wachter) zur Konfrontation zwischen Krenn und Schüller. Am Ende der Sendung verliest der Diskussionsleiter ein Fax, das während der Sendung eingelangt ist: „Bei der Mitverfolgung der Sendung ‚Zur Sache‘ erkläre ich: Das Maß ist voll. Ich lade alle gut gesinnten Katholiken ein, sich darin zu solidarisieren, den Heiligen Vater zu bitten, eine Änderung in der Leitung der Diözese St. Pölten herbeizuführen. Der Kirche ist genug Schaden zugefügt worden. Österreichische Benediktinerkongregation, Abtpräses Dr. Clemens Lashofer, Göttweig“

7. Dezember 1998:

Im „profil“ werden bereits mögliche Nachfolger für Kurt Krenn genannt: Der Wiener Weihbischof Alois Schwarz und der Regens des St. Pöltener Priesterseminars, Franz Schrittwieser.

Schüller unterstreicht, daß er „im vollen Einvernehmen mit Erzbischof Schönborn handelt“. (Format)

Militärbischof Christian Werner übermittelt eine Stellungnahme an die Medien: „Ich bin verärgert, daß versucht wird, Bischof Krenn in eine Isolation zu drängen, welcher seine Verantwortung als Bischof, vor allem in Glaubens- und Sittenfragen sehr ernst nimmt und welcher von unzähligen

Menschen in Österreich große Zustimmung ob seiner klaren, romtreuen Linie erhält." Die Angriffe gegen Krenn seien „in einer teilweise sehr unchristlichen Art" erfolgt. Werner unterstützt die Kritik Krenns am Quinquennal-Bericht: Der endgültige Text sei erst am Tag vor der Abreise nach Rom vorgelegen. Er habe nicht die Möglichkeit gehabt, Änderungswünsche zu deponieren.

Die beiden Erzdechanten der Diözese St. Pölten, Johannes Oppolzer und Franz Josef Kaiser, schließen sich den Rücktrittsaufforderungen an Krenn an. Ebenso der neue Vorsitzende der Plattform „Wir sind Kirche", der Publizist Hubert Feichtlbauer: „Ich glaube nicht, daß Rom die zahlreichen und prominenten Stimmen gegen Krenn auf Dauer negieren kann." (Zeit im Bild 2)

8. Dezember 1998:

Das „Forum Kirchenzukunft" ersucht in einem Schreiben an den Papst, das an Nuntius Donato Squicciarini „mit der Bitte um Weiterleitung" gerichtet ist, um eine Abberufung Krenns. Unterzeichner sind u.a.: die Journalistin Barbara Coudenhove-Kalergi; die Ex-Präsidentin der Katholischen Aktion Österreichs Eva Petrik; der Psychotherapeut und Theologe Richard Picker; der Präsident des Katholischen Laienrats Österreichs, Generalanwalt Christoph Mayerhofer; der Präsident der Katholischen Aktion Österreichs Christian Friesl; der Vorsitzende der Pastoralkommission Österreichs, der Salzburger Domherr Balthasar Sieberer; die Historikerin Erika Weinzierl; der Abt von Seitenstetten Berthold Heigl OSB. (kathpress)

Der Wiener Weihbischof Helmut Krätzl sagt: „Probleme müssen an der Wurzel gelöst werden und können nicht unter Vorspiegelung eines falschen Weihnachtsfriedens hinausgeschoben werden." (Die Presse)

9. Dezember 1998:
Krenn bezeichnet die Rücktrittsaufforderungen als „das Allerletzte“ und berichtet über die Unterstützung von Nuntius Donato Squicciarini: „Wir reden sehr häufig miteinander. Der Nuntius kennt sich wirklich gut aus. Er weiß Bescheid, er muß von mir nicht informiert werden.“ Den Beratungen der Bischofskonferenz, die am Nachmittag beginnen, sieht Krenn „mit freudiger Erwartung und Offenheit entgegen. Wir müssen uns selbst etwas Gutes einfallen lassen. Ich werde sagen, daß die römisch-katholische Kirche römisch-katholisch bleiben muß. Dafür stehe ich.“

Der Vorsitzende der Österreichischen Theologischen Kommission, Anton Kolb, schreibt an Bischof Krenn (und in Kopie an Kardinal Schönborn, Nuntius Squicciarini, Bischof Weber): „Sie diskriminieren sich selbst, das Bischofsamt, die Österreichische Bischofskonferenz und die katholische Kirche. Das Maß ist voll. Rom muß handeln. Steigen Sie herab vom hohen Roß, von Ihrem bischöflichen Thron und treten Sie zurück.“

Am Nachmittag beginnt die Sondersitzung der Bischofskonferenz im Bildungshaus St. Virgil. Ursprünglich geplantes Thema war die Frage, wie der Reform-Dialog fortgeführt bzw. was mit den Voten der Salzburger Delegiertenversammlung geschehen soll. Nach zweieinhalb Stunden vertraulicher Beratungen verlassen die Bischöfe das Tagungslokal unbemerkt von den wartenden Journalisten durch den Hinterausgang.

Via Kathpress werden lediglich drei Erklärungen veröffentlicht. Eine bezieht sich auf den Reform-Dialog und kündigt „Projektgruppen“ an, die sich mit den „Standardfragen“ auseinandersetzen sollen. Die zweite, auf den Streit um Kurt Krenn gemünzte, lautet: „Wir sind uns des Ernstes der Situation voll bewußt. Die Kürze der Zeit hat es uns heute nicht möglich gemacht, die drängenden anstehenden Probleme in der notwendigen und verantwortbaren Gründlichkeit zu besprechen. Wir werden deshalb in Kürze versuchen, in einem ausführlichen Gespräch noch einmal darauf zurückzukommen. Wir haben vereinbart, bis zu diesem Treffen uns aller Kommentare und Äußerungen zu den strittigen Fragen zu enthalten." Die dritte Erklärung stellt nochmals das ordnungsgemäße Zustandekommen des Quinquennalberichts klar: „Die österreichischen Bischöfe sprechen dem Sekretariat der Österreichischen Bischofskonferenz ihr volles Vertrauen aus. Das Sekretariat unter Leitung von Msgr. Michael Wilhelm hat bei der Erstellung des Fünfjahres-Berichts die entsprechenden Beschlüsse der Bischofskonferenz korrekt ausgeführt. Ein erster Rohentwurf wurde unter Beiziehung von Mitarbeitern erstellt. Dieser Entwurf wurde bei der Frühjahrsvollversammlung 1998 diskutiert und Bischof Kapellari um die Endfertigung ersucht. Auch die Erstellung eines Chronikteils war in der Vollversammlung der Bischofskonferenz angekündigt worden. Dabei war klar, daß dieser kalendermäßige Anhang nicht eigens allen Bischöfen vorgelegt werden muß."

Tatsächlich berichten Teilnehmer der vertraulich tagenden Bischofskonferenz, daß ausschließlich über den Quinquennal-Bericht und die anschließenden Turbulenzen diskutiert wurde – und zwar ziemlich lautstark: „Es ist zu Schreiduellen gekommen, vor allem zwischen Krenn und Wilhelm[23]. Der Vorsitzende Kardinal Schönborn ist die meiste Zeit nur kreidebleich dagesessen. Die Sitzung wurde eigentlich gar nicht formal beendet – die Teilnehmer sind dann einfach aufgestanden und gegangen." Über den Inhalt der Auseinandersetzung zwischen Wilhelm und Krenn wird berichtet: „Krenn wollte Wilhelm dazu bringen, daß er zugibt, daß bei der Erstellung des Berichts Fehler gemacht wurden. Krenn wollte

Wilhelm auch persönlich unter Druck setzen und erging sich in dunklen Andeutungen: Er, Krenn, erinnere sich noch genau, daß Wilhelm in der Debatte über das Homosexuellen-Schutzalter seltsame Ansichten vertreten habe. Bisher habe er gnädig darüber hinweggesehen und sich nicht näher damit befaßt. Doch das könne sich ändern." Wilhelm sei wiederum nicht bereit gewesen, auch nur einen Millimeter nachzugeben, um eine Konsenslösung zu ermöglichen: „Er blieb bei seinem Standpunkt, stets alle Beschlüsse des Bischofskonferenz auf Punkt und Beistrich erfüllt zu haben, also daß er gar keinen Fehler gemacht haben kann. Wilhelm hat auch damit argumentiert, daß sich die Bischofskonferenz in der Öffentlichkeit und gegenüber den staatlichen Stellen lächerlich macht und ihre eigene Position untergräbt, wenn sie sich selbst ein Fehlverhalten und unprofessionelle Vorgangsweise bescheinigt."

10. Dezember 1998:
Der Pastoraltheologe Paul Zulehner hat „den Eindruck, daß die Bischofskonferenz mit dem Konflikt nicht fertig wird. So wie jetzt, mit der Lähmung der Bischofskonferenz, mit dem Patt, kann es nicht weitergehen." (Die Presse)

11. Dezember 1998:
Der Salzburger Erzbischof Georg Eder sagt am Rande einer Pressekonferenz: „Wir haben im Reden gesündigt, wir müssen im Schweigen büßen."

Monsignore Michael Wilhelm tritt als Sekretär der Bischofskonferenz zurück.

12. Dezember 1998:
Michael Wilhelm begründet seinen Rücktritt: „Es ist ein Punkt erreicht, an dem ich mich nicht mehr in der Lage sehe,

die Aktionen dieser Bischofskonferenz mitzutragen. Dazu kommt der unbefriedigende Umgang mit den Ergebnissen der Salzburger Delegiertenversammlung, der von Mißtrauen und andauernden Verdächtigungen mangelnder Rechtgläubigkeit gekennzeichnet ist. Auf diesem Boden wächst nichts Gutes für die Kirche in unserem Land. Den Ausschlag für den Zeitpunkt meiner Entscheidung gab die Sitzung der Bischofskonferenz vom 9. Dezember, deren Verlauf für mich die Grenzen der Zumutbarkeit bei weitem überschritten hat." (Kathpress)

Kardinal Schönborn bedauert den Rücktritt Wilhelms, beteuert Betroffenheit und spricht ihm „große Anerkennung für die ausgezeichnete Amtsführung aus". (Kathpress)

„Wir sind Kirche"-Sprecher Hubert Feichtlbauer bewertet den Rücktritt Wilhelms als „äußerst dramatische Entwicklung". Sollte der Vatikan weiter die Forderungen nach Abberufung Krenns ignorieren, wäre dies eine „ungeheuere Brüskierung" der anderen Bischöfe, insbesondere von Kardinal Schönborn, sowie hoher Laien- und Kleriker-Repräsentanten, „in einem Ausmaß, das es bisher in der Zweiten Republik nicht annähernd gegeben hat". (ORF-Radio, Mittagsjournal)

13. Dezember 1998:
„Profil" veröffentlicht ein mit 7. Dezember (also vor der Bichofskonferenz) datiertes Schreiben von Nuntius Donato Squicciarini an die Bischöfe, in dem sich dieser auf die Seite Krenns stellt: „Was die über den Quinquennal-Bericht der österreichischen Bischofskonferenz entstandenen Mißverständnisse und Mißtöne angeht, könnte man sich fragen, ob nicht in Bezug auf die Bearbeitung und Veröffentlichung dieses Berichts Versehen unterlaufen sind. Die vollständige Fassung des Berichts kam so spät zu den Bischöfen, daß sie tatsächlich keine Gelegenheit mehr hatten, diese zu prüfen und

darüber abzustimmen. Für eventuelle zukünftige Dokumente wäre es angemessen, die Voraussetzungen zu schaffen, um allen in diesem Fall aufgetauchten Mängeln vorzubeugen."

14. Dezember 1998:
Nuntius Donato Squicciarini wendet sich mit einer schriftlichen Erklärung an die Öffentlichkeit: „Der Apostolische Nuntius bemüht sich, gemäß seiner spezifischen Aufgabe den Dialog ‚in Wahrheit und Liebe' auch unter den Bischöfen zu fördern. Die Probleme müssen gelassen geprüft und sachlich gelöst werden. Es erscheint notwendig, ein Klima des Vertrauens wiederherzustellen."

15. Dezember 1998:
Kurt Krenn kommentiert die neueste Entwicklung: „Ich verstehe die ganze Aufregung nicht. Es ist im Grunde gar nichts, worüber gestritten wurde. Ich schäme mich vor den Österreichern, daß so was passiert. Ich muß aber auch die Medien anklagen, die haben das gemacht. Wir haben mitgespielt, vielleicht mich ausgenommen, aber auch ich." Den Rücktritt Wilhelms bedauert Krenn: „Er ist ein tüchtiger Mann. Aber mehr kann ich nicht sagen." (ORF-Report)

Wilhelm bekräftigt: „Für jemand, der des Lesens kundig ist, ist nachvollziehbar, daß korrekt gearbeitet wurde. Der dokumentierbare Ablauf ist mit Protokolltexten belegbar."

17. Dezember 1998:
Krenn will, daß Wilhelm bleibt: „Die Sache ist heilbar. Sollte er vom Rücktritt wieder zurücktreten, wäre mir das recht." Wilhelm habe aber „noch nicht ganz den Durchblick. Er beurteilt manche Dinge einfach falsch". Zum Brief des Nuntius an die Bischöfe sagt Krenn: „Das ist eine sehr hilfreiche Sache gewesen." Von einem Schweigegelübde der Bischöfe wisse er

nichts: „Ich denke nicht, daß wir uns das so ausgemacht haben.“ (News)

31. Dezember 1998:
Bischof Krenn sagt im Rahmen seiner Silvesteransprache bei der Jahresschlußandacht im Dom von St. Pölten: „Jede Diskussion und jede Auseinandersetzung in Religion und Kirche betreffen die Wahrheit und Wirklichkeit Gottes. Es ist nicht richtig, die Vorgänge in Österreich als einen Streit um nichtige Dinge anzusehen. Worum es geht, ist eine ernste Sache: Es geht um die Identität der Kirche in der Glaubenslehre. Es geht um das Bleibende, das wir von Christus und den Aposteln für alle Zeit übernommen haben. Es geht nicht um Macht, sondern um Vollmacht, die jene auszuüben haben, die als Bischöfe, Priester und Diakone je auf ihre Weise den Aposteln Christi nachfolgen.“

Am Abend ist Kurt Krenn Stargast bei Karl Moiks „Silvesterstadl“.

2. Jänner 1999:
FP-Obmann Jörg Haider meldet sich zu Wort: Krenn sei ein „wackerer und standhafter Bischof“, mit dem man ebenso umgehe wie mit der FPÖ. „Das ist doch die gleiche Jagdgesellschaft.“ Die niederösterreichischen Äbte seien ein „ziemlich disziplinloser Haufen. Krenn versucht doch nur Ordnung zu machen.“ (profil)

Der Salzburger Erzbischof Georg Eder sagt: „Es kann nicht ewig so weitergehen. Es muß nun zu einer endgültigen Klärung und zu einem Abschluß des Falles Krenn kommen.“ Abt Angerer berichtet, daß er seit der Auseinandersetzung mit Krenn „entsetzlich böse anonyme Briefe“ erhält: „Das ist ein gesellschaftspolitisches Problem und hat ganz klar einen Namen: Kurt Krenn. Der Bischof steht für viele, die im Dritten

Reich ihre Wurzeln haben, im Faschismus und im Radikalismus."

4. Jänner 1999:
Kurt Krenn meint, es gebe gar keinen Konflikt in der Kirche, sondern nur ein „Medienspiel". Konflikt brauche keiner gelöst zu werden, „weil es ihn nicht gibt". (ORF-Radio, Abendjournal) Er denke „nicht im Schlaf" an Rücktritt. Er sei aber „immer bereit, das zu tun, was der Papst sagt". (Zeit im Bild 2)

5. Jänner 1999:
Die neuerliche Sondersitzung der Bischofskonferenz in Linz beschließt einhellig eine Streitbeilegung. Kardinal Schönborn erklärt danach, der Anlaßfall, also der Quinquennalbericht, sei ausführlich und offen diskutiert worden: „Es sind Fehler passiert." Über Bischof Krenn sei nicht gesprochen worden. Die Sache sei damit einvernehmlich abgeschlossen. Schönborn spricht von einem „guten Tag für den Weg und die Arbeit der Bischofskonferenz. Wir müssen die Menschen froh machen." Die Weiterarbeit an den Voten der Salzburger Delegiertenversammlung werde in sechs Projektgruppen erfolgen. (Kathpress) Krenn erklärt, seine Person sei kein Thema gewesen, „weil ich eine Thematisierung dieser Frage nicht gewünscht habe".

6. Jänner 1999:
Die Plattform „Wir sind Kirche" kommentiert in einer Aussendung die Ergebnisse der Sondertagung der Bischofskonferenz: „Wir sind enttäuscht, aber nicht überrascht." Die Ergebnisse seien dürftig ausgefallen, was angesichts des „nunmehrigen Triumphs von Bischof Kurt Krenn kein Wunder ist".

7. Jänner 1999:
Kurt Krenn erlebt auf der Prominten-Tribüne neben Ski-Legende Karl Schranz den Sieg des Österreichers Benjamin Raich beim Weltcup-Nachtslalom in Schladming.

8. Jänner 1999:
Der Wiener Weihbischof Helmut Krätzl warnt bei einem Vortrag vor einer Kirchenspaltung. Dabei gehe es um die Entwicklung nach dem 2. Vatikanum: „Alle berufen sich auf das Konzil. Aber die Auslegung ist ganz unterschiedlich." Die Kirche hätte Angst vor der eigenen Courage bekommen.

10. Jänner 1999:
Bei seiner traditionellen Neujahrsrede spendet FP-Obmann Jörg Haider Bischof Kurt Krenn dickes Lob: „Der Kugelblitz aus St. Pölten hält einsam die Stellung."

11. Jänner 1999:
Abt Joachim Angerer sagt zur bevorstehenden Rom-Reise der niederösterreichischen Äbte: „Wir sind zuversichtlich, daß der Fall Krenn in den nächsten Monaten gelöst wird." Angerer bestätigt auch eine Zusammenarbeit mit Schönborn in dieser Causa: „Der Kardinal hat uns sehr geholfen." (Format)

13. Jänner 1999:
Kurt Krenn erklärt in Zusammenhang mit der Einführung der Abtreibungs-Pille „Mifegyne" in österreichischen Kliniken, daß sich die Frage einer Rückkehr zur Bestrafung abtreibender Frauen „momentan nicht stellt". Aber wenn man jemanden strafen sollte, dann den behandelnden Arzt: „Die Ärzte haben die schuldmindernden Umstände nicht für sich wie die Frauen." (Der Standard)

In einer schriftlichen Stellungnahme zu Krenns Aussagen erklärt der Vorarlberger Bischof Klaus Küng, eine Bestrafung von abtreibenden Frauen stünde zwar derzeit nicht zur Diskussion, über eine Bestrafung der Ärzte könne man aber nachdenken. Schließlich machten viele Ärzte mit Abtreibungen ein Geschäft auf dem Rücken der Frauen.

Der Salzburger Weihbischof Andreas Laun erklärt, die Mifegyne-Debatte sollte Anlaß sein, die gesamte Fristenlösung neu zu überdenken. Laun pflichtet dem Kölner Erzbischof Joachim Meisner bei, der Mifegyne mit Zyklon B, dem Todesgas in den Nazi-Konzentrationslagern, verglichen hatte: „Mir scheint der Vergleich richtig. In beiden Fällen hat sich die Industrie sehr angestrengt, chemische Mittel zu finden, um Menschen zu töten." (APA/News)

14. Jänner 1999:
Die Rom-Visite der niederösterreichischen Äbte mit dem Ziel, die Absetzung Kurt Krenns als Bischof zu erreichen, wird am Vortag der geplanten Abreise abgesagt. Wie der Herzogenburger Propst Maximilian Fürnsinn Can. Reg. erklärt, sei durch die Medienberichte ein so hoher Erwartungsdruck entstanden, daß von den Gesprächen in Rom „keine oder keine positive Reaktion zu erwarten war". Die Aktion hätte von Anfang an diskreter behandelt werden sollen.

15. Jänner 1999:
Die „Kleine Zeitung" berichtet, daß der Grund der Stornierung der Rom-Reise der Äbte die Absage sämtlicher Gesprächstermine durch den Vatikan war. Weiters wird vermutet, daß Krenn „wieder einmal seine polnische Seilschaft aktiviert und über den noch immer einflußreichen Privatsekretär des Papstes, Stanislaw Dziwisz, die Notbremse gezogen haben dürfte".

Krenns Pressesprecher Michael Dinhobl dementiert, daß sein Bischof im Vatikan interveniert habe.

Der Präsident der Katholischen Aktion Österreichs, Christian Friesl, spricht sich gegen eine Gesetzesänderung zur Strafverfolgung von abtreibenden Frauen und Ärzten aus: Dies würde eine gute Beratung verhindern und dem Grundanliegen, dem umfassenden Schutz des Lebens, keinen guten Dienst erweisen. (Kathpress)

16. Jänner 1999:
Der 1. Präsident des Nationalrats und Vize-Vorsitzende der SPÖ, Heinz Fischer, sagt zur Abtreibungsdebatte: „Ausdrucksweise, Fundamentalismus und politische Einseitigkeit von Bischof Krenn werden immer unerträglicher.“ (Kurier)

19. Jänner 1999:
Der Innsbrucker Bischof Alois Kothgasser meint zur Abtreibungsdebatte, er sei wie Schönborn und König der Meinung, daß „die Kirche nicht der Strafe das Wort reden darf. Durch Strafen und Strafandrohung ist sehr wenig erreichbar.“ (APA)

23. Jänner 1999:
Der Salzburger Weihbischof Andreas Laun sagt bei einer Wallfahrt in Mariazell, der Staat müsse viele Rechtsgüter, „vor allem das Recht auf Leben“, auch durch Strafgesetze schützen.

25. Jänner 1999:
Die Bischöfe Laun, Krenn und Küng bekräftigen ihre Haltung: Strafen für Abtreibungen seien überlegenswert, Straffreiheit könne kein Ziel sein. Generalvikar Helmut Schüller meint hingegen: „Die Fristenlösung ist zu akzeptieren. Das gebieten die Spielregeln der Demokratie. Die Kirche kann

nicht versuchen, außerparlamentarisch auszuhebeln, was demokratisch zustande gekommen ist." (profil/Format)

15. Februar 1999:
In seinem Fastenhirtenbrief schreibt Kurt Krenn in Zusammenhang mit der Fristenregelung: „Wir appellieren an das gebildete Gewissen aller Menschen, das heute in vielen Unrechtssystemen als der einzige Schutz für unsere wehrlosesten Menschenkinder verblieben ist. [...] Schweigt nicht und handelt, bildet in dieser Frage auch Euer politisches Urteil, das mit der Lehre der Kirche übereinstimmt."

22. Februar 1999:
Erzbischof Christoph Schönborn entläßt seinen Generalvikar Helmut Schüller. Dieser erfährt davon aus einem Brief, den ihm Schönborn in der Nacht auf die Türmatte gelegt hat.

23 Februar 1999:
Schönborn erklärt die Abberufung Schüllers mit „unterschiedlichen Auffassungen über das Leitungskonzept". Der Kardinal will künftig selbst mehr Führungsaufgaben übernehmen und „verstärkt Akzente in Richtung spirituelle Erneuerung setzen".

Kurt Krenn erklärt, die Abberufung Schüllers sei einzig und allein Angelegenheit des Erzbischofs von Wien, die er daher auch nicht kommentieren wolle.

27. Februar 1999:
Kurt Krenn erklärt zur Abberufung Schüllers, er wolle sich zwar nicht in Angelegenheiten anderer Diözesen mischen, betont aber zugleich: „Kardinal Schönborn kann mit allem, was er tut, mit meiner Unterstützung rechnen. Außerdem hat er sich den Schritt sicherlich gut überlegt." Gerüchte, Rom hätte

die Ablöse Schüllers betrieben, seien unwahr: „Ich kann mir das nicht vorstellen. Schließlich hat Kardinal Schönborn die Gerüchte bereits dementiert, und er sagt stets die Wahrheit."

Es liegt ein weiter Weg zwischen diesen beiden konträren Aussagen aus dem Munde Kurt Krenns – von der über die „Lügner, die das Maul halten" sollen vom 21. November 1998 bis zu jener vom 27. Februar 1999, in der Krenn Kardinal Schönborn bescheinigt, „stets die Wahrheit" zu sagen. Dazwischen sind der katholischen Kirche in Österreich der Sekretär der Bischofskonferenz, der Wiener Generalvikar, tausende Kirchenbeitragszahler und die Hoffnungen in den Reform-Dialog abhanden gekommen.

Wie aber war es möglich, daß die „Großwetterlage" innerhalb von drei Monaten derartig umschlagen konnte?

Auf der ersten Ebene der Auseinandersetzung, der öffentlichen Debatte über die Frage, ob der Bischof von St. Pölten abzuberufen sei bzw. er selbst zurücktreten solle, konnte sich Krenn mit Hilfe von Serienauftritten in fast allen Massenmedien durchsetzen – vor allem auch deshalb, weil seine Gegner gerade diese Art der Auseinandersetzung scheuten. An einem der Spitzentage, unmittelbar nachdem er wieder einmal versprochen hatte, „nichts mehr zu sagen", hat es Krenn (nicht gerechnet seine via Nachrichtenagenturen verbreiteten Aussagen) auf sechs „Exklusiv-Auftritte" in den verschiedensten Medien gebracht – von Magazinen über Tageszeitungen und dem Radio bis zum Fernsehen. Das ist öfter, als Kardinal Schönborn innerhalb von drei Monaten zu dieser Problematik öffentlich Stellung bezogen hat. Auf der Ebene des höheren und mittleren Klerus gab es lediglich drei Personen, die die Auseinandersetzung mit Krenn auch in der Öffentlichkeit konsequent durchziehen wollten: Monsignore Michael Wilhelm, der Sekretär der Bischofskonferenz, der dann aus Enttäuschung über das Verhalten der Bischöfe das Handtuch geworfen hat; Generalvikar Helmut Schüller, der von Erzbischof Schönborn entlassen wurde[24]; und der Abt des Prämonstratenser-Stifts Geras, Joachim Angerer, der letztlich lediglich den Chorherren seines Convents und nicht den diözesanen Machtstrukturen verantwortlich ist. Dagegen ist kaum ein gleichrangiger Bischof mit Krenn in den medialen Boxring gestiegen bzw. hat diesen – wie die Bischöfe Iby, Aichern und Schwarz, die sich immerhin zu zaghaft-kurzen Stellungnahmen hinreißen ließen – nach kurzem Infight bald wieder verlassen.

Läßt man die Chronologie dieser drei Monate Revue passieren, so drängt sich der Schluß auf, daß die Debatte in den Medien vor allem durch Kurt Krenn selbst am Leben erhalten wurde. Und dies – ob bewußt kalkuliert oder ungeplanterweise – verschaffte Krenn auch auf der zweiten Ebene der Auseinandersetzung einen gewaltigen Vorteil – im Kampf um die Gunst des Vatikan, von dem ja letztlich auch über die Abberufung eines Bischofs entschieden wird. Denn eines der ungeschriebenen Gesetze Roms ist, einen Bischof, der im Schußfeld der Kritik steht, nicht sofort abzuziehen (es sei denn, es liegen persönliche Verfehlungen wie bei Hans Hermann Groër vor und die Absetzung kann durch eine Versetzung in den Ruhestand getarnt werden); und so war – zusammen mit der „polnischen Connection" Krenns, von der noch die Rede sein wird – die ständige öffentliche Erregung der beste Garant für Kurt Krenn, einer Amtsenthebung zu entgehen.

Dazu kommen allerdings noch wahre „Kardinalsfehler" seiner Gegner im Umgang mit dem Vatikan, wie Kenner der römischen Gebräuche meinen. So habe es Schönborn verabsäumt, möglichst rasch und vor allem persönlich die entscheidenden Stellen, von der Bischofskongregation über das Staatssekretariat bis zum Papst selbst, zu informieren. Zwar war Schönborn im fraglichen Zeitraum zu Privataudienz beim Papst, doch hat er dabei den „Problemfall Kurt Krenn" nicht zur Sprache gebracht: Es hätte die spirituelle Tiefe der Begegnung gestört, den Streit mit Krenn zu erwähnen, berichtete Schönborn anschließend einem hohen österreichischen Kleriker. Und auch den niederösterreichischen Äbten unterliefen schwere taktische Fehler. „Wären die Äbte ohne Medienrummel nach Rom gefahren und hätten dort einfach deponiert, daß sie alle Ordensgeistlichen aus den Pfarren abziehen werden, solange Krenn Diözesanbischof ist, dann hätte das im Vatikan großen Eindruck hinterlassen Dann hätte Rom aktiv werden müssen", meint ein Kleriker mit gutem Draht in die Kurie.

Allerdings wäre der Eindruck falsch, man hätte im Vatikan taube Ohren für die Lage der Kirche in Österreich und ignoriere dort einfach die hiesigen Probleme. Die Handlungsweise von Nuntius Donato Squicciarini macht deutlich, daß Rom durchaus willens war, seine Interessen zu wahren und Partei im innerösterreichischen Kirchenkonflikt zu ergreifen. Dies zeigt etwa das Schreiben des Nuntius an die Bischöfe im Zusammenhang mit dem Quinquennal-Bericht: Obwohl Squicciarini nicht an den diesbezüglichen Beratungen der Bischofskonferenz teilgenommen hat, attestiert er „Mängel" und „Versehen" bei der Erstellung des Berichts.[25] Damit wurden Kardinal Schönborn und die gesamte Bischofskonferenz desavouiert, die ja per Mehrheitsbeschluß das ordnungsgemäße Zustandekommen des Berichts beglaubigt hatten. Und dies schien in Rom bzw. in der Nuntiatur in der Wiener Theresianumgasse weit weniger Bedeutung gehabt zu haben als eine gesicherte Stellung Krenns in der österreichischen Amtskirche.

Die nachhaltigsten Auswirkungen auf diese österreichische Amtskirche jedoch hat wohl jene Vorentscheidung, die auf der dritten Ebene der Auseinandersetzung gefällt worden ist – jener über den Fortgang des Reform-Dialogs. Dabei ist festzuhalten, daß Krenn in dieser Frage von Anfang an wesentlich weniger isoliert gewesen ist, als das in der Öffentlichkeit vermittelt wurde. Tatsächlich dürfte der „Dialog" bereits bei der Bischofskonferenz eine Woche nach der Salzburger Delegiertenversammlung sanft beerdigt worden sein – zu einem Zeitpunkt, als in der Öffentlichkeit und bei den Delegierten selbst noch Euphorie über den guten Geist und die eindrucksvollen Voten herrschte.

Die Salzburger Delegiertenversammlung war als vorläufiger Höhepunkt des „Dialog für Österreich" gedacht, der seinerseits eine indirekte Antwort auf das Kirchenvolks-Begehren gewesen ist: Unter dem Eindruck jahrelanger Streitigkeiten in der katholischen Amtskirche Österreichs und unmittelbar nach der „Affäre Groër I"[26] hatten im Juni 1995 exakt 505.154 Personen den von der Plattform „Wir sind Kirche" ausgearbeiteten Text[27] unterzeichnet, was bei den Bischöfen zunächst tiefe Ratlosigkeit hinterließ. Sogar fortschrittliche Kräfte wie der Wiener Weihbischof Helmut Krätzl[28] lehnten den Großteil der Forderungen vorerst ab. Am wohlwollendsten kommentierte noch der Innsbrucker Bischof Reinhold Stecher die Initiative, indem er ihren Betreibern wie ihren Gegnern zumindest ein gemeinsames Anliegen zugestand – das Wohl der Kirche. Am radikalsten hat Kurt Krenn die Forderungen abgelehnt[29].

Jedenfalls konnte das Episkopat eine so große Zahl an Befürwortern[30] nur schwer ignorieren. Bei ihrer Herbstbischofskonferenz 1995 beschlossen die Bischöfe daher, im Herbst 1996, am 7. und 8. September, eine „Wallfahrt der Vielfalt" nach Mariazell durchzuführen, in deren Rahmen auch eine

Fachtagung zu den diversen im Kirchenvolks-Begehren angesprochenen Problemen abgehalten werden sollte. Im Anschluß an diese Wallfahrt bzw. Fachtagung beschloß der Episkopat bei seiner Herbstsession 1996 in Stift Vorau, einen „Dialog für Österreich“ durchzuführen: Dieser Dialog sollte einerseits, nach außen, zwischen der katholischen Kirche und den gesellschaftlichen Institutionen (inklusive den politischen Parteien) über aktuelle Problemstellungen geführt werden; andererseits sollten die internen Reformanliegen der Katholiken in Tagungen besprochen, formuliert und schließlich auf einer sogenannten „Delegiertenversammlung“ im Herbst 1999 behandelt werden. Die im Kirchenrecht nicht vorgesehene Form einer Delegiertenversammlung anstelle eines synodalen Vorgangs wurde bewußt gewählt, um den experimentellen und unverbindlichen Charakter dieses „Reform-Dialogs“ zu unterstreichen. Im Zuge der Diskussionen wurde aber bald klar, daß irgendeine Form einer Willensbekundung unvermeidlich sein würde. Eine unverbindliche Debatte über Positionen, die ohnehin schon längst bezogen und allen Interessierten hinlänglich bekannt sind, wäre wohl zurecht als Alibi-Aktion abgelehnt worden. Die Bischöfe einigten sich schließlich darauf, daß es „Voten“ über „Meinungsbilder“ bzw. „Prioritäten“ geben sollte. Dies allerdings erst nach einigen Diskussionen darüber, ob man diesen Vorgang „über einen Beschluß abstimmen“ oder „über ein Meinungsbild votieren“ nennen sollte – eine, freilich nicht untypische, Haarspalterei, denn daß die aus kirchenrechtlicher Sicht nicht existente „Delegiertenversammlung“ keine Formalzuständigkeit haben konnte, war von vornherein klar.

Ob gewollt oder nicht – mit der Delegiertenversammlung begaben sich die Bischöfe auf gefährliches Terrain. Sie hatten sich bereits frühzeitig auf einen Nominierungsschlüssel für die Delegierten festgelegt, der ihnen eigentlich die „Steuerung“ der Versammlung hätte ermöglichen sollen. Von den 297 stimmberechtigten Delegierten (an den Abstimmungen nahmen dann 260 bis 269 teil), inklusive der 16 Mitglieder der Bischofskonferenz, wurden zwei Drittel über die Diözesen nominiert, der Rest von überregionalen Laien- und Klerikerorganisationen bzw. direkt von der Bischofskonferenz. Zur Frage, ob auch die Plattform „Wir sind Kirche“, die das Kirchenvolksbegehren initiiert hatte, ein oder zwei Delegierte (von knapp 300) entsenden dürfte, tobte ein monatelanger Streit, bei dem sogar die vatikanische Glaubenskongregation eingeschaltet wurde[31]. Erst sehr spät wurde den Bischöfen bewußt, daß die Versammlung durch den Umstand, daß ein Großteil der Delegierten von amtskirchlich offizieller Seite ausgewählt wurde, eine Legitimierung erhielt, die so gar nicht beabsichtigt gewesen war.

Die Delegiertenversammlung selbst stand zunächst unter keinem guten Stern. Kardinal Schönborn, der der Tagung vorsitzen sollte, mußte sich mit einer Beinvenen-Thrombose in Spitalsbehandlung begeben. Und bereits am ersten Tag der Veranstaltung erhielten die teilnehmenden Bischöfe brisante Post aus dem Vatikan: Der Präfekt der Glaubenskongregation, Joseph Kardinal Ratzinger, mahnt darin, daß „die Lehre der Kirche nicht in Frage gestellt“ werden dürfe: „Viele praktische Probleme, die im Arbeitsdokument für den Delegiertentag angedeutet und in der Öffentlichkeit diskutiert werden, wurzeln in einer einseitigen oder sogar falschen Lehre über die Kirche, die sich zu Unrecht auf Texte des Zweiten Vatikanischen Konzils beruft und die eigentlich theologische Dimension der Kirche praktisch außer acht läßt.“

Doch davon wußten, mit Ausnahme der Bischöfe, die Delegierten während der Versammlung nichts. Auch dürfte so mancher Oberhirte von der Euphorie der Teilnehmer angesteckt worden sein: Der Grazer Bischof Johann Weber etwa, der statt Schönborn die Delegiertenversammlung leitete, sprach nach Ende der Tagung von einem „historischen Punkt"; kein einziges Votum würde „im Papierkorb" landen, alle Beschlüsse stünden „in der Lehre und der Verpflichtung der Kirche".[32]

Bereits eine Woche später, auf der Herbsttagung der Bischofskonferenz, die vom 3. bis 5. November in Wien stattfand, war alles anders. Unter dem Vorsitz des genesenen Kardinal Schönborn einigte man sich zwar im Episkopat darauf, beim folgenden Ad-limina-Besuch in Rom „als Zwischenbericht die Dokumentation der Delegiertenversammlung zu übergeben". Doch zugleich wurde in der offiziellen Erklärung der Bischofskonferenz festgehalten, daß „über die in Salzburg artikulierten Vorschläge in der Bischofskonferenz nicht in jedem Fall Einmütigkeit herrscht". Einer der Teilnehmer bezeichnet heute selbst diese Formulierung noch als reichlich euphemistisch: „Wir haben eigentlich nicht gewußt, was wir jetzt tun sollen. Einerseits, nach den Vorgängen und der Stimmung in Salzburg, war klar, daß wir irgendwie aktiv werden müssen. Andererseits war von vornherein klar, daß derzeit aus Rom nur ein Nein zu so gut wie allen in Salzburg verabschiedeten Anliegen kommen konnte. Außer Krätzl und Weber konnte sich ohnehin niemand so richtig für die Salzburger Ergebnisse erwärmen."

Kardinal Schönborn äußerte sich im Anschluß an die Bischofskonferenz nur sehr ausweichend über die in Salzburg beschlossenen Anliegen: Er wolle zwar die Zulassung von Frauen zum Diakonat oder die Möglichkeit der Priesterweihe verheirateter bewährter Männer nicht ausschließen, er selbst jedoch habe sich dazu noch keine abschließende Meinung gebildet, und jedenfalls müsse die Entwicklung der Weltkirche abgewartet werden.

Auch über das Engagement der Bischöfe bei ihren Gesprächen mit der Kurie während des Ad-limina-Besuchs in Rom gibt es unterschiedliche Wahrnehmungen. Während in den offiziellen Stellungnahmen immer wieder beteuert wurde, daß in den Kongregationen die Dokumentation der Delegiertenversammlung übergeben und ihre Anliegen zumindest angesprochen wurden, ist inoffiziell von bischöflicher Seite anderes zu hören: „In Wirklichkeit war jeder froh, daß wir in den Kongregationen nicht auf Salzburg angesprochen wurden."

Doch dabei blieb es nicht: In der schriftlich verteilten Rede des Papstes an die österreichischen Bischöfe kommen zwar die Worte „Kirchenvolks-Begehren" und „Delegiertenversammlung" nicht vor – doch jeder wußte, wer und was mit „irrigen Auffassungen" und „Fehlentwicklungen" gemeint war.[33]

Kurt Krenn jedenfalls konnte sich durch die Worte des Papstes bestätigt fühlen – ja, mehr noch: manche vermuten, daß er es gewesen ist, der diese Worte mit eigener Feder formuliert hat.

Doch ob dem tatsächlich so gewesen ist oder nicht – Tatsache bleibt die enge Beziehung, die Krenn mit Johannes Paul II. verbindet. Und so stellt sich Frage, wie der aus kleinen Verhältnissen stammende Mühlviertler zu solch vertrautem Umgang mit dem polnischen Pontifex maximus kommen konnte.

Von Rannariedl auf den Stephansplatz

http://www.stjosef.at/bischof.k.krenn: Auf der von seinem Pressesprecher Michael Dinhobl betreuten Homepage Kurt Krenns sind unter dem link „Lebenslauf" schlagwortartig die wichtigsten biographischen und beruflichen Stationen des St. Pöltener Bischofs aufgelistetet:

„Geboren am 28. Juni 1936 in Rannariedl (Oberösterreich) als zweites von sechs Kindern der Familie des Lehrers Karl Krenn und der Leopoldine Krenn (der Vater fiel als Soldat am 6. August 1944); getauft wurde Kurt Krenn am 2. Juli 1936 in Rannariedl. 1945 Übersiedlung nach Oberkappel. 1945–1947 Volksschule in Oberkappel. 1947–54 Realgymnasium in Schlierbach. 1954 Eintritt in das Priesterseminar Linz und Studium an der Philosophisch-Theologischen Lehranstalt Linz. 1955–1965 Studium der Philosophie und der Theologie an der Pontificia Universitas Gregoriana und des Kirchenrechtes an der Pontificia Universitas Lateranensis in Rom. 7. Oktober 1962 Priesterweihe in der Kirche Sant'Ignazio in Rom. 1965–65 Seelsorger in der Pfarre Capena (bei Rom). 1965–66 Studium an der Universität in Tübingen. 1966–67 Studium an der Universität in München. 1966–70 Wissenschaftlicher Assistent bei Prof. Keilbach an der Universität München. 1970–1975 Professor der Philosophie an der Philosophisch-Theologischen Hochschule in Linz. Gleichzeitig Vorlesungen an der Kepler-Universität in Linz: ‚Umweltethik und theologisch-naturwissenschaftliche Grenzfragen'. 1974/75 Lehrbeauftragter für 3 Semester an der Theologischen Hochschule St. Pölten. Mitglied des Richterkollegiums des Diözesangerichts in Linz. 1975 Berufung durch den

Bayerischen Kultusminister als ordentlicher Professor auf den Lehrstuhl für ‚Systematische Theologie' an der Katholisch-Theologischen Fakultät der Universität Regensburg. Gleichzeitig Mitarbeit an der Priesterfortbildung in der Diözese Regensburg. Vorlesungen an den Universitäten Eichstätt und Parma (Italien). 1977 Geschäftsführer der Internationalen Gesellschaft für Religionspsychologie in Uppsala. 3. März 1987 Ernennung zum Weihbischof der Erzdiözese Wien (für Kunst, Kultur und Wissenschaft). 26. April 1987 Weihe zum Titularbischof von Aulonia in Wien durch Kardinal Dr. H. H. Groër. 11. Juli 1991 Ernennung zum Bischof von St. Pölten. 15. September 1991 Übernahme des Amtes als Diözesanbischof von St. Pölten. Derzeit auch Vorsitzender der Finanzkommission der Österreichischen Bischofskonferenz und zuständiger Bischof für den Sport."

Soweit der autorisierte Lebenslauf.

Über die Eltern Kurt Krenns findet sich in der Pfarrchronik von Rannariedl folgende Eintragung: „Die Oberlehrerfamilie war 1941 vom Glauben abgefallen. Ende des Krieges hatte sie zwei ungetaufte Kinder."[34] 1945 mußte Leopoldine Krenn, die zuvor die 140 Schüler der einklassigen Volksschule im 1. Stock von Schloß Rannariedl unterrichtet hatte – und auch die erste Lehrerin des kleinen Kurt gewesen war –, ihre Amtswohnung auf Schloß Rannariedl räumen und ins knapp neun Kilometer entfernte Oberkappel, direkt an der bayerisch-österreichischen Grenze, übersiedeln. Dort traten dann die Krenns auch wieder der römisch-katholischen Kirche bei.

Zu seiner Mutter – sie ist, 92jährig, am 4. Oktober 1998 gestorben – hatte Kurt Krenn stets ein besonders inniges Verhältnis. Sie muß eine bemerkenswerte Frau gewesen sein: Die Witwe des 1944 gefallenen Karl Krenn schaffte es, in den harten Nachkriegsjahren allen ihren fünf Kindern – eine Tochter war im Kindesalter gestorben – ein Studium zu ermöglichen.

Berta und Ingrid wurden Lehrerinnen, die beiden jüngeren Brüder sind an deutschen Universitäten tätig: Hilmar ist wissenschaftlicher Mitarbeiter des Geographie-Instituts an der Johannes-Gutenberg-Universität in Mainz, Herwig ist Professor der Romanistik an der Bochumer Ruhr-Universität.

Es waren entbehrungsreiche Jahre, prägend für den enormen Familiensinn der Krenns. „Ja, es war schwer damals", erinnerte sich Leopoldine[35], „Kinderbeihilfe hat es noch nicht gegeben, ich habe als Lehrerin gearbeitet. Und weil es nicht gereicht hat, auch noch bei den Bauern für Erdäpfel geholfen. Ich habe halt recht g'spart, die Kleider selber gemacht."

Kurt Krenn besuchte nach der Volksschule das Realgymnasium des Zisterzienserstiftes in Schlierbach. Schon damals dürfte er gewußt haben, wie man sich behauptet: „Er hat sich überall durchgesetzt, hat alle beeinflußt", schilderte seine Mutter die Schulzeit.[36] Kurt Krenn selbst beschreibt sein soziales Verhalten im Stiftsinternat so[37]: „Ich habe nie wirklich ein Vorbild gehabt, schon gar keines, das ich kopieren wollte. Ich sagte mir schon in frühester Jugend immer: Ich gehöre nur zu jener Gruppe, deren Chef ich bin. Man soll das bitte nicht mißverstehen, aber so war meine Einstellung schon damals. Dort, wo ich dabei bin, dort, wo ich mich einsetze, dort will ich auch die Verantwortung tragen."

Die Problematik von Macht und Autorität sollte Kurt Krenn sein Leben lang begleiten. Es ist symptomatisch, daß sich der Schlußsatz Kurt Krenns in Hubert Wachters offiziöser Biographie[38] gerade um diese Frage dreht: „Mit jedem Tag, den ich in dieser Diözese überlebe und tätig sein kann, wächst meine Autorität und Macht."

Unmittelbar nach seiner Matura trat Krenn 1954 in das Linzer Priesterseminar ein und studierte an der Philosophisch-Theologischen Hochschule der Diözese. Mit einem Stipendium der Diözese versehen ging Krenn ein Jahr später ans Collegium Germanicum et Hungaricum nach Rom – der spätere Kurien-Erzbischof Alois Wagner, ein Oberösterreicher, war gerade aus Rom zurückgekommen und so ein Studienplatz freigeworden. Im Linzer Priesterseminar dürfte Krenn nicht gerade beliebt gewesen sein: „Der Regens [Engelbert Schwarzbauer] war sicher auch sehr froh, daß er mich verschicken konnte – ich übrigens auch", erinnert sich der heutige Diözesanbischof.[39] In Rom studierte Krenn Philosophie und Theologie an der Gregoriana sowie Kirchenrecht an der Lateran-Universität. Bei seiner Priesterweihe am 7. Oktober 1962 in der Kirche Sant'Ignazio in Rom schoß übrigens ein Jugendfreund die Erinnerungsphotos – Martin Humer, später als „Pornojäger" bekannt geworden.[40] Seine Dissertation schrieb Krenn an der philosophischen Fakultät der Gregoriana zum Thema „Vermittlung und Differenz? Vom Sinn des Seins in der Befindlichkeit der Partizipation beim Heiligen Thomas von Aquin". Seine philosophische Vorliebe galt allerdings der Beschäftigung mit Hegel.[41]

Während der Endphase der Studien Kurt Krenns liefen im Vatikan die Beratungen des 2. Vatikanischen Konzils (11. Oktober 1962 bis 8. Dezember 1965). Schenkt man den Erinnerungen Krenns Glauben, so hat der Jung-Priester bereits damals versucht, die Konzilsväter zu belehren: „Ich kann nur sagen, daß man eigentlich die Entwicklungen, die nach dem Konzil gekommen sind und die ja nicht alle besonders begeisternd waren, schon auf dem Konzil erkennen konnte. Ich habe das damals auch laut gesagt, in vielen Gesprächen mit diversen Bischöfen."[42] Es geht auch das Gerücht, daß Krenn für einen Eklat in Zusammenhang mit der Liturgiereform des 2. Vatikanum verantwortlich gewesen sei: damals ist ein Volksaltar[43], der als Modell aufgestellt worden war, am Vorabend einer deutschsprachigen Messe angesägt worden. Viele ehemalige Studienkollegen Krenns glauben nach wie vor, daß der Mühlviertler der Missetäter war. Krenn bestreitet dies, scheint aber die Schändung des Altars als eine Art Lausbubenstreich zu sehen: „Ja, ja, das ist eine alte Geschichte. Nur, ich war es nicht, ich weiß zwar, wer es war, aber ich selber war in der besagten Nacht, als der Altarfuß abgesägt wurde, gar nicht im Haus. Nun ja, wir trieben natürlich unsere Späße, wir trieben sie aber auch gegen die allzu Ultrakonservativen. Nur, es war immer humorvoll und nie bösartig. Wir waren halt Leute mit Phantasie ...“[44]

In den Jahren nach 1965 versuchte Krenn, sich wissenschaftlich zu etablieren. In Tübingen traf er dabei auf Joseph Ratzinger, den späteren Erzbischof von München, Kardinal und Präfekten der Glaubenskongregation, sowie auf Hans Küng. Krenns weitere Stationen auf Hochschulebene und als Universitätslehrer sind im oben wiedergegebenen Lebenslauf nachzulesen; seine Karriere als Wissenschaftler ist im übrigen nicht weiter spektakulär, die Zahl seiner Publikationen hält sich in engen Grenzen, und auch auf eine – für seine Lehrtätigkeit nicht unbedingt erforderliche – Habilitierung hat Krenn verzichtet.

Zum entscheidenden Tag für seine weitere Laufbahn sollte der 16. Oktober 1978 werden. An diesem Tag wählte das Konklave – unter anderem auf Vorschlag des Wiener Erzbischofs Franz Kardinal König – den Erzbischof von Krakau, Karol Kardinal Wojtyla, der sich als Papst Johannes Paul II. nennt. Gekannt haben sich Wojtyla und Krenn zu diesem Zeitpunkt nicht. Doch das sollte sich bald ändern. Dabei kursieren über die Art und Weise, wie der Regensburger Hochschullehrer die Bekanntschaft Johannes Paul II. machte, verschiedene Versionen.

Die erste Variante stammt von Kurt Krenn selbst[45]; er geht dabei von der Wahl des polnischen Papstes aus: „Da schrieb ich jenem Professor aus Krakau, den ich zwei Jahre zuvor kennengelernt hatte, und lud ihn erneut nach Regensburg ein. Er kam ein Jahr später, 1979. Es war der heutige Erzbischof Marian Jaworski[46] aus Lemberg/Polen." Jaworski sei dann begeistert darüber gewesen, wie gut Krenn den Regensburger Studenten die erste Enzyklika des neuen Papstes – „Redemptoris Hominis" aus dem Jahre 1979 – vermitteln konnte. Jaworski habe dann, zur Überraschung Krenns, den persönlichen Kontakt zum Heiligen Vater vermittelt. O-Ton Krenn: „Ich wußte ja nicht, wie eng Jaworski[47] mit dem Papst wirklich war." – Soweit die Darstellung Krenns, die freilich in sich nicht schlüssig ist: Ein kausaler Zusammenhang zwischen der Wahl Johannes Paul II. und dem Brief Krenns an Jaworski ist nicht einsichtig; warum schrieb Krenn anläßlich der Papst-Wahl an Jaworski, wenn er angeblich nichts über dessen Naheverhältnis zu Wojtyla wußte?

Die zweite Variante, erzählt von Robert Prantner, einem persönlichen Freund Krenns,[48] weist Tadeus Styczen, Universitätsprofessor in Lublin, die Rolle des Türöffners für die vatikanischen Pforten zu: Krenn habe über Styczen und über Jaworski den Papst kennengelernt.

Nach der dritten – in sich schlüssigsten – Variante hat Krenn erst 1979 die Bekanntschaft Jaworskis gemacht – und zwar durch den frommen Kreis um die pensionierte Ministerialrätin Erika Pruscha und den Priester Franz Wolf in Kirchberg am Wechsel. Erika Pruscha war ihrerseits durch Zufall mit dem Freund des Papstes in Kontakt gekommen – auf einer Zugfahrt von Wien nach Rom.

Welche der drei Versionen nun auch immer die richtige sein mag – alle haben jedenfalls eines gemeinsam: Die Initiative, Karol Wojtyla persönlich kennenzulernen, ist von Krenn selbst ausgegangen – und zwar zu einem Zeitpunkt, als dieser bereits Papst war.

Zu all dem mögen die kleinen Zufälligkeiten beigetragen

haben, wie sie das Leben so mit sich bringt. Bald nachdem Krenn Jaworski persönlich kennengelernt hatte, ergab sich eine Gelegenheit zu weiterer Kontaktnahme – und zwar im Rahmen der Verleihung eines Ehrendoktorats an den polnischen Theologen durch die Bochumer Ruhr-Universität – jener Universität, an der Kurt Krenns Bruder Herwig eine Professur innehat. Und im September 1979, bei einer Pilgerfahrt der Pfarre Oberkappel nach Rom, sollte Krenn dann den Heiligen Vater persönlich kennenlernen – wie, das beschreibt der Journalist Hubert Wachter[49]: „Und wie eben der Zufall so spielt, als Professor Jaworski bei Krenn in Regensburg war, kam auch die Rede auf eine Pilgerfahrt, die die Pfarre Oberkappel in diesem Jahr 1979 nach Rom unternehmen wollte. Krenn: ‚Ich wußte ja nicht, wie eng Jaworski mit dem Papst wirklich war.' Als Krenn mit seinen Pilgern im September 1979 aus Oberkappel in Rom ankam, ‚übergab mir die Rezeption unseres Hotels einen Zettel. Darauf stand, der Papst möchte mich in seiner Sommerresidenz in Castel Gandolfo sehen. Na gut, dachte ich mir, und dann bin ich mit meinem Bruder hinausgefahren. Der Papst hat mit mir zusammen die Messe gefeiert, dann lud er uns zum Frühstück ein. Es war ein wunderbares Treffen. Der Papst war sehr interessiert. Er sagte zu mir: Kommen Sie doch einmal wieder! Nun, aus diesem einen Mal ist dann sehr oft geworden ...'"

Man sieht, die Zufälle spielen in der Karriere Kurt Krenns keine kleine Rolle: Zufällig lernt Krenn Jaworski kennen. Zufällig ist Jaworski ein enger Vertrauter des Papstes, was Krenn angeblich gar nicht wußte. Zufällig erfährt Jaworski, daß sich Krenn eingehend mit der ersten Enzyklika von Papst Johannes Paul II. auseinandergesetzt hat. Zufällig erzählt Krenn Jaworski, daß er demnächst in Rom ist. Zufällig erfährt Jaworski (oder gleich der Papst?) die Adresse von Krenns Unterkunft in Rom, um ihn nach Castel Gandolfo einzuladen.

Doch wie immer diese auffallenden Zufälligkeiten im Detail ineinandergespielt haben mögen – den Zugang zum Papst erhielt Krenn jedenfalls über jenen Berater- und Freundeskreis Karol Wojtylas, der in Rom ironisch als „polnische Kurie" (im Gegensatz zur echten) bezeichnet wird: Neben Jaworski[50] und Styczen werden ihr noch Bischof Stanislaw Dziwisz, der Privatsekretär des Papstes, sowie der Philosoph Stanislaw Grygiel zugezählt.

Dziwisz, der bereits Mitarbeiter Wojtylas in Krakau gewesen ist, kommt dabei eine Schlüsselrolle zu: Er wacht über den Terminkalender des Papstes und organisiert dessen Tagesablauf. Der Politologe und Theologe Thomas J. Reese SJ beschreibt seine Rolle so:[51] „Monsignore[52] Stanislaw Dziwisz ist der mächtigste Privatsekretär der jüngeren Geschichte [...] der Papst vertraut ihm hundertprozentig. Eben weil er dem Papst so nahesteht, beugen sich ihm alle Beamten im Vatikan, einschließlich Staatssekretär und Substitut[53]. Zu Zeiten von Paul VI. hatte der Substitut Erzbischof Benelli nahezu alle Gespräche zwischen dem Papst und seinen Beamten arrangiert, heute macht das auch der Privatsekretär. Ein Kardinal, der den Papst sprechen möchte, informiert entweder den Substituten oder den Sekretär, was zu Benellis Zeiten niemand gewagt hätte. ‚Wer um eine besondere Gunst ansucht', sagt ein italienischer Priester, geht zu Monsignore Dziwisz. ‚Man sieht ja, daß so etwas durch die üblichen Kanäle nicht mehr zu erreichen ist.' Opus Dei und die Legionäre Christi wollten zum Beispiel kirchliche Universitäten in Rom gründen, weil ihnen die bestehenden nicht orthodox genug waren. Doch nicht nur die Universitäten, auch die Kongregation für das katholische Bildungswesen war dagegen. ‚Dann gehen sie eben nicht zum Staatssekretariat, sondern gleich zu Monsignore Dziwisz. Am Ende erhalten sie durch päpstliches Dekret die Genehmigung, und die Kongregation muß sich fügen.‘ […] Unter Paul VI. hatte Erzbischof Benelli die Rolle des Machers gespielt, heute spielt sie Monsignore Dziwisz. 1994 hatte der Papst bespielsweise entschieden, im Vatikan ein Konzert zu Ehren der Opfer des Holocaust zu veranstalten, doch der Präfekt des päpstlichen Hauses, Bischof Dino Monduzzi, stellte dem immer neue Hindernisse in den Weg. Monsignore Dziwisz sorgte dafür, daß es stattfinden konnte. Auf Bitten der jüdischen Sponsoren brachte er den Papst dazu, gegen jedes neue Hindernis zu intervenieren.

Dziwisz' Macht hat auch etwas mit dem persönlichen Stil des Papstes zu tun. Johannes Paul ist ein sehr gesellschaftsfreudiger Mensch. Er hat gerne Menschen um sich, sowohl bei seiner privaten morgendlichen Andacht als auch während seiner Mahlzeiten. Die Einladungen dazu werden normalerweise von seinem Sekretär arrangiert. […] Während Paul VI. die meiste Zeit damit verbrachte, Dokumente und Berichte der Kurie zu lesen, zieht Johannes Paul es vor, die Dinge im Gespräch mit anderen zu erfahren. Deshalb ist es so wichtig, mit wem er spricht. Und darüber wacht Monsignore Dziwisz. Er hat entscheidenden Einfluß darauf, ‚wer mehr und wer weniger Zugang zum Papst hat‘, erklärt ein italienischer Priester. ‚Dieser immer, jener nie. Der eine Kardinal wird sofort empfangen, wenn er in Rom ist. Der andere muß warten oder bekommt die Nachricht, daß der Terminplan ein Treffen unmöglich erlaube.‘

Viele beklagen, daß Dziwisz konservativen katholischen Organisationen besonderen Vorzug gebe. Er habe ‚noch nie eine konservative Bewegung getroffen, in die er sich nicht verliebt hat‘, beschwert sich ein Vertreter der amerikanischen Nationalen Katholischen Bischofskonferenz. ‚Deshalb haben Leute vom Opus Dei, die Neo-Katechumenaten, Communie e Liberazione oder die Legionäre Christi auch großen Zugang.‘ Ein Italiener im Vatikan stellt hingegen fest: ‚Der

Sekretär trifft eine sehr gute Auswahl, er wählt nämlich wirklich nur Leute, die der Papst mag, weil sie ein ähnliches Naturell haben wie er.'"

Über die Häufigkeit der Besuche Krenns beim Papst bzw. die Intensivierung seiner Kontakte zur „polnischen Kurie" kann nur spekuliert werden – und auch über deren Auswirkungen. Fest steht jedenfalls, daß in Österreich mit dem Pontifikat von Johannes Paul II. eine Reihe von umstrittenen Bischofsernennungen einsetzte. Hinter all diesen Personalentscheidungen[54] Kurt Krenn als Urheber zu vermuten, hieße wohl, seinen Einfluß zu diesem Zeitpunkt zu überschätzen. Jedenfalls sind sie Ausdruck einer grundlegenden Änderung in der Österreich-Politik des Vatikan, die der katholischen Kirche hierzulande die größte Zerreißprobe seit dem Zweiten Weltkrieg beschert hat. Hinzuweisen ist in diesem Zusammenhang wohl auch auf die Bemühungen konservativer Kreise in der ÖVP, in Zusammenarbeit mit Nuntius Michele Ceccini, dessen Vorgänger Opilio Rossi und dem österreichischen Präfekten der Vatikan-Bibliothek, Alfons Maria Stickler[55], eine Wende in der Kirche herbeizuführen.[56]

Einen kleinen Vorgeschmack auf das, was der österreichischen Kirche noch bevorstehen sollte, gaben die Umstände bei der Bestellung des Nachfolgers des Linzer Diözesanbischofs Franz Salesius Zauner, der 1979 das bischöfliche Pensionsalter von 75 Jahren erreicht hatte. Im März 1980 berichtete die diözesaneigene „Linzer Kirchenzeitung", daß Rom bereits entschieden habe: Der logische Nachfolger Zauners, der bisherige Weihbischof und Generalvikar Alois Wagner, werde demnächst offiziell ernannt. Doch dann geschah – nichts.

Im Frühjahr 1981 war im Zuge der Spekulationen über die Gründe für die Verzögerung erstmals der Name Kurt Krenn in den Medien aufgetaucht. Der „Kurier" schrieb damals[57] unter dem Titel „Warum die Linzer noch immer keinen Bischof haben“: „Nicht nur die katholische Kirche Oberösterreichs, sondern der gesamtösterreichische Klerus ist beunruhigt. Und zwar darüber, daß acht Monate nach dem Rücktritt des Linzer Diözesanbischofs Franz Zauner sein logischer und allgemein erwarteter Nachfolger, Weihbischof und Generalvikar Alois Wagner, noch immer keine Bestellung aus Rom erhalten hat. [...] Kirchenintern glaubt man, Gründe für das zögernde Verhalten des Papstes erkennen zu können: Weihbischof Wagner hat innerhalb der Diözese Linz einen (nur schwach gefestigten) Gegenkandidaten. Offenbar einflußreiche Priester und Laien aus dem Mühlviertel, rund um die Gemeinde Rohrbach, favorisieren den 43jährigen Philosophieprofessor Kurt Krenn (der Geistliche liest an der Universität Regensburg). Krenn wird als ‚profiliert konservativ‘ und als äußerst ‚papsttreu‘ beschrieben, der allen Neuerungen innerhalb der Kirche sehr reserviert gegenübersteht. Viele sehen in ihm Parallelen zum ehemaligen Innsbrucker Bischof Rusch. Krenn ist inoffiziell seit Herbst 1980 im Gespräch, als er damals überraschend von Papst Johannes Paul II. zu einem ‚Frühstück‘ nach Rom geladen worden war. Auch soll eine Delegation für Krenn beim Papst vorgesprochen haben. [...] In Linz wird allgemein erwartet, daß Wagner seine Bischofsbestellung doch noch bis Pfingsten erhält. Umso mehr, als sich Kardinal König vehement für den Linzer beim Papst einsetzte.“

Doch die Bestellung des neuen Linzer Diözesanbischofs sollte sich noch fast bis Weihnachten hinziehen – sechzehn Monate nach dem Rücktritt Zauners. Und dessen Nachfolger wurde weder Wagner noch Krenn – sondern der Abt des Benediktinerstifts von St. Lamprecht in der Steiermark, Maximilian Aichern. Der Heilige Stuhl gab seine Entscheidung am 17. Dezember 1981 bekannt, nachdem der in der Diözese ungemein beliebte und als Pressesprecher der Bischofskonfeıenz bundesweit bekannte Wagner als Vizepräsident des päpstlichen Rates „Cor unum“ für Entwicklungshilfe an die römische Kurie berufen worden war.[58]

Was war geschehen? An sich geht eine Bischofsernennung folgendermaßen vor sich: Jeder Diözesanbischof muß dem Nuntius routinemäßig Personalvorschläge über potentielle Nachfolger übermitteln. Der Nuntius, der darüber hinaus auch seinerseits Erkundigungen einholen kann, gibt hierauf eine Namensliste an die zuständige römische Bischofskongregation weiter. Diese, die selbstverständlich ebenfalls noch weitere Nachforschungen anstellen, Namen streichen oder hinzufügen kann, berät im Weiteren über die Kandidaten und schlägt schließlich dem Papst eine endgültige Liste vor. Letztlich liegt freilich die Entscheidung allein beim Heiligen Vater. Im Falle Linz ist davon auszugehen, daß Zauner seinen Generalvikar Wagner vorgeschlagen hat. Dieser hatte auch das Vertrauen des an der Kurie einflußreichen Wiener Erzbischofs und Vorsitzenden der Bischofskonferenz, Franz Kardinal König. Es ist also anzunehmen, daß die Bischofskongregation dem Papst Wagner als „Erstgereihten“ vorgeschlagen hat. Die plausibelste Erklärung, warum die Entscheidung Roms so lange gedauert hat, liegt darin, daß der Papst weder Wagner noch einen anderen von der Kurie präsentierten Kandidaten haben wollte, sondern jemanden, der gar nicht auf der Namensliste der Bischofskongregation gestanden ist – nämlich Kurt Krenn.

Daß dieser Name damals, als alle bereits längst mit einer Entscheidung rechneten, plötzlich in den Medien auftauchte, läßt auf eine gezielte Indiskretion aus Rom schließen – und zwar durch jemanden, der wußte, wen der Papst wollte. Denn auf den damals noch völlig unbekannten Krenn wäre wohl kein österreichischer Journalist von selbst gekommen. Durchaus plausibel ist auch, daß sich König in Rom für Wagner und gegen Krenn ausgesprochen hat. Dies würde auch einiges vom Verhalten Krenns in den darauffolgenden Jahren erklären. Offenbar ließ sich der Papst 1981 noch von den Widerständen der Ortskirche gegen Krenn überzeugen, wollte aber auch nicht so einfach den bereits einmal abgelehnten Wagner installieren. Also einigte man sich auf einen Kompromißkandidaten – Maximilian Aichern.

Die Ereignisse in Linz hätten König jedenfalls eine Warnung für die Regelung seiner eigenen Nachfolge sein können. Denn die Ernennung des neuen Wiener Erzbischofs im Jahre 1986 wurde zum deutlichen Signal der radikalen Änderung der vatikanischen Personalpolitik und damit auch zum Zeichen für eine generelle Kurskorrektur.

Franz Kardinal König[59] war und ist eine der prägenden Gestalten der Nachkriegszeit – nicht nur in Österreich, sondern auch in der Weltkirche. König war einer der mitbestimmenden Konzilsväter; König war über Jahrzehnte hinweg die maßgebliche Persönlichkeit der vatikanischen Ost-Politik während der kommunistischen Epoche; König schuf – nach den traumatischen Erfahrungen der Ersten Republik, des Ständestaats und der Nazi-Diktatur – eine tragfähige und korrekte Beziehung zwischen der Kirche und den politischen Parteien in Österreich; König war – und ist – im öffentlichen Leben Österreichs eine absolute Ausnahmeerscheinung und als moralische Autorität von der Bevölkerung, weit über den Kreis der Katholiken hinaus, anerkannt wie kaum eine andere Persönlichkeit des öffentlichen Lebens. Und König war es übrigens auch, auf dessen Vorschlag hin beim Konklave 1978 Karol Wojtyla zum Papst gewählt worden ist.

Kritik an Franz Kardinal König wurde – und auch das nur hinter vorgehaltener Hand – höchstens von Randfraktionen geübt – von extrem konservativen VP-Politikern etwa, denen der Ausgleich Königs mit der SPÖ suspekt war, oder von vatikanischen Klerikern wie Alfons Maria Stickler, denen die konsequente Umsetzung der Konzils-Reformen durch König ein Dorn im Auge war. Selbst viele der im kirchlichen Sinn konservativen Gruppen waren halbwegs zufrieden mit dem Langzeit-Erzbischof – war es doch König, unter dem das Opus Dei oder auch die Legio Mariens mit offiziellem Segen der Amtskirche Fuß fassen konnten. Als 1985 der Papst das Rücktrittsgesuch Königs als Wiener Erzbischof annahm, waren auch die Irritationen der Linzer Personalentscheidung von 1981 bereits vergessen und als Episode abgetan – Aichern war ja kein Signal für einen Kurswechsel. Man rechnete also allgemein damit, daß ein Wunschkandidat Königs die Nachfolge antreten würde. Als Favorit galt Weihbischof Helmut Krätzl, der auch als Diözesan-Administrator bis zur definitiven Ernennung des neuen Erzbischofs eingesetzt worden war. Krätzl war einer der engsten Mitarbeiter Königs und galt, wie dieser, als konsequenter Verfechter der Umsetzung des 2. Vatikanischen Konzils, das er als Stenograph miterlebt hat.

Doch der Papst ließ sich Zeit. Währenddessen führte der vatikanische Nuntius in Wien, Michele Ceccini, bei ausgesuchten Katholiken – Klerikern wie Laien – Sondierungsgespräche über Nachfolgekandidaten – ein Vorgang, der – ebenso wie das lange Interregnum – bereits alarmierend hätte sein müssen. Doch König dürfte sich seiner Sache zu sicher gewesen sein und verzichtete darauf, in persönlichen Gesprächen mit dem Papst einen Wunschnachfolger zu forcieren.[60] Doch ist angesichts der bisher bekannt gewordenen Umstände der Nominierung von Hans Hermann Groër[61] ohnehin fraglich, ob er beim Papst viel erreicht hätte. Denn die Neubesetzung der Wiener Erzdiözese lief auch diesmal am üblichen vatikanischen Amtsweg vorbei.

Darum auch das lange Warten auf die Entscheidung des Papstes – der Pontifex maximus ignorierte schlicht die Vorschläge, die via Nuntiatur und Bischofskongregation an ihn herangetragen wurden. Darum auch die trotz seiner Enttäuschung immer noch vornehme Reaktion Königs, der indigniert anmerkte, der Papst habe offenbar keine Zeit gefunden, ihn zu konsultieren – schließlich wußte der Kardinal, der über hervorragende Beziehungen zur Kurie verfügte, daß Groër nicht auf der Liste der Bischofskongregation stand. Und einen weiteren Hinweis zur Erhellung der vatikanischen Intrigen um die Nachfolge Königs liefert der Wiener Pastoraltheologe Paul Zulehner, der über eine Begebenheit „1989 am Rande eines Symposions Europäischer Bischöfe in Rom" berichtet:[62] „Da fragte am Tisch ein Mitglied der Bischofskongregation unsere österreichische Delegation, wie es uns denn mit dem neuernannten Erzbischof Groër ginge. Meine Gegenfrage: Da müßten Sie ja mehr wissen, wo Sie ja in der Bischofskongregation sitzen und diese Ernennung beschieden haben. Von wegen, sagte der [Kurien]Kardinal. Das lief so: Wir haben die vorgeschlagenen Kandidaten geprüft, um dem Papst einen Vorschlag zu machen. Dann aber kam vom Papst ein Prälat zu uns und sagte: Der Heilige Vater wünsche den und den. Und damit war unsere Arbeit zu Ende."

„Den und den" – mittlerweile ist es ein offenes Geheimnis, daß neben Hans Hermann Groër[63] auch Kurt Krenn auf dem Wunschzettel des Papstes gestanden ist – und wahrscheinlich sogar der Erstgereihte war. Warum er es doch nicht wurde? Darüber gibt es nur qualifizierte Spekulationen bzw. nicht verifizierbare Gerüchte. Wie es heißt, soll Joseph Kardinal Ratzinger[64], seit 1981 Präfekt der einflußreichen römischen Glaubenskongregation, die Ernennung Krenns verhindert haben. Ratzinger kannte Krenn als theologischen Kollegen spätestens seit ihrer gemeinsamen Zeit an der Regensburger Universität, vielleicht schon seit 1965/66, als Ratzinger in Tübingen lehrte. Sollte es also tatsächlich Ratzinger gewesen sein, der Krenn 1986 als Wiener Erzbischof verhindert hat, dann müssen es wohl persönliche Erfahrungen gewesen sein, die den strengen Glaubenswächter dazu motiviert haben. Denn inhaltlich, in Glaubensfragen, war Krenn stets ein linientreuer Gefolgsmann Ratzingers.

Doch Krenn und seine Freunde im Vatikan gaben den „Kampf um Wien" nicht so leicht verloren. Es war von vornherein klar, daß der damals bereits 67jährige Groër nur ein Übergangs-Erzbischof war. Krenn war damals 50 – konnte also, so war vermutlich der Plan seiner Protektoren, in Ruhe als Nachfolger aufgebaut werden. Kaum war Groër zum Erzbischof geweiht, machte schon das Gerücht die Runde, Wien würde bald einen vierten Weihbischof – neben Krätzl, Florian Kuntner und Karl Moser – bekommen. Das Seltsame daran war: Groër hatte in Rom gar nicht um einen Weihbischof angesucht. Dafür wurde dem verdutzten Neo-Erzbischof gleich ausgerichtet, wen er zu wünschen habe – nämlich Kurt Krenn. Groër selbst ließ dies in den Jahren danach mehrmals gegenüber Mitarbeitern und auch beim Diözesanforum durchblicken. Später gestand er es gegenüber Bischofs-Kollegen offen ein.[65] Auch der Ex-Sekretär der Bischofskonferenz, Michael Wilhelm, 1986/87 Groërs Zeremoniär, erinnert sich: „Ohne daß ich das genaue Datum sagen könnte – kurz nachdem Groër zum Erzbischof geweiht wurde, bat er mich eines Tages, ich möge doch einen Regensburger Professor vom Westbahnhof abholen und in die Wollzeile bringen. Ich hatte damals den Eindruck, daß es das erste Treffen überhaupt zwischen Groër und Krenn war – offenbar zum Kennenlernen."

Einschlägige Kommentare Kurt Krenns über die Umstände seiner Nominierung können daher nur als blanker Hohn aufgefaßt werden: „Kardinal König in Wien, Erzbischof Berg in Salzburg und Bischof Aichern in Linz sind auch alle auf diesem Weg bestellt worden."[66] Und: „Die Leute haben ja oft gar keine so genauen Vorstellungen, wie demokratisch eine Bischofsernennung ablaufen sollte oder müßte."[67]

Aber damals wollte Groër zumindest gegenüber der Öffentlichkeit noch den Schein wahren. „Ich habe [...] den Auftrag erhalten, zu bedenken, daß die wichtigen Bereiche Kultur und Wissenschaft eines eigenen bischöflichen Seelsorgers bedürfen", erklärte der Erzbischof,[68] „so habe ich mich auf die Suche gemacht, dann dem Heiligen Vater drei Namen unterbreitet – und er hat Professor Krenn ausgewählt." Groërs „Ausrede" zeugt zwar von einem hohen Maß an Loyalität gegenüber dem Papst und auch gegenüber seinem ihm oktroyierten neuen Weihbischof – sich selbst hat der weltfremde Benediktiner damit aber eine schwere Hypothek aufgelastet: In der Öffentlichkeit entstand der Eindruck einer verschworenen konservativen Kleriker-Clique, die nach und nach das Episkopat erobern wollte. Das Schlagwort von der „Groër-Krenn-Kirche" bzw. vom „Groër-Krenn-Kurs" war lange Zeit das Kürzel für die von Rom ausgehende Wende-Politik. Doch damit tat – und tut – man Groër unrecht. Zumindest zu diesem Zeitpunkt und bis zum Sturz Groërs 1995 wegen des Vorwurfs sexuellen Mißbrauchs[69] stand der Erzbischof seinem Mühlviertler Gehilfen (und späteren St. Pöltener Kollegen) mißtrauisch bis ablehnend gegenüber.

Probegalopp in Wien

Eines muß man Kurt Krenn zugestehen: Leicht hat man es ihm als Wiener Weihbischof nicht gemacht. Von Anfang an, seit am 9. März 1987 die Nuntiatur seine Ernennung bekanntgegeben hatte, sah er sich mit einer Welle von Protesten konfrontiert. Und das bereits, bevor er sich in der Diözese, geschweige denn einer breiteren Öffentlichkeit vorstellen konnte – der Ruf eines streitsüchtigen Anti-Modernisten war ihm bereits vorausgeeilt. Es ist müßig zu spekulieren, ob sich Kurt Krenn bzw. der von ihm immer wieder geschürte Konflikt innerhalb der katholischen Kirche in Österreich bei einem freundlicheren oder zumindest neutralen Empfang anders entwickelt hätte.

Ende März 1987, einen Monat vor seiner Weihe, erhielt Krenn daheim in Oberkappel jede Menge Post – doch es waren nicht nur Gratulationsschreiben darunter. So forderte etwa der Wiener Ordinarius für Neutestamentliche Bibelwissenschaft, Jacob Kremer, Krenn brieflich auf, auf sein neues Amt zu verzichten. Das mit 24. März 1987 datierte Schreiben Kremers wirkt aus heutiger Sicht geradezu prophetisch. Es läßt auch erkennen, daß man den Mühlviertler in Fachkreisen schon damals ganz gut einzuschätzen wußte – und daß man die Hintergründe seiner Karriere bereits zumindest erahnte: „Obwohl ich Sie persönlich nicht kenne, wende ich mich heute an Sie mit einer großen Bitte. [...] Die Art Ihrer eiligen Ernennung ohne jegliche vorherige Absprache von Erzbischof Groër und Nuntius mit Vertretern des Wiener Klerus steht in Widerspruch zu dem auf der Linie des II. Vaticanums sowie der letzten Bischofssynode liegenden sonst üblichen Vorgehen. Gerade angesichts der Vorgänge in letzter Zeit[70] haben mit Recht Priester und Laien von Rom gefordert, bei solchen wichtigen Entscheidungen die Wünsche der Diözesanen zu berücksichtigen. [...] Für mich und andere Professoren wirkt es befremdend, daß Sie einen ordentlichen Lehrstuhl an der Universität aufgeben, um das Amt eines Weihbischofs in einer fremden Diözese und mit einer ziemlich fragwürdigen Aufgabenstellung vertauschen. (Können Sie als Professor nicht besser für Wissenschaft, Kunst und Kultur wirken?) Sie geben damit nur den Ihnen leider schon seit den Diskussionen um die Nachfolge für den Bischof von Linz nachgehenden Gerüchten Nahrung, daß Sie auf jeden Fall Bischof werden wollen und sich auch mit dem Amt eines Weihbischofs nicht zufrieden geben werden. Genährt werden diese seit Jahren umgehenden Gerüchte dadurch, daß Sie sich gerne Ihrer guten Bekanntschaft mit dem Papst rühmen. Ihre Tätigkeit in München und Linz wird von Informierten oft sehr negativ beurteilt. Es ist wohl zu leicht, dies einfach auf eine Verleumdungskampagne zurückzuführen. Angesichts der bei den engagierten Katholiken, Priestern und Laien Wiens gegen Sie herrschenden Stimmung bitte ich Sie inständig: Nehmen Sie doch Ihre Zustimmung zu dieser Ernennung zurück! Sie könnten damit auf eine eindeutige Weise alle Gerüchte über Ihren Ehrgeiz endlich aus der Welt schaffen. [...] Ihre Weihe, wenn sie wirklich stattfinden sollte, wird für Sie, die Erzdiözese Wien und das Ansehen des Papstes in Österreich – soweit dies vorauszusehen ist – nur allergrößten Schaden bewirken. (Die devote Äußerung von Univ.-Prof. Schambeck dem Papst gegenüber ist nicht repräsentativ für die Laien Österreichs.) [...] Die nicht bloß in Österreich verbreitete Meinung, der Papst wolle trotz gegenteiliger Versicherungen durch eine ‚Restauration' letztlich das II. Vaticanum rückgängig machen, wird durch die Art Ihrer Ernennung leider bestärkt. [...] Wenn Johannes Paul II., der Sie offensichtlich aufgrund einseitiger und falscher Informationen über die angeblich ‚irrgläubige' österreichische Hierarchie ernannt hat, Ihren Verzicht annimmt, könnte dadurch seine Autorität nur gewinnen, sowohl in Österreich wie in der ganzen Kirche und in der Ökumene. Es ist doch keine Schande für den Papst, öffentlich eine Fehlentscheidung, die er aus sicher guter Absicht getroffen hat, zu korrigieren. Mir wurde zwar von Mitbrüdern, die Sie aus der Kollegszeit in Rom sowie aus München und Linz gut kennen, versichert, ich würde mit diesem Brief gewiß eine Fehlbitte tun. Dennoch bitte ich Sie dringend: Wenn Sie wirklich die Kirche lieben, so respektieren Sie doch den Wunsch der Wiener Katholiken (der Mehrheit) und lehnen Sie die Weihe zum episcopus auxiliaris für Wien ab."

Kopien des Schreibens ergingen an den Papst, an Nuntius Michele Ceccini, an Erzbischof Groër und andere in- und ausländische Bischöfe.

Zwei Tage später, am 26. März 1987, wurde ein Brief veröffentlicht, in dem siebzehn der insgesamt zwanzig Dechanten des Vikariats Wien-Stadt Krenn dazu aufforderten, um der Einheit der Diözese willen sein neues Amt nicht anzutreten. Die Dechanten schrieben auch an Johannes Paul II.: „Ohne die Hintergründe zu kennen, die zu seiner Erwählung geführt haben, erlauben wir uns, darauf hinzuweisen, daß Dr. Krenn in der österreichischen Öffentlichkeit vor allem durch seine Verbindung zu Gruppen bekannt geworden ist, die vorkonziliare Positionen vertreten." In einer weiteren öffentlichen Stellungnahme erklärten die Dechanten: „In den letzten Jahren haben sie [Anm.: die Katholiken] mit ihren Bischöfen, mit Kardinal Dr. Franz König an der Spitze, einen Weg beschritten, der im Geiste des Konzils gegangen wurde und der an die Zukunft der Kirche in dieser Stadt glaubt." Dieser Weg sei nun in Gefahr.

Interessant in diesem Zusammenhang ist die Kommentierung der Vorgänge in Wien durch das Krenn nahestehende „Passauer Bistumsblatt". Zu den Erklärungen der Dechanten heißt es: „Der Außenstehende fragt sich, ob denn wirklich der Untergang der Kirche von Wien vor der Tür steht." Für die Proteste gegen Krenn wird indirekt der Vorgänger Groërs verantwortlich gemacht: „Der Schatten des in den Ruhestand getretenen Kardinals Franz König" scheine über den Protesten der Dechanten zu liegen. Hintergrund der Affäre sei die vorangegangene Ernennung Groërs zum Erzbischof; der „tieffromme frühere Wallfahrtsdirektor von Maria Roggendorf" habe „bisher eine Art Kreuzweg gehen müssen, an dessen Wegrand Stationen der Verdächtigungen[71] und der offenen Beleidigung standen".

Auch die Antwort der österreichischen Befürworter Krenns ließ nicht lange auf sich warten: Noch am selben Tag, an dem die Erklärungen der Wiener Dechanten veröffentlicht wurde, erschien ein Interview mit Alfons Maria Stickler, in dem der österreichische Kurienkardinal zu den Motiven für die Ernennung Krenns Stellung nahm:[72] „Sicher hat der Papst ein Zeichen dafür gesetzt, daß gewisse Tendenzen, die nicht seinen Vorstellungen entsprechen, wieder ausgeglichen werden." Es sei „höchste Zeit, daß heute wieder von höchster Stelle das vertreten wird, worin der eigentliche Glaubensinhalt und die Sittennormen für den gläubigen, praktizierenden Katholiken bestehen." Konkret nannte Stickler die in der „Maria Troster Erklärung" der österreichischen Bischöfe vertretene kritische Meinung zur „Pillen"-Enzyklika von Papst Paul VI. sowie den Wunsch des heimischen Episkopats, das Verbot des Sakramentenempfangs für wiederverheiratete Geschiedene solle neu überdacht werden. Darauf angesprochen, daß Krenn bereits als fixer Nachfolger von Groër als Erzbischof gehandelt wird, sagte der Kurienkardinal: „Die das befürchten, werden schon Grund dazu haben.“

Wenig später[73] verschärfte Stickler seine Kritik an den österreichischen Bischöfen, speziell an dem jahrelangen Vorsitzenden der Bischofskonferenz, Kardinal König: „Der österreichische Episkopat hat nicht verhindert, daß Theologieprofessoren und Seelsorger Meinungen verkünden, die im Widerspruch zum kirchlichen Lehramt, ja zu ewigen Wahrheiten stehen.“

König ließ sich freilich nicht provozieren – im Gegenteil. Seine Antwort auf die Anwürfe Sticklers lautete:[74] „Was wir jetzt in der Kirche vor allem brauchen, ist Verständigung und Suche nach Gemeinsamkeit. Damit meine ich nicht, daß unterschiedliche Standpunkte dort, wo in der Kirche eine Vielfalt von Standpunkten möglich ist, einfach zugedeckt werden sollen. Wir müssen lernen, mit solchen unterschiedlichen Standpunkten in der Kirche zu leben, ohne das gegenseitige Vertrauen und die Nächstenliebe zu verletzen. In dieser schwierigen Situation müssen sich in der Erzdiözese Wien alle mehr denn je um den Ortsbischof, Erzbischof Dr. Groër, scharen.“

Krenn selbst wollte freilich weder etwas von „Verständigung“ noch von einer „Suche nach Gemeinsamkeit“ wissen. In den knapp acht Wochen zwischen seiner Ernennung und seiner Weihe legte der damals 50jährige in einem wahren Furioso an Zeitungs- und Rundfunkinterviews seine Anschauungen dar. Die Themenliste klingt vertraut, außer in einem einzigen Punkt[75] sorgt sie noch heute für Konflikte: Sakramentenempfang für wiederverheiratete Geschiedene (Krenn sagt nein), Abtreibung nach Vergewaltigungen (Krenn sagt nein), voreehelicher Geschlechtsverkehr (Krenn sagt nein), Mitbestimmung der Ortskirche bei der Bischofswahl (Krenn sagt nein), Verwendung von Verhütungsmitteln (Krenn sagt nein).

Charakteristisch war die Vorgangsweise Krenns: Einerseits widersprach er vehement der Darstellung, er sei vom Papst als „Aufpasser" in die österreichische Bischofskonferenz entsandt worden: „Das ist eine ganz unzutreffende Vermutung."[76] Andererseits aber rüttelte er gleich mit einer seiner ersten Aussagen nach seiner Ernennung kräftig an einem der Eckpfeiler jener Kirche, wie sie in Österreich nach dem 2. Vatikanum unter der von Kardinal König geleiteten Bischofskonferenz gestaltet worden ist: Krenn forderte, daß die „Maria Troster Erklärung", die von den heimischen Bischöfen nach der „Pillen-Enzyklika" Humanae Vitae 1968 verfaßt und 1980 bekräftigt worden war, „überdacht" werden müsse.[77] Nicht untypisch war auch der Zeitpunkt von Krenns Kritik: Knapp vor der Frühjahrstagung der Bischofskonferenz, der er als Gast – schließlich war er ja noch nicht geweiht –, beiwohnen durfte. Der Neo-Bischof desavouierte also bereits den Episkopat, noch ehe er ihm angehörte.

Am Tag der Weihe Krenns, am 26. April 1987, kam es dann im und vor dem Stephansdom zu den angekündigten Protesten: „Kritik wurde teilweise an dem überaus starken Polizeiaufgebot geübt, das zum Schutz um den Dom postiert war. Trotzdem kam es zu einigen Zwischenfällen. So versuchten einige Sitzende, Erzbischof Groër auf dem Weg vom Erbischöflichen Palais in den Dom zu behindern. Und bei den zwei Seiteneingängen des Doms bildeten je 40 Personen ‚Menschenteppiche', um Krenn am Betreten des Doms zu behindern. Krenn mußte sich mit sanfter Polizeigewalt den Weg bahnen. Schließlich verließen hunderte Menschen unmittelbar vor dem Weiheritus den Dom, viele – aus Kritik wegen mangelnder Mitsprache bei der Ernennung – mit zugeklebtem Mund. An der Spitze tausender Gläubiger fanden sich im Dom Bundespräsident Waldheim, Altbundespräsident Kirchschläger, Vizekanzler Mock, die Landeshauptleute Ludwig und Ratzenböck, Otto Habsburg sowie zahlreiche Bischöfe aus dem In- und Ausland ein, die Krenn nach der Weihe durch Groër und die Bischöfe Aichern und Jaworski symbolisch die Hand auflegten."[78]

Wer geglaubt hatte, mit der Weihe Krenns würde sich die Lage vorerst beruhigen, sah sich getäuscht. Bereits eine Woche später goß Stickler in einem „profil"-Interview neuerlich Öl ins Feuer. „Nein", sagte der Kurienkardinal, er wolle eigentlich nicht zum Zeichen der Versöhnung Abstriche von seiner Kritik machen: „Die Wahrheit darf nicht verleugnet werden, auch wenn sie hart ist. Es gibt keinen Frieden, den man durch Verleugnung von Wahrheit erkaufen könnte. [...] Schon Paul VI. hat gesagt, der Rauch Satans ist in die Kirche eingedrungen." – profil: In Österreich wird der Glaube zu Diskontpreisen verschleudert? – „Das ist wohl teilweise der Fall."

Aber auch von anderer Seite bekam Krenn verbale Schützenhilfe. Otto Habsburg, Sohn des letzten österreichischen Kaisers Karl, zog höchstpersönlich in die Rede-Schlacht[79]: „Wer selbst an der Zeremonie [die Bischofs-Weihe Krenns] teilgenommen hat, konnte beobachten, daß tatsächlich Tausende einfacher Menschen anwesend waren. Hier handelte es sich nicht um Funktionäre, sondern um das, was man das ‚Volk Gottes' nennt. Es waren Frauen und Männer aus allen Schichten der Bevölkerung, also genau diejenigen, die tatsächlich die Kirche tragen. Protestierend vor den Toren waren vor allem Leute, die aus der Organisation stammen. Der wichtigste Vertreter dieser hauptamtlichen Funktionäre, oder, wie sie scharfzüngige Menschen nennen, Spesenkatholiken, hat sogar in schulmeisterndem Ton[80] in einer Wochenzeitung den neuen Weihbischof angegriffen. Dazu kam das öde Geschwätz von seiten selbstzufriedener mündiger Theologen. [...] Die Debatte um Weihbischof Krenn zeigt, daß derzeit der Angriff auf die Politik des Vatikans bzw. des Papstes hauptsächlich durch bezahlte Funktionäre eben dieser Kirche getragen wird. Sie sind es, die protestieren, nicht das Volk."

Auch der Leitartikel des ÖVP-nahen „Wochenpresse"-Chefredakteurs[81], Hans Magenschab, ließ durchaus Sympathie für Krenn erkennen und paßte ganz in das von konservativen VP-Kreisen[82] herbeigesehnte Wendeszenario: „Offenbar hat der so intensiv beschworene jahrzehntelange ‚Liberalismus' unter dem fortschrittlichen Oberhirten Franz König nicht ganz das erbracht, was sich die wenigen noch verbliebenen praktizierenden Katholiken wünschen können. Mich wundert es also nicht, wenn sich der Papst – oder irgendwelche mehr oder minder klugen Ratgeber – gesagt haben: Versuchen wir es eben andersherum, konservativer, mit mehr Disziplin, ‚katholischer' ..."[83] Dazu kam, daß sich sowohl VP-Bundesparteiobmann Alois Mock als auch sein Generalsekretär Michael Graff vorsichtig, aber unzweideutig auf die Seite Krenns gestellt und Kritik an den Protesten gegen ihn geübt hatten.

Diskussionsbeiträge wie jene von Stickler, Habsburg oder VP-Politikern bzw. ihnen nahestehenden Journalisten nährten wieder die in katholischen Kreisen so überaus beliebten Verschwörungstheorien. Demnach wäre die Ernennung Krenns das Produkt einer Allianz zwischen erzkonservativen österreichischen Klerikern im Vatikan, dem katholischen Hochadel sowie dem rechten „Stahlhelm"-Flügel in der ÖVP, die einen radikalen Richtungswechsel in der katholischen Kirche Österreichs herbeiführen wollten. Eine derartige Interessenskoalition mag vielleicht – ausgesprochen oder auch nicht – bestanden haben. Sie mag auch der Karriere des einen oder anderen heutigen Bischofs – Andreas Laun oder Klaus

Küng – durchaus förderlich gewesen sein. Für Kurt Krenns Aufstieg hatte sie jedoch keine Bedeutung – ihm hielt der Pontifex maximus persönlich die Steigbügel.

Parallel zu den Turbulenzen in Wien war damals auch in zwei anderen Diözesen Donnergrollen zu vernehmen: In Vorarlberg gab es bereits erste Proteste und Unterschriftenlisten gegen die kolportierte Bestellung des Opus-Dei Regionalvikars Klaus Küng,[84] und in St. Pölten verstärkte Franz Žak seine Bemühungen, durch Frageaktionen im Klerus und bei qualifizierten Laien Kandidaten für seine Nachfolge zu finden. Denn die Verunsicherung war groß – nach den Ernennungen Groërs und Krenns, vor allem aber nach der rüden Kritik am österreichischen Episkopat durch Kardinal Stickler. War dies nur die Einzelmeinung eines schrulligen und verbitterten Außenseiters gewesen, motiviert vielleicht durch verletzte Eitelkeit, weil seine Kleriker-Kollegen aus der Heimat ihn stets rechts liegenließen? Oder war Sticklers Katastrophen-Befund bereits herrschende Meinung in der Kurie oder gar beim Papst selbst?

Der Ad-limina-Besuch der österreichischen Bischöfe ein paar Wochen nach den Aufregungen um die Ernennung Krenns sollte Klarheit schaffen. Johannes Paul II. erneuerte die Kritik Sticklers – wenn auch moderater formuliert, herrschte inhaltlich doch derselbe Tenor[85]: „Ihr dürft keinen Zweifel an dem Recht des Papstes zur freien Ernennung der Bischöfe aufkommen lassen." Diese Praxis der Bischofsernennung habe „wahrhaft volksverbundene und zugleich weltkirchlich herausragende Bischofsgestalten möglich gemacht". Zugleich ermahnte der Papst die Bischöfe, „Mißverständnisse und falsche Schlußfolgerungen" aus dem 2. Vatikanum zu vermeiden. An der Gültigkeit der in der „Pillen"-Enzyklika „Humanae Vitae" aufgestellten sittlichen Ordnungen dürfe „kein Zweifel bestehen". Und auch pastoralen Sonderwegen der Ortskirche erteilte Wojtyla eine klare Absage: „Das Nein der Kirche zum Sakramentenempfang der wiederverheirateten Geschiedenen ist nicht Ausdruck von Unbarmherzigkeit, sondern Verteidigung der Liebe und Verteidigung der Treue."

Die Bischöfe waren noch nicht einmal aus Rom zurückgekehrt, da zeichnete sich bereits der erste von Krenn provozierte Konflikt in der Diözese ab. Bereits Anfang Juni 1987 hatte der Wiener Pastoraltheologe Paul Zulehner eine Aktennotiz folgenden Inhalts verfaßt: Es gäbe „Gespräche, die mehr im Verborgenen als in der Öffentlichkeit geführt werden", über die Neuregelung der Hochschulseelsorge in Wien. Offenbar gehe es darum, „Gruppen, die sich zur Zeit in der Katholischen Hochschulgemeinde zu wenig angesiedelt haben", stärker zu berücksichtigen – etwa das Opus Dei.

Im August 1987 war es dann soweit: Krenn, der neue Weihbischof für den Bereich Wissenschaft, gab die Reform der Universitätsseelsorge bekannt: Für die Wiener Haupt-Uni war künftig die Votivkirche zuständig, für alle anderen Universitäten die Opus-Dei-dominierte Karlskirche mit dem Opus-Dei-Priester Ernst Burghart als neuen Studentenseelsorger.

Die Debatten über diesen ersten Paukenschlag des Mühlviertlers waren noch nicht verstummt, da holte Krenn bereits zum nächsten aus: In einem Radio-Interview[86] ließ der Bischof durchblicken, daß er grundsätzlich nichts gegen die Verehrung des „Anderl von Rinn"[87] habe: Das sei „vom Apriori eines Christen her nicht unmöglich"; er habe sich in Rom erkundigt, in der Debatte sei „noch nicht alles ausgeschöpft", und „man soll die Menschen, die sich dort zu einer Verehrung berufen fühlen, nicht tadeln".

Die Israelitische Kultusgemeinde war in heller Aufruhr. Ihr damaliger Präsident, Paul Grosz, sprach von „zutiefst beleidigenden" Ansichten, die „in schroffem Widerspruch zum

Geist der jüngsten Äußerungen des Papstes und zum Geist der Erklärung der österreichischen Bischofskonferenz über Antisemitismus in Österreich stehen".

Die Aussagen Krenns mußten auch als Provokation und Brüskierung des Tiroler Diözesanbischofs Reinhold Stecher verstanden werden, der sich jahrelang um die Beseitigung des antisemitischen Kults bemüht hatte. Stecher reagierte scharf: Die Ritualmord-Geschichte sei ein Aberglaube, „mit Lügen ist es nicht wie mit Cognac. Sie werden durch lange Lagerung nicht besser. Es geht um die Wahrhaftigkeit der Kirche und schlußendlich um die Wahrheit. Die Bereinigung des Falles Judenstein ist ein Gebot der Gerechtigkeit und Liebe."

Der Streit um das „Anderl von Rinn" ließ in der Folge eine der typischen Verhaltensweisen Kurt Krenns deutlich werden: das „Nein-Aber"-Dementi. Fühlt sich der Oberkappeler in die Enge getrieben bzw. spürt er, daß er wieder einmal ein bißchen zu heftig ins Feuer geblasen hat, dann dementiert er vordergründig – um einen Halbsatz später in einer gemäßigteren Diktion die ursprüngliche Aussage inhaltlich zu bekräftigten. Bei seinen „Anderl"-Aussagen, die ihm den Vorwurf von „antisemitischen Untertönen" eingebracht hatten, las sich das „Dementi" der Medienstelle der Erzdiözese so: „Bischof Krenn habe ausdrücklich festgehalten, daß für einen Christen von vornherein nicht in Frage komme, einen von Juden verübten Ritualmord an dem Kind Anderl für möglich zu halten. Mit gleicher Unzweideutigkeit habe der Wiener Weihbischof darauf hingewiesen, daß sich die Verehrer des Anderl den Anordnungen des Innsbrucker Bischofs Dr. Stecher zu fügen, vor allem aber den Juden in der Haltung der christlichen Liebe entgegenzukommen hätten." Soweit das „Nein". Das „Aber" sah dann so aus: „Krenn habe nur zum Ausdruck bringen wollen, daß eine Verehrung des Anderl von Rinn durchaus denkbar sei, wenn sich herausstelle, daß dieses

Kind etwa einem Verbrechen zum Opfer gefallen sei." – Ein Musterbeispiel Krenn'scher Dialektik[88]: Die erste Aussage, daß sich „die Verehrer des Anderl den Anordnungen Stechers zu fügen" haben, steht im diametralen Widerspruch zur zweiten, in der die Verehrung des Anderl als „durchaus denkbar" bezeichnet wird – wodurch die erste Aussage wieder aufgehoben wird. Denn Stecher hatte angeordnet, daß *jede* Verehrung des Anderl unstatthaft sei. Und auch von der praktischen Durchführung her ignoriert Krenn die Anweisungen Stechers: Wie sollte man überprüfen, ob die Rosenkränze vor der „Judenstein"-Kirche in Gedenken an ein „ritualgemordetes", ein „normalgemordetes" oder ein verunglücktes Kleinkind des Spätmittelalters gebetet werden?

Der „Anderl"-Streit hatte aber noch einen anderen Aspekt. Die „Ärzte für das Leben", eine Splittergruppe, die jährlich am 28. Dezember, dem „Tag der unschuldigen Kinder", Protest-Wallfahrten ins oberösterreichische Stadl-Paura vor eine Abtreibungsklinik veranstalteten, hatten sich ausgerechnet das „Anderl" zum Schutzpatron auserkoren. Und Krenn war ebenso wie sein alter Freund Martin Humer regelmäßiger Gast bei eben diesen Kundgebungen.

Im selben ORF-Hörfunk-Interview, das der Auslöser für den „Anderl"-Streit war, nahm Krenn übrigens auch zur Rolle der Frau in der Kirche Stellung – was wiederum heftige Proteste verursachte. Es sei, so Krenn, nicht die Aufgabe der Frau, bestimmte sakramentale hierarchische Dienste wahrzunehmen.[89] „Ich möchte allerdings zu bedenken geben, daß wir [...] Frauen haben, die die Kirche tragen in ihrer Selbstlosigkeit, die Mütter, die vielen Helfer und Beterinnen und die alten Frauen, das ist doch ein Schatz der Kirche [...] Einem gewissen krankhaften Feminismus, der doch nicht die Eintracht und den Frieden will, einem solchen Feminismus müssen wir auch widersprechen."

Der Richtungsstreit unter den Bischöfen war jedenfalls voll entbrannt – doch letztlich war die Zeit, die Krenn in Wien verbrachte, nur ein Probegalopp: Denn ein Weihbischof ist schließlich doch nur ein untergeordneter Hilfsbischof, dessen tatsächliche Macht in einer Diözese zumeist geringer ist als jene des Generalvikars. So kann ein Auxiliarbischof nicht selbständig über diözesane Budgets verfügen – und dieser ökonomische Aspekt bietet ja auch in der Kirche entscheidende Einflußmöglichkeiten zu wichtigen Fragen: Gehen Subventionen an eine der neuen „movimenti" oder doch lieber an die Katholische Arbeiterjugend? Investiert man in Medienprojekte oder lieber in Kirchenrenovierungen? Stellt man diesen Mitarbeiter an oder jenen?

Die öffentlichen Konflikte rund um Krenn – von seiner Idee für ein Eignungszertifikat für Journalisten, die über die Kirche berichten, über seine noch relativ moderat formulierte Ablehnung der „Maria Troster Erklärung" bis zur Verunglimpfung des diözesanen Priesterseminars als „Therapiestation für Leute, die krank sind" – waren daher bloß die öffentliche Begleitmusik für den Wettlauf um einen Platz auf einen Bischofsstuhl. Daß Krenn eine Diözese bekommen werde, war klar. Die Frage war bloß: welche? Würde er genügend Geduld haben, um doch, wie ursprünglich geplant, die Wiener Erzdiözese zu übernehmen, was erst 1994, mit der Pensionierung Groërs, möglich gewesen wäre? Später sollte Krenn im kleinen Kreis erzählen, daß ihm „fünf Möglichkeiten" zur Auswahl vorgelegt worden waren; er habe aber gesagt, der Papst solle entscheiden, wohin er gehen solle.[90]

Ende der achtziger, Anfang der neunziger Jahre waren in Österreich vier Diözesen aus Altersgründen nachzubesetzen: Salzburg (statt Karl Berg), Feldkirch (statt Bruno Wechner), Eisenstadt (statt Stephan László) und St. Pölten (statt Franz Žak). Die Medien spekulierten, angeheizt von gezielten Indiskretionen aus allen möglichen Kirchen-Fraktionen, praktisch ab Frühjahr 1988 in Permanenz über mögliche Nachfolgekandidaten. In jeder der Planspiele hatte Krenn eine Hauptrolle: Einmal hieß es, der Grazer Bischof Weber komme ins Salzburger Erzbistum und Krenn werde Graz übernehmen; dann wieder wurde gemunkelt, Krenn bekomme in nächster Zeit Salzburg oder St. Pölten oder Eisenstadt.

Ende September 1988 war es dann soweit. Als erstes wurde die Personalfrage in Salzburg entschieden – der einzigen Diözese, in der das Domkapitel eine eingeschränkte Mitsprachemöglichkeit hat: Es darf den Bischof aus einem Dreier-Vorschlag des Papstes wählen. Auf diesem standen: Kurt Krenn, Andreas Laun und Georg Eder. Die zwölf Mitglieder des Domkapitels entschieden sich für das aus ihrer Sicht geringste Übel – den Dechanten von Altenmarkt, Georg Eder. Laun blieb ihnen dennoch nicht erspart: Seit 1995 ist er Eder als Weihbischof zur Seite gestellt.

Krenn war jedoch damit bereits – nach Linz und Wien – zum dritten Mal an der Eroberung einer Diözese gescheitert. Im vierten Anlauf aber sollte es dann klappen.

„... da müßte eher der liebe Gott abdanken“

Der 9. Juli 1991 sollte zum Schicksalstag werden – für Kurt Krenn, für Christoph Schönborn, vor allem jedoch für viele ungenannte Katholiken, die damals freilich noch gar nicht ahnen konnten, wie sehr die an diesem Tag bekannt gewordenen Entscheidungen ihr Leben in und mit der Kirche beeinflussen sollten. An diesem Tag erfuhr die Öffentlichkeit, daß der Papst seinem Mühlviertler Gelegenheits-Gast endlich das bescheren konnte, was ihm offensichtlich bereits vor längerem zugesagt worden war – eine eigene Diözese.

Die Art und Weise der Bekanntgabe war merkwürdig: Durch eine Indiskretion in der Bundesregierung, die gemäß Konkordat um ihre formelle Zustimmung ersucht worden war, gelangte die Entscheidung des Vatikan in die Medien. Donato Squicciarini, dem seit 1989 in Wien akkreditierten Nachfolger des verstorben Nuntius Michele Ceccini, mag das gar nicht so unrecht gewesen sein. Es enthob ihn nämlich der unangenehmen Aufgabe, dem amtierenden St. Pöltener Bischof Franz Žak sagen zu müssen, daß alle bisherigen Zusagen Roms über seine Nachfolge in der Diözese null und nichtig seien.[91] Squicciarini hatte Žak in die Hand versprochen, daß Krenn mit Sicherheit nicht sein Nachfolger werden würde; und Žak hatte sogar bereits einen Kompromiß-Kandidaten akzeptiert. Der Botschafter des Papstes in Österreich war also wortbrüchig geworden – oder hatte, besser gesagt, wortbrüchig werden müssen.

Man kann davon ausgehen, daß der damals 46jährige Dominikaner Christoph Schönborn jener Kompromißkandidat gewesen ist, der Žak von Squicciarini – in Absprache mit der

Kurie – vorgeschlagen worden war. Als Sekretär des Redaktionsteams für den Weltkatechismus und als Dogmatik-Professor an der Universität in Fribourg (Schweiz) genoß der Aristokrat damals bereits den Ruf eines gesprächsfähigen Konservativen. Doch wieder einmal korrigierte der Papst die Kurie – und brachte damit seinen Nuntius in eine überaus peinliche Situation.

Kurt Krenn hingegen, dem designierten Diözesanbischof, war nichts peinlich – außer die „unbefugte Indiskretion", mit der seine Ernennung vorzeitig bekannt geworden war; der Vorgang selbst, so Krenn, sei „mit aller Würde geplant" gewesen.

Kaum war die Ernennung Krenns bekannt geworden, formierte sich bereits der Widerstand. Und dieser kam, wie 1987 in Wien, nicht aus irgendwelchen verwirrten Randgruppen, sondern von den Verantwortungsträgern in der Diözese. Am 1. September 1991, zwei Wochen vor der Weihe Krenns, predigte Dompfarrer Johannes Oppolzer im St. Pöltener Dom: „Weil die Kirche eine geschwisterliche Gemeinschaft ist, dürfen die Bischofsernennungen nicht an Wünschen der Ortskirche vorbeigehen, sonst werden die Konzilsaussagen zu leeren Worten. [...] Ich fürchte, daß auch in unsere Diözese Polarisierungen kommen werden, daß sich die Gläubigen in zwei Lager spalten, wie es bereits in anderen Diözesen leider Tatsache ist."

Am Tag vor der Amtseinführung demonstrierten 3.000 Gläubige gegen ihren neuen Bischof. Der Festgottesdienst selbst, bei dem, wie bereits bei Krenns Weihe 1987, der Lemberger Erzbischof und Papst-Freund Marian Jaworski mitzelebrierte, verlief dann weitgehend störungsfrei – dank eines gut organisierten Polizeischutzes und dank der Holzzäune, die den Hirten bei seinem Einzug über den Domplatz vor seiner Herde schützten. Damals war zum ersten Mal am Haus

Domplatz Nr. 9 ein riesiges Transparent zu sehen: „Gott schütze unsere Diözese". Dieses Spruchband hisst der ehemalige VP-Landesrat Vinzenz Höfinger seitdem bei allen einschlägigen Gelegenheiten vor den Fenstern seiner Wohnung.

Trotz Krenns gegenteiligen Beteuerungen nach seiner Ernennung – „niemand braucht Angst haben, daß er bei mir etwas nicht mehr tun darf, was er bisher getan hat" – sollten die ersten Konflikte nicht lange auf sich warten lassen. Wobei der Bischof auf drei Ebenen agierte: Erstens versuchte er, durchaus mit Erfolg, diözesaninterne Kritiker zurückzudrängen bzw. abzusetzen – dies erfolgte größtenteils in Form öffentlich ausgetragener Konflikte. Zweitens holte er diverse konservative Gruppen in die Diözese – dies still und heimlich. Und drittens betrieb er neuerlich und mit Nachdruck eine Kurskorrektur der österreichischen Amtskirche – dies offiziell in der Bischofskonferenz.

Der Konflikt mit den kritischen Köpfen seiner Diözese, teilweise auch seines eigenen Klerus, ist namentlich festzumachen: Johannes Oppolzer, Karl Dillinger, Franz Schmatz, Udo Fischer, Joachim Angerer.

Der erste Streit entbrannte um die Frage der Ministrantinnen: Vom Vatikan nicht dezidiert erlaubt, von den Bischöfen aber geduldet, waren die Altardienste von Mädchen in vielen Pfarren durchaus gang und gäbe. Noch im Juli hatte Krenn beteuert: „Mir würde es nie einfallen, ein Kind zum Opfer irgendwelcher Auseinandersetzungen zu machen."[92] Doch Anfang Oktober, keine drei Wochen nach seiner Amtseinführung, verbot Krenn in seiner Diözese den Mädchen das Ministrieren – einer der ersten Streitpunkte mit seinem Dompfarrer Johannes Oppolzer und mit dem Präsidenten der Katholischen Aktion der Diözese, Karl Dillinger. Nach geharnischten Protesten aus den Pfarren zog Krenn zurück: Nur bei Bischofsmessen wünsche er künftig keine Mädchen mehr vor dem Altar zu sehen. Seit 1995 ist übrigens auch das anders: Als der Vatikan offiziell bekanntgab, gegen Ministrantinnen sei nichts einzuwenden, wurde diese Weisung natürlich auch vom St. Pöltener Bischof brav nachvollzogen. Diese Bekehrung seines Bischofs konnte Dillinger freilich nicht mehr in seiner alten Funktion erleben. Bei der routinemäßigen Wiederwahl des KA-Präsidenten im Juni 1992 erklärte Krenn, er werde die notwendige Zustimmung verweigern, sollte die Laienorgansiation wieder den pensionierten Ministerialbeamten vorschlagen. Dillinger verzichtete daraufhin auf eine neuerliche Kandidatur. Was ihn heute noch ärgert: „Krenn hat es nicht einmal der Mühe Wert gefunden, mir persönlich die Gründe seine Ablehnung mitzuteilen."

Doch Dillinger war nicht der einzige Reibebaum des Bischofs. Der aus Protest gegen Krenn formierte Solidaritätskreis „Weg der Hoffnung" wählte zwei Monate nach Krenns Amtsantritt den Göttweiger Benediktiner und Pfarrer von Paudorf, Udo Fischer, zu einem ihrer Sprecher. Und Fischer begann, systematisch Ungereimtheiten und Widersprüche im Handeln seines Bischofs aufzuzeigen – als eloquenter Interviewpartner der Medien, als Buchautor[93] und als Herausgeber der Zeitschrift „Ja". Am Beginn der Auseinandersetzungen standen einige kritische Bemerkungen Fischers über die Zweitwohnung des Bischofs im Wiener Seitenstettnerhof, für die aus diözesanen Mitteln monatlich 13.000 Schilling aufgewendet würden. Krenn bestritt weder die Existenz der Wohnung noch die 13.000 Schilling – gab jedoch an, die Räumlichkeiten nicht für sich, sondern für „bestimmte Vorhaben" zu nützen, „um in Osteuropa etwas in Gang zu bringen".

Der andauernde Konflikt Fischer versus Krenn hatte übrigens zuweilen auch seine skurrilen Seiten: Als nach der erstmaligen Androhung der Amtsenthebung Fischers im Jahre 1992 der Paudorfer Gemeinderat sich für den Verbleib des

Pfarrers aussprach, witterte Krenn darin den „Versuch der politischen Einflußnahme auf die innere Ordnung der Kirche" und wandte sich hilfesuchend an die niederösterreichische Landesregierung und an den Nuntius. Doch wie so viele ratlose Staatsbürger landete er schließlich bei der Volksanwaltschaft, und diese erteilte ihm die gewünschte Auskunft nicht: Das „Ersuchen" der Paudorfer Gemeinderäte sei kein „Druckausüben", wurde der Bischof belehrt; von einer politischen Einflußnahme könne daher keine Rede sein. Krenn hatte Pech: Er war an den VP-Volksanwalt Herbert Kohlmaier geraten, der aus der katholischen Laienbewegung kommt.

Doch auch abseits des Streits mit Pater Udo ließ Krenn kaum ein Konfliktthema aus. Im Mai 1992 hatte der Salzburger Erzbischof Georg Eder dem austro-brasilianischen Bischof Erwin Kräutler „Einseitigkeit" und „Linkslastigkeit" vorgeworfen. Abgeordnete aller vier Parlamentsparteien hatten daraufhin Eder aufgefordert, seine Aussagen zurückzunehmen. Krenns Kommentar dazu: Die Abgeordneten seien „hinterhältiger als Todesschwadronen".

Den nächsten Eklat lieferte der St. Pöltener Bischof im März 1993, am Höhepunkt des Bosnien-Kriegs. In einem Interview mit der Zeitschrift „basta" – in dem er sich auch über die Todesstrafe als „Strafandrohung und Ordnung der Notwehr" erging – schloß er es vom kirchlichen Standpunkt her aus, vergewaltigten Frauen in Bosnien die Abtreibung zu gestatten. Zudem verglich der Bischof „die unordentliche Art der Zeugung bei einer Vergewaltigung mit einer Zeugung im Ehebruch". Man sieht, die Geschichte wiederholt sich: Auch im Jänner 1999 ist es aus dem gleichen Anlaß – diesmal ging es um die Ereignisse im Kosovo – zu heftigen Streitigkeiten zwischen Teilen der Amtskirche und der Politik, vor allem den Frauenorganisationen gekommen. Und bereits damals, 1993, ging es innerkirchlich auch um eine Auseinandersetzung Krenns mit Helmut Schüller – bloß war Schüller damals noch Caritas-Präsident.

Für gehörige Aufregung sorgte im Mai 1993 auch eine Aussage von Reinhard Knittel, dem theologischen Berater des Bischofs, in Hubert Wachters Krenn-Biographie[94]. Der in der brasilianischen Engelwerk-Diözese Anapolis zum Priester geweihte Knittel sagte wörtlich: „Viele in der Diözese erkennen jetzt, daß sie jahrelang auf das falsche Pferd gesetzt haben, einer in die Irre führenden Kirchenlinie gefolgt sind. Unsere Aufgabe ist es, dies zu ändern. Darum kämpfe ich gemeinsam mit dem Bischof." Alt-Bischof Franz Žak war außer sich, die Dechantenkonferenz sowie die Äbte der Männerorden in der Diözese solidarisierten sich mit Žak, und Knittel mußte sich – zumindest halbherzig – entschuldigen.

Am 6. Juni 1993 verkündete dann Dompfarrer Oppolzer wegen „unüberbrückbarer Auffassungs- und Handlungsunterschiede" mit dem Bischof seinen Rücktritt. Krenn beeindruckte das wenig: „Ich will die Freiheit eines Menschen nicht bedrängen", lautete sein Kommentar. Wessen Freiheit damit gemeint war, blieb unklar – so ganz freiwillig war der Abgang Oppolzers ja gerade nicht gewesen: Krenn hatte seinen Dompfarrer bereits im August 1992 schriftlich zum Rücktritt aufgefordert; damals war der Grund der permanent schwelende Streit über die Zulassung von Ministrantinnen in der Dompfarre gewesen. Die Gläubigen in St. Pölten jedenfalls wollten den Verlust des überaus beliebten Oppolzer nicht so einfach hinnehmen. Der Pfarrgemeinderat des Domes forderte Krenn seinerseits zum Rücktritt auf – was diesen wiederum zu einem interessanten Vergleich motivierte: „Auch Jesus ist es so ergangen."[95] Und: „Bevor ich über die Richtigkeit meines Weges nachdenke, müßte eher der liebe Gott abdanken."[96]

Die Folgen waren vorhersehbar: Ein neuer Aufschrei der

Empörung gegen Krenn. Bei einer Kundgebung am 20. Juni 1993 am St. Pöltener Domplatz demonstrierten 15.000 Menschen für Oppolzer und gegen „Jesus Krenn". Die Proteste zeigten Wirkung – versprach Krenn doch tags darauf ungewohnte verbale Enthaltsamkeit[97]: „Um des lieben Friedens willen meine ich, daß ich nicht weiter kommentieren soll. Es gibt Augenblicke in der Kirche, in denen man durch schweigen mehr sagt als durch reden."

Heute sympathisiert Oppolzer mit dem „Forum XXIII", das von Ex-KA-Präsident Dillinger und dem früheren VP-Landesrat Höfinger (jener mit dem Transparent „Gott schütze unsere Diözese") 1993 gegründet worden ist. Das „Forum XXIII" – der Name erinnert an Papst Johannes XXIII. – hat sich die Umsetzung der Beschlüsse des 2. Vatikanums zum Anliegen gemacht und ist gemeinsam mit dem Solidaritätskreis „Weg der Hoffnung" der Hauptträger des Widerstandes gegen Kurt Krenn in dessen Diözese. Die Veranstaltungen des „Forum XXIII" locken regelmäßig deutlich mehr Besucher an als die Bischofsmessen im Dom – obwohl zuweilen von den Teilnehmern ein Regie-Beitrag eingehoben werden muß, um Kosten für Saalmieten und Einladungen abdecken zu können. Zu einem Vortrag Kardinal Königs im März 1999 kamen auf Einladung des Forums mehr als 700 Gäste. Und eine Diskussionsveranstaltung mit dem Wiener Weihbischof Helmut Krätzl über dessen Buch „Im Sprung gehemmt – Was mir nach dem Konzil noch alles fehlt" lockte im Februar 1999 mehr als 400 Katholiken nach Gars am Kamp. Die Wahl des Veranstaltungsortes für diese Diskussion mit Krätzl läßt übrigens tief blicken: Hadersdorf liegt knapp außerhalb des „Reiches" von Kurt Krenn, gerade noch in der Wiener Erzdiözese. Damit sollten unnötige Konfrontationen vermieden werden: Denn es gehört zu den katholischen Gepflogenheiten, den Ortsbischof als Inhaber des

Lehramtes höflichkeitshalber vorab über „Gastauftritte" in seiner Diözese zu informieren und eine Erlaubnis einzuholen – an sich ein Formalakt. Nicht so bei Kurt Krenn: Die Liste der mit Auftritts- bzw. Redeverbot belegten Referenten liest sich wie ein „Who is who" der heimischen Theologie und reicht vom Innsbrucker Moraltheologen Hans Rotter SJ, dem Bamberger Kirchenhistoriker Georg Denzler, dem Wiener Pastoraltheologen Paul Zulehner bis zum Innsbrucker Dogmatik-Professor Josef Niewiadomski.

Doch zurück ins Jahr 1993. Im Sommer kam es zum ersten großen öffentlichen Konflikt zwischen Krenn und den anderen Bischöfen. Anlaß war der Hirtenbrief, den Krenn in seiner Diözese zum 25. Jahrestag der „Pillen"-Enzyklika Humanae Vitae von Papst Paul VI. herausgab. Die österreichische Bischofskonferenz hatte seinerzeit in ihrer „Maria Troster Erklärung" diese Enzyklika dahingehend konkretisiert, daß für Eheleute unter bestimmten Voraussetzungen das christlich gebildete Gewissen die Entscheidungsinstanz sei. In seinem Hirtenbrief schrieb Krenn hingegen, daß „jeder eheliche Akt von sich aus auf die Erzeugung menschlichen Lebens hingeordnet sein" müsse. Der Bischofskonferenz von 1968, auf der die „Maria Troster Erklärung" abgegeben worden war, warf Krenn eine „verunglückte Legitimierung des irrenden Gewissens" vor. Ein Gewissen, das im Gegensatz zur Lehre der Kirche stehe, sei ein „irrendes Gewissen" und könne von der Kirche niemals akzeptiert werden. Der Versuch, ein irrendes und im Widerspruch zur Lehre stehendes Gewissen dennoch als rechtes Gewissen zuzulassen, sei die „bedauerliche Inkonsequenz" der „Maria Troster Erklärung". Der Ungehorsam gegen die Enzyklika habe „keine guten Früchte getragen", wie sich am Zustand der Ehen und Familien zeige. Krenn konstruierte aus der „Maria Troster Erklärung" und der folgenden Entwicklung der Kirche in Österreich sogar eine „sonderbare Aktionsgemeinschaft" jener, die „systematisch die Erinnerung an die Vergangenheit der Kirche vergiften", mit jenen, die „aus subjektiver Betroffenheit die Unfehlbarkeit der einen, heiligen, katholischen und apostolischen Kirche zerstören wollen".

Krenns Vorgänger, Franz Žak, gerät noch heute in Rage, wenn er an diesen Hirtenbrief denkt: „Er hat uns damit praktisch unterstellt, daß wir alle – die damaligen Bischöfe – Irrlehrer sind. Wie kommen wir dazu? So etwas kann man sich nicht gefallen lassen."

Sogar Franz Kardinal König, der zu den bisherigen Konflikten nobel geschwiegen hatte, konnte die Äußerungen Krenns nicht unwidersprochen hinnehmen: „Ich habe sowohl mit Paul VI. als auch mit Johannes Paul II. über unsere Erklärung gesprochen. Beide haben keine Einwände erhoben. Dies wäre wohl notwendig gewesen, wenn ein gravierender Irrtum darin enthalten wäre. Damit ist aus meiner Sicht die Diskussion abgeschlossen."

Für Krenn war sie das keineswegs. Bei nächster Gelegenheit – in seinem Fastenhirtenbrief vom 21. Februar 1994 – bekräftigte er seinen Standpunkt und widmete sich zugleich dem nächsten kirchlichen Reizthema – dem Sakramentenempfang für wiederverheiratete Geschiedene: Dieser dürfe keinesfalls zugelassen werden. Bemerkenswert dabei ist, daß sich sogar der Heilige Vater von seinem St. Pöltener Freund belehren lassen mußte: „Kein Papst, kein Bischof, kein Priester, kein Theologe und kein Seelsorger darf sich über dieses Gesetz Christi hinwegsetzen und den betroffenen Menschen Lösungen anbieten, die im Widerspruch zu Christi Willen sind und den Betroffenen doch keinen Seelenfrieden bringen können."

Und wieder war es König, der eine Gegenposition einnahm: Die Kirche sollte ihren Standpunkt überdenken.

Indes hatte bei Krenns diözesanem Kleinkrieg gegen Pater Udo sogar Nuntius Squicciarini sowie ein „Mann aus Rom“[98] vermittelnd eingreifen müssen: Krenn hatte sich geweigert, die neugebaute Kirche von Paudorf zu weihen. Der Botschafter des Vatikans konnte ihn schließlich doch dazu überreden – und die Weihe fand am 12. September 1993 statt.

Doch kaum hatte sich in der Diözese der Konflikt mit Pater Udo Fischer einigermaßen entspannt, entzündete sich bereits der nächste, schon seit längerer Zeit dahinschwelende – und zwar wieder im Rahmen der Debatte um die Kommunion von Wiederverheirateten. Der Gegner Krenns war wieder einmal einer seiner Untergebenen – der Leiter des Religionspädagogischen Instituts Franz Schmatz. Im Oktober 1994 stellte Krenn dem verheirateten Diakon und Vater zweier Kinder ein Ultimatum: Er habe „Irrlehren“ zu widerrufen, ansonsten werde er sowohl an der Hochschule als auch als Diakon suspendiert. Was hatte Schmatz verbrochen? Er hatte jene Linie in der Pastorale für wiederverheiratete Geschiedene vertreten, die bisher in St. Pölten und allen andere Diözesen größtenteils praktiziert wurde: Das Gespräch mit den Betroffenen zu suchen und eine für alle zufriedenstellende Lösung zu finden. Doch Krenn, so Schmatz, habe ihm mitgeteilt, daß nicht von Belang sei, was andere Bischöfe sagen: Für ihn habe zu gelten, was er, Krenn, „in der Verteidigung der Wahrheit verlange“.

Das Absurde daran: Weder den Gegnern Krenns – wie Karl Dillinger oder Vinzenz Höfinger, die am Geschehen in der Dompfarre regen Anteil nehmen –, noch seinen Freunden – etwa Robert Prantner – ist ein einziger konkreter Fall bekannt, bei dem Krenn einem oder einer wiederverheirateten Geschiedenen die Kommunion verweigert hätte. Es ist auch bisher noch kein Geistlicher der Diözese dafür belangt worden, es ist stets nur bei Drohungen geblieben. Also: Tun darf man es – nur sagen nicht.

Doch das hinderte Krenn nicht daran, in seinem verbalen Kreuzzug gegen die Wiederverheirateten-Kommunion seine Bischofskollegen zu schulmeistern: Beim traditionellen Pressegespräch nach der Herbstbischofskonferenz am 11. November 1994 erklärten der Vorsitzende Hans Hermann Kardinal Groër und der Linzer Bischof Maximilian Aichern, daß man übereingekommen sei, das jüngste diesbezügliche vatikanische Dokument, das eine Bekräftigung des Verbots enthielt, bei einer eigenen Studientagung „mit ruhigem Blut und ohne Emotionen" (Aichern), dafür aber „mit viel Liebe" (Groër) zu besprechen. Der ebenfalls anwesende Krenn konterte sofort: Zu besprechen gäbe es eigentlich nichts, denn „wir können nicht das irrende Gewissen zur Lehre erheben". – Der Innsbrucker Bischof Reinhold Stecher hat übrigens die Haltung Krenns damals kurz und prägnant mit den Worten quittiert: „Nur der Halbfromme ist intolerant."

Indes führte Krenn seinen Kleinkrieg gegen Schmatz unverdrossen fort: Am 7. März 1995 entband er den Diakon von seiner Lehrtätigkeit an der Philosophisch-Theologischen Hochschule. Nur als Direktor des Religionspädagogischen Instituts konnte der Familienvater – zunächst – bleiben.

Die nicht ausbleibenden Proteste gegen diese Disziplinierungsmaßnahme wurden allerdings schon drei Wochen später von der „Affäre Groër" überlagert: Am 27. März 1995 erschien im „profil" ein Interview mit Josef Hartmann, einem ehemaligen Zögling des Hollabrunner Knabenseminars. Er gab an, Anfang der siebziger Jahre vom damaligen Direktor Hans Hermann Groër sexuell mißbraucht worden zu sein. Die darauffolgende Bischofskonferenz geriet zur Zerreißprobe für den Episkopat. Groër stand zur Wiederwahl als Vorsitzender an – als Gegenkandidat wurde der Grazer Bischof Johann Weber aufgestellt. Am ersten Tag der Session wurde Groër im dritten Wahlgang mit einfacher Mehrheit (und Unterstützung Krenns) wiedergewählt. Entgegen der Vertraulichkeits-Übereinkunft der Bischöfe gelangte die Nachricht darüber noch am selben Tag über Krenn und Militärbischof Werner an die Medien – die Kommentierung war katastrophal. Am nächsten Tag resignierte Groër, und Weber wurde gewählt. Davor hatte es Telefonkontakte mit der Nuntiatur und Rom gegeben. Dem Vernehmen nach soll der Innsbrukker Bischof Stecher vor der Abwahl Groërs kategorisch erklärt haben, er werde den Erzbischof als Konferenzvorsitzenden keinesfalls akzeptieren und dies auch öffentlich deutlich machen.

Krenn stellte sich von Anfang an in die – von Tag zu Tag kleiner werdende – Reihe von Groërs Verteidigern. Zunächst lautete seine Einschätzung der Vorwürfe gegen Groër: „Undenkbar." Nach dem Rücktritt Groërs, am 11. April, sprach Krenn dann plötzlich von „Hollabrunner Lausbubengeschichten".[99] Mit der Ablöse Groërs als Bischofs-Vorsitzender war aber auch bereits klar, daß seine Tage als Erzbischof von Wien gezählt waren, zumal er bereits im Herbst 1994 sein altersbedingtes Rücktrittsgesuch beim Nuntius deponiert hatte.

Ob Krenn damals reale Chancen hatte, der Nachfolger Groërs als Erzbischof von Wien zu werden, ist unklar.[100] Ein hochrangiger noch aktiver VP-Politiker versicherte im Zuge der Recherchen für dieses Buch, daß die VP-Spitze von kirchlicher Seite Anfang April 1995 darüber informiert worden sei, daß Kurt Krenn gute Chancen und mächtige Unterstützer für seine Übersiedlung nach Wien hätte; dies sei dann auch dem Koalitionspartner mitgeteilt worden. Daraufhin sei ein katholischer Spitzenpolitiker der ÖVP zu Nuntius Donato Squicciarini geschickt worden, um ihm mitzuteilen, daß in diesem Fall ein Einspruch der Bundesregierung möglich wäre. Eine Bestätigung dieses seinerzeitigen Vorgangs ist naturgemäß nicht zu erhalten – er hätte schließlich auch heute noch Auswirkungen auf das Verhältnis zwischen der Regierung und der Kirche, aber auch auf zwischenstaatlicher Ebene zwischen dem Heiligen Stuhl und der Republik Österreich. Auszuschließen ist eine derartige diplomatische Intervention jedoch nicht: Schon allein deshalb, weil sie ausschließlich auf diese Weise hätte ablaufen können – nämlich auf inoffizieller Ebene *vor* dem im Konkordat verankerten formalen Bestätigungsvorgang in einer offiziellen Ministerratssitzung.

In dieser Angelegenheit bringt auch die Befragung von Personen, die eigentlich von einer solchen Intervention gewußt haben müssten, keine Klarheit. In der SPÖ sei wiederholt darüber diskutiert worden, ob man nicht bei der Ernennung von Bischöfen, die auch eine gesellschaftliche und politische Polarisierung betreiben, Einspruch erheben sollte, sagt Karl Krammer, Sprecher des damaligen Bundeskanzlers Franz Vranitzky. Doch an die konkreten Vorgänge im April 1995 kann (oder will) sich Krammer nicht erinnern. Ähnlich unbestimmt sind auch die Wahrnehmungen Erhard Buseks, der allerdings damals andere Sorgen hatte, stand er doch kurz vor seiner Ablöse als Parteichef und Minister. Busek glaubt zwar nicht, daß nach all den bisherigen Vorfällen im Vatikan eine Beförderung Krenns nach Wien ernsthaft erwogen wurde – eine Intervention, von der der Ex-Vizekanzler konkret nichts weiß, wäre also gar nicht nötig gewesen. Auszuschließen sei sie aber nicht – sozusagen „vorsichtshalber", um Krenn auf jeden Fall zu verhindern.

Doch wie immer die Entscheidungsprozeße zwischen Wien und Rom um die Groër-Nachfolge tatsächlich gelaufen sein mögen – das Ergebnis war letztlich, daß Schönborn und Krenn auf einmal den Planposten des jeweils anderen erhielten. Was zumindest ein plausibler Grund für eine gewisse Abneigung zumindest jenes Apostel-Nachfolgers wäre, der bei diesem unfreiwilligen Tauschgeschäft schlechter ausgestiegen ist. Schließlich ist die Wiener Erzdiözese mehr als doppelt so groß wie die Diözese St. Pölten, die noch dazu als Suffraganbistum der Wiener Kirchenprovinz untergeordnet ist. Zudem wird der Wiener Erzbischof seit dem 19. Jahrhundert traditionell auch mit der Kardinalswürde versehen – was ihm das Vorrecht verleiht, am Konklave teilzunehmen.

Doch in den Turbulenzen des Jahres 1995 war kaum Zeit und Muße, über gescheiterte Planpostenspiele nachzudenken. Unter dem Eindruck der Affäre Groër und dem jahrelangen Stillstand in der Bischofskonferenz gründete Thomas Plankensteiner in Tirol die Plattform „Wir sind Kirche", von der das sogenannte „Kirchenvolks-Begehren"[101] initiiert wurde. Dessen überwältigenden Erfolg – 505.154 Unterschriften im Juni 1995 – kommentierte Krenn mit einer Anspielung auf die sogenannte Volksabstimmung über den bereits vollzogenen Anschluß an Nazi-Deutschland 1938: „Unser Volk hat schon einmal in sehr großer Mehrheit geirrt."

Im Trubel der Ereignisse wurde dabei ein – im Rückblick überaus bemerkenswerter – Zwischenfall kaum beachtet. Gerald Goesche, der Pfarrmoderator von Blindenmarkt in der Diözese St. Pölten, enthob kurzerhand Karl Hochgatterer, den in seiner Pfarre beheimateten Präsident der Katholischen Aktion der Diözese, seiner Funktion als Pfarrgemeinderat. Goesche ist Mitglied einer jener ultrakonservativen neuen Bewegungen in der Kirche, die Kurt Krenn seit 1991 unter die Schirmherrschaft seiner Diözese genommen hat – des neuen Ordens päpstlichen Rechts „Servi Jesu et Mariae".[102] Wie erst im Februar 1999 bekannt wurde, betreiben die „Diener Jesu und Mariens" bereits seit 1997 mit Wissen und Zustimmung des Bischofs in Blindenmarkt eine eigene Hochschule zur Ausbildung ihrer Ordenspriester. Die „Servi Jesu et Mariae", die mit Vorliebe lateinische Messen zelebrieren, sind aus der ebenfalls stockkonservativen „Katholischen Pfadfinderschaft

Europas" hervorgegangen, die natürlich ebenfalls Niederlassungen im Reiche Kurt Krenns hat und, wie die „Servi", in einem Naheverhältnis zum Engelwerk steht. Ihre ursprüngliche Stammdiözese Augsburg mußten die „Diener" übrigens 1995 auf Anweisung von Bischof Viktor Dammertz verlassen.

Die „Servi Jesu et Mariae" ist aber nicht die einzige jener neuen, vorkonziliar orientierten Gemeinschaften, die in der Diözese St. Pölten ein Refugium gefunden haben:[103] 1995 wurde in Kleinhain bei St. Pölten die „Gemeinschaft vom Heiligen Josef" ins Leben gerufen – eine Heimstätte für Priesteramtsstudenten. Manche von diesen Studenten haben freilich ein Problem – nämlich weder Matura noch eine Studienberechtigungsprüfung. Kurt Krenn freilich sieht darin kein Hindernis für ihre weitere Laufbahn: Treuherzig verkündete er, daß die Diözese „neue Wege zum Priesterberuf" beschreiten wolle, die Weihe solle künftig auch ohne Priesterseminar möglich sein; und der Philosophisch-Theologischen Hochschule der Diözese gab er den Auftrag, die jungen Männer auch ohne die üblichen Voraussetzungen zum Studium zuzulassen. Die Josefsgemeinschaft ist Krenn treu ergeben: Sie verlegte für ihn das Bändchen „Worte auf dem Weg" mit Auszügen aus seinen Predigten und Reden, sie betreibt auch die Internet-Homepage für ihren Bischof.

Darüber hinaus haben sich in der Diözese Krenns Angehörige der „Priesterbruderschaft Pius X." des Schismatikers Marcel Lefèbvre ebenso niedergelassen wie die in den Schoß der römisch-katholischen Kirche zurückgekehrten Lefèbvristen, die sich zur „Priesterbruderschaft St. Petrus" zusammengeschlossen haben. Beiden gemeinsam ist der vorkonziliare tridentinische Ritus, also die Feier der lateinischen Messe.[104]

Der Zweck, den Kurt Krenn mit der Aufnahme solcher Priestergemeinschaften verfolgt, liegt auf der Hand: Er kann seinen eigenen Priesternachwuchs rekrutieren – ohne störenden Einfluß der diözesanen Priesterseminare und Hochschulen bzw. der Theologischen Fakultäten. Denn an diesen wird noch überwiegend eine vom Geist des 2. Vatikanischen Konzils geprägte Theologie gelehrt; und so gibt es auch kaum einen prominenten in Österreich lehrenden Theologen, der von Krenn nicht schon getadelt oder mit Auftrittsverbot für seine Diözese belegt worden wäre.

Doch nach der Zäsur des Jahres 1995 – das von der Affäre Groër, die der Kirche einen neuen Austritts-Rekord beschert hat, und vom Kirchenvolks-Begehren geprägt war – standen andere Ereignisse im Mittelpunkt des Interesses. Zunächst machte sich Schönborn daran, die Verhältnisse in der Erzdiözese neu zu regeln. Er berief den bisherigen Wiener Caritas-Direktor und Präsidenten der Caritas-Österreich, Helmut Schüller, zu seinem Generalvikar, was als deutliches Signal für einen mutigen, nach vorne gerichteten Kurs verstanden wurde. Zugleich stand die Bischofskonferenz unter dem Vorsitz Johann Webers vor keinem kleinen Problem: Was tun mit den mehr als 500.000 Unterschriften des Kirchenvolks-Begehrens? Ignorieren konnte man eine derartig eindrucksvolle Willensbekundung nicht – aber verwirklichen schon gar nicht. Eher als Verlegenheitslösung erfand dann Weber die bereits erwähnte „Wallfahrt der Vielfalt“ im September 1996 nach Mariazell, der dann noch eine sogenannte Fachtagung mit ausgesuchten Experten in verschiedenen Arbeitskreisen zum Thema „Kirche in der Gesellschaft“ in Gösing vorangestellt wurde – letztlich die Geburtsstunde des „Dialog für Österreich“.

Kurt Krenn stand dem Dialog, der dann bei der Herbstbischofskonferenz im November 1996 formell eingeleitet wurde, von Anfang an skeptisch gegenüber. Doch die Vorbereitungen liefen weiter und irgendwie schien es so, als ob sich nach den Aufregungen des Jahres 1995 die Konfliktparteien eine Ruhepause gönnen wollten. Auch in der Diözese St. Pölten schien man sich an den umstrittenen Bischof gewöhnt bzw. sich mit ihm abgefunden zu haben: „Im Laufe der Jahre ist der Widerstand ermattet“, meinen Vinzenz Höfinger und Karl Dillinger vom „Forum XXIII“.

Im Herbst 1997 liefen die Vorbereitungsarbeiten für den 3. Pastoralbesuch des Papstes in Österreich, der für die Zeit von 19. bis 21. Juni 1998 angesetzt war, auf Hochtouren. Das Programm war schon längst fixiert worden, als es im Dezember 1997 noch eine Änderung gab: Eine Station der Visite wurde verlegt – und zwar ausgerechnet vom Stift Geras, dem der Krenn-Kritiker Joachim Angerer vorsteht und in dem ursprünglich die Seligsprechung des Prämonstratensers Jakob Kern stattfinden hätte sollen, direkt nach St. Pölten, obwohl der Bischofssitz ursprünglich gar nicht im Programm vorgesehen war. Etwa zur selben Zeit wurden zwei nicht zur Veröffentlichung bestimmte Schreiben des mittlerweile emeritierten Innsbrucker Bischofs Reinhold Stecher an den Vatikan bekannt, in denen sich dieser bitter über die hartherzige und kalte Haltung des Vatikan unter dem Pontifikat Johannes Paul II. beklagte. Auslöser dafür waren die schleppenden Laisierungsverfahren für Priester, die nicht mehr zölibatär leben konnten oder wollten.

Doch mittlerweile war, noch unbemerkt von der Öffentlichkeit, auf Stift Göttweig und in Maria Roggendorf das Vorspiel zum ersten Akt jenes Dramas im Laufen, das mit der Lähmung der Bischofskonferenz und der De-Facto-Beendigung des Dialogs im Frühjahr 1999 seinen bisherigen Abschluß finden sollte.

Die tatsächlichen Hintergründe und das Ausmaß der „Affäre Groër“ waren nämlich 1995 nicht einmal ansatzweise aufgearbeitet worden. Die Einsetzung eines sogenannten Weisenrates, den Bischof Weber zur Untersuchung der Affäre vorgeschlagen hatte, scheiterte am Kirchenrecht (die Rechtssprechung über Kardinäle obliegt einzig und allein dem Papst) und am internen Widerstand (vor allem seitens Kurt Krenn) in der Bischofskonferenz. Ein Beschluß der Bischofskonferenz, den Papst um eine genaue Untersuchung zu bitten, hatte von vornherein keine Aussicht auf Einstimmigkeit. Groër selbst schwieg weiterhin beharrlich zu den Vorwürfen. Und der Vatikan tat nichts. Fast drei Jahre lang.

Das sollte sich zur Jahreswende 1997/98 rächen. Das Wiederaufflammen der Affäre Groër traf die katholische Kirche in Österreich unvorbereitet und mit voller Wucht.

In Göttweig brechen mehrere Ordensangehörige ihr Schweigen und erheben neue Vorwürfe gegen Groër wegen – Jahre zurückliegender – Fälle wiederholter sexueller Nötigung.[105] Abt Clemens Lashofer enthebt am 3. Jänner 1998 Groër seines Amtes als Prior des Benediktinerklosters St. Josef in Maria Roggendorf und beantragt eine päpstliche Visitation des Stiftes. Von da an bekommt die „Affäre Groër II" eine zusätzliche Dimension: Es geht nicht mehr nur um die Vorgänge im Stift und die Verantwortung Groërs, sondern um einen Machtkampf in der Bischofskonferenz. Am 10. Februar 1998 kündigt Nuntius Squicciarini die Durchführung einer päpstlichen Visitation in Göttweig an. Und in den Wochen darauf überschlagen sich die Ereignisse: Am 18. Februar wird Pater Udo Fischer, übrigens ein Hollabrunner Schüler Groërs, von Kurt Krenn seines Amtes als Pfarrer von Paudorf enthoben. Fischer hatte zum „Widerstand gegen vieles, was da von oben kommt" aufgerufen; Krenn hatte „Widerstand gegen vieles, was da von Rom kommt" verstanden. Juristisch gesehen ist Fischer also nicht mehr Pfarrer von Paudorf.[106] Er geht aber weiterhin seiner Tätigkeit nach und erhält auch nach wie vor sein Gehalt. Dies letztlich aus diözesanen Mitteln, denn Paudorf gehört zu Stift Göttweig, und Krenn hat

Fischer zwar abgesetzt, Abt Clemens Lashofer seinen Mitbruder aber wieder eingesetzt – und die Verrechnung der Personalkosten für die Ordenspriester erfolgt von der Diözese über das Stift, dem ein Pauschalbetrag überwiesen wird. Möglichkeiten, Fischer mit Gewalt zu entfernen, hat Krenn jedenfalls keine.

Am 20./21. Februar 1998, bei der Kardinals-Erhebung von Erzbischof Schönborn in Rom, kommt es dann zum Eklat. Unvermutet taucht auch Kardinal Groër auf – in Begleitung seines ehemaligen Mitarbeiters Michael Dinhobl, dem nunmehrigen Pressesprecher Kurt Krenns. Eine Brüskierung sondergleichen: Schönborn hatte noch zwei Tage vor der Abreise nach Rom persönlich Kontakt mit Groër, um ihn dazu zu bewegen, angesichts der massiven Vorwürfe sein Schweigen zu brechen. Groër weigerte sich strikt – und erwähnte mit keinem Wort, daß er an der Kardinalserhebung Schönborns teilnehmen wolle. Schönborn fordert in Rom vor Journalisten von Groër ein „Wort des Bekenntnisses und eine Vergebungsbitte" – vergeblich. Der Kardinal will eisern schweigen. Zurück in Österreich beginnt das Ringen um die Aufarbeitung der Affäre durch den päpstlichen Visitator, Abtprimas Marcel Rooney.

Die Bischöfe Eder, Schönborn, Weber und Kapellari veröffentlichen, nachdem sie in den Wochen davor von Betroffenen detailliert über die Mißbrauchsvorfälle informiert worden waren, eine zweiseitige Erklärung. Die Kernaussage: „Unsere Kirche verkündet eine anspruchsvolle Sexualmoral. Wenn ein Bischof schwerwiegender Verfehlungen gegen diese Moral zu Lasten von ihm anvertraut gewesenen jungen Menschen beschuldigt wird, dann genügt nicht eine Versöhnung in der Beichte. Vielmehr muß der Beschuldigte öffentlich und unzweideutig sagen, daß er unschuldig ist, oder öffentlich um Vergebung bitten, was meist auch mit einem Rückzug aus dem Amt verbunden sein wird. Kardinal Groër hat keine der beiden Möglichkeiten deutlich ergriffen. Die Einzigartigkeit dieser Situation hat sowohl die Österreichische Bischofskonferenz wie auch die Leitung der Weltkirche so unvorbereitet getroffen, ja gelähmt, daß es bisher zu keinem die Öffentlichkeit überzeugenden Handeln gekommen ist. Wir sind nun zur moralischen Gewissheit gelangt, daß die gegen Alterzbischof Kardinal Hans Hermann Groër erhobenen Vorwürfe im wesentlichen zutreffen. Sein Schweigen haben wir zu ertragen, können aber selbst nicht schweigen, wenn wir unserer Verantwortung für die Kirche gerecht werden sollen."

Kurt Krenn antwortet darauf in der „Zeit im Bild 1": „Wenn ihr mir andere Beweise oder sonst was zeigt, ja. Man hat sie mir nicht gezeigt. Ich habe immer ein Urteil, das ich auch jetzt habe, es ist für mich nicht denkbar." Zu diesem Zeitpunkt kannte er bereits wesentliche Aspekte des Falls. Der Prior von Göttweig, Pater Gottfried Schätz, hatte Krenn im Dezember 1997 schriftlich und Ende Jänner 1998 persönlich informiert. Schätz war einer der Hauptbetroffenen der sexuell motivierten Übergriffe des Kardinals.[107]

Das St. Pöltener Domkapitel dankt hingegen den vier Bischöfen für die Erklärung: „Dieses Wort hat der Kirche in Österreich neue Hoffnung gegeben."

Am 2. März 1998 beginnt die Visitation in Göttweig. Ordensangehörige geben nachher an, daß Krenn während des Aufenthaltes des Visitators unangemeldet nach Göttweig gekommen sei, um mit Rooney ein Vier-Augen-Gespräch führen zu können. Der Pressesprecher Krenns bestreitet dies.

Bis April 1998 unterschreiben 130.000 Menschen für den Verbleib Udo Fischers als Pfarrer in Paudorf.

Am 8. April reisen die Bischöfe Schönborn, Eder und Weber nach Rom. Der Papst verspricht ihnen eine Lösung der

„Affäre Groër", die „von Gerechtigkeit und Liebe getragen ist". Im Endbericht der Visitation wird auf Groër nicht eingegangen, die Causa ruhe nun beim Papst.

Am 14. April 1998 veröffentlich die Nuntiatur eine Erklärung Groërs, die – wie bereits jene 1995 – keine Klärung bringt: „In den vergangenen drei Jahren hat es zu meiner Person zahlreiche oft unzutreffende Behauptungen gegeben. Ich bitte Gott und die Menschen um Vergebung, wenn ich Schuld auf mich geladen habe."

Schönborn ist das zuwenig. Am 16. April veröffentlicht er seinerseits eine Erklärung: „Als Bischof dieser Diözese entschuldige ich mich für alles, wodurch mein Vorgänger und andere kirchliche Amtsträger sich an ihnen anvertrauten Menschen verfehlt haben. [...] Ich gehe davon aus, daß Kardinal Groër der klaren Bitte des Papstes – seinen bisherigen Wirkungskreis aufzugeben – nachkommen wird. Das bedeutet, daß er nicht mehr als Bischof oder Kardinal in Erscheinung treten und Österreich verlassen wird."

Im „profil" vom 20. April antwortet Krenn: „Ich kenne keine Zeugenaussagen." Dies war die glatte Unwahrheit. Und: „Ich möchte diesen Leuten, die sich Opfer nennen – ich nenne sie nicht so – nicht nahe treten. Aber ich kann diesen Menschen nur raten zu verzeihen und selber Verzeihung zu suchen. Ich glaube nicht, daß jemand in etwas involviert ist, ohne auch selber ein Sünder zu sein." Er habe zwar einen Brief mit einer Zeugenaussage erhalten, doch hätte ihn dieser nicht von der Schuld Groërs überzeugt.

Knapp sieben Jahre, nachdem Krenn Bischof von St. Pölten und Schönborn Weihbischof in Wien geworden waren, standen sich die beiden also in offener Konfrontation gegenüber. Bei der „Causa Groër" ging es Krenn offensichtlich darum, eine Untersuchung des Falles zu vermeiden und Groër möglichst reinzuwaschen. Welche Motive der St. Pöltener Bischof dabei auch immer gehabt haben mag – eines ist ihm gelungen: Seinen Rivalen Schönborn in die Defensive zu drängen. Schönborn hatte im Vatikan erreicht, daß sich der Papst persönlich der Angelegenheit annehmen wollte. Doch bei seiner Österreich-Visite im Juni 1998 ging der Pontifex-maximus mit keinem Wort auf die Situation ein. Im Gegenteil: Krenn konnte das feierliche Hochamt in St. Pölten zu einer Solidaritätsbekundung mit Groër nutzen. Dazu muß man wissen, daß für derartige Messen ein Drehbuch vorgesehen ist, in dem jedes Wort festgeschrieben ist. Auf dem Weg zum Altar, neben dem Papst, teilte Krenn dem Wiener Erzbischof en passant mit, daß er eine Fürbitte für Groër sprechen werde – in Abweichung dieses Drehbuchs. Und Schönborn blieb nichts anderes übrig, als vor tausenden Messebesuchern und Hunderttausenden vor den TV-Schirmen gute Miene zum bösen Spiel zu machen.

Die „Causa Groër" ruht noch immer ungelöst beim Papst. Und ein halbes Jahr später standen sich beim Ad-limina- Besuch in Rom Schönborn und Krenn weiterhin unversöhnt gegenüber.

Zwischen Schwarz und Blau – das politische Credo Kurt Krenns

Bei der Rasanz der heutigen Informationvermittlung können manche Vorgänge von den Medien nie ganz aufgeklärt werden. Ein politischer Vorgang findet statt, wird in seinen Auswirkungen wahrgenommen und zu deuten gesucht – doch die Hintergründe bleiben oft im Dunkeln: Ehe es gelingt, die Motive der handelnden Personen offenzulegen, richtet sich die Aufmerksamkeit der Medien und ihrer Konsumenten bereits auf die nächste tatsächliche oder vermeintliche Sensation.

Als am 25. Juni 1993 der Freiheitliche Bundesparteiobmann Jörg Haider von Papst Johannes Paul II. in Privataudienz empfangen wurde, glaubten zunächst viele an einen verspäteten Aprilscherz. Immerhin war die FPÖ zu diesem Zeitpunkt noch von stramm national-freiheitlicher Programmatik und eher kirchenskeptisch-antiklerikaler Einstellung. Außerdem war es erst ein halbes Jahr zuvor zu heftigen verbalen Attacken zwischen dem Großteil der katholischen Würdenträger Österreichs und der FPÖ rund um deren Anti-Ausländervolksbegehren „Österreich zuerst"[108] gekommen. Einzig Kurt Krenn hat damals des öfteren Sympathie für die Anliegen des FP-Begehrens durchblicken lassen – ohne freilich offen für dessen Unterzeichnung einzutreten.

Zum Zeitpunkt der Papst-Visite Haiders hatte Kurt Krenn daheim in St. Pölten freilich auch ganz andere Sorgen. Am 6. Juni 1993 war der populäre Dompfarrer Johannes Oppolzer wegen unüberbrückbarer Differenzen mit Krenn zurückgetreten. Tags darauf sorgte ein Ausspruch Krenns in einer

Live-Debatte im ORF[109] für einen Sturm der Entrüstung. Krenn hatte gemeint, bevor er über die Richtigkeit seines Weg nachdenke, „müßte eher der liebe Gott abdanken". Am 20. Juni demonstrierten tausende Menschen am St. Pöltener Domplatz für Oppolzer und gegen Krenn, und kurz darauf berichtete der Wiener Kirchenrechtsprofessor Bruno Primetshofer, daß im Vatikan mehrere hierarchische Rekurse[110] von Gläubigen gegen Krenn anhängig seien.[111]

Als daher Jörg Haider im Anschluß an seine Privataudienz bei Johannes Paul II. erklärte, der Papst habe ihm mitgeteilt, daß er die Kirche in Österreich in guten Händen wisse, wurde dies allgemein als Schützenhilfe für Kurt Krenn (und Hans Hermann Kardinal Groër) verstanden. War Haider also nach Rom gereist, um seinen bedrängten Lieblings-Bischof moralisch zu unterstützen?

Noch ein weiteres Thema wurde von Haider in seiner Erklärung angeschnitten: Die Spannungen zwischen ihm als Initiator des Ausländer-Volksbegehrens und der Kirche seien mittlerweile ausgeräumt. War der Papst-Besuch also ein Canossa-Gang des blauen Parteiführers gewesen? Wollte Haider im Hinblick auf seine Chancen bei künftigen Wahlauseinandersetzungen Friede mit den Katholiken schließen?

Wahrscheinlich auch das. Doch die konkreten Hintergründe für die Pilgerfahrt des blauen Parteichefs lagen in der Vergangenheit, nicht in der Gegenwart oder der Zukunft. Die Idee, dem Heiligen Vater einen medienwirksamen Besuch abzustatten, war nämlich bereits in der heißen Quasi-Wahlkampfphase für das Ausländer-Volksbegehren geboren worden. Dieser Besuch hätte allerdings schon vor bzw. während der Eintragungsfrist Ende Jänner 1993 stattfinden sollen, um den kirchlichen Kritikern den Wind aus den Segeln zu nehmen. Ein Vertrauter Jörg Haiders erläutert diese Verzögerung und die damaligen Ereignisse: „Es war zu Beginn der Eintragungsfrist. Wir konnten bereits abschätzen, daß das Ganze kein berauschender Erfolg wird. Also haben wir alles in Bewegung gesetzt, um das Ergebnis doch noch zu retten. Eine überraschende und plötzliche Visite beim Papst wäre gerade das Richtige gewesen. Bischof Krenn sollte uns den Weg ebnen. Er erklärte sich dazu auch grundsätzlich bereit. Eiligst wurde ein Gesprächstermin in einem Wiener Nobelhotel vereinbart. Nur dummerweise haben sich Haider und Krenn an diesem Tag verfehlt. Sie dürften zwar im richtigen Hotel zur richtigen Zeit gewesen sein – aber der eine an der Lobby und der andere im Cafehaus. Aber als dann der Termin beim Papst zu einem späteren Zeitpunkt zustande kam, hat ihn Haider natürlich trotzdem wahrgenommen."

Ein Publicity-Besuch im Vatikan war den Parteistrategen vor allem deshalb so wichtig, weil sich an Papst Johannes Paul II. der Streit zwischen der Kirche und der FPÖ um das Ausländer-Volksbegehren erst so richtig entzündet hatte.

Nicht nur die Caritas, auch fast alle Bischöfe hatten sich dezidiert gegen das Volksbegehren ausgesprochen – und zwar nicht nur die „Fortschrittlichen". Der Salzburger Erzbischof Georg Eder bezeichnete die FP-Initiative als „gefährliche Sache. ‚Österreich zuerst' heißt ‚zuerst kommen wir'. Wenn dann noch etwas übrigbleibt, dann haben wir vielleicht nur noch Brosamen für andere." Der Linzer Bischof Maximilian Aichern erinnerte daran, daß es „für Gott keine Ausländer und Fremden gibt. Gott liebt alle Menschen. Wir dürfen auch nicht andere ausgrenzen. Wer sich zum Glauben bekennt, kann nicht gleichzeitig aussperrende Mauern errichten, wenn Menschen unsere Hilfe brauchen." Der Vorarlberger Oberhirte Klaus Küng, dem zuweilen eine gewisse Sympathie für die FPÖ nachgesagt wurde (und wird), formulierte noch schärfer: „Ich halte es für verantwortungslos, Emotionen im Sinne von Ausländerfeindlichkeit zu wecken." Und der Grazer Bischof Johann Weber erklärte: „Man kann es wenden wie man will – Von den Initiatoren des Volksbehrens wird zwar versucht, dieses nun ins Positive umzumünzen. Aber es richtet sich letztlich doch vor allem gegen Menschen, von denen sich viele in großer existentieller Bedrängnis befinden." Mehrmals ablehnend gegenüber dem Anti-Ausländer-Volksbegehren äußerten sich auch der (1995 verstorbene) Eisenstädter Bischof Stephan Laszlo, sein designierter Nachfolger Paul Iby, der (1994 verstorbene) Wiener Weihbischof Florian Kuntner – und der Wiener Alt-Erzbischof Franz Kardinal König. Seine Worte klingen aus heutiger Sicht geradezu prophetisch: Die Auseinandersetzungen in der Ausländerfrage hätten eine „beunruhigende" Wende genommen. „Mit Alarmglocken zu läuten, erzeugt Alarmstimmung, auch wenn für Alarm – zumindest derzeit – noch keinerlei Anlaß besteht." Dadurch sei der Nährboden für eine Radikalisierung geschaffen worden, „die unserem Land noch viel zu schaffen machen wird".

Angesichts der massiven bischöflichen Kritik am FP-Volksbegehren verwundert es, daß von der Bischofskonferenz in ihrer Gesamtheit keine Stellungnahme abgegeben wurde – auch wenn die Äußerungen ihres damaligen Sprechers, Bischof Weber, dahingehend interpretiert worden sind. Aber wieder einmal war Einstimmigkeit in der Bischofskonferenz nicht herzustellen gewesen – sie scheiterte in erster Linie an Krenn.

Dennoch war Haider klar, daß die Aussagen des hohen Klerus – dessen Glaubwürdigkeit damals, vor dem „Fall Groër", noch um einiges größer gewesen ist – für sein Volksbegehren wesentlich gefährlicher waren als die Argumente der gegnerischen politischen Parteien. Also versuchte es der Freiheitliche Parteichef mit einer Finte: Er bemühte den Heiligen Vater als Kronzeugen für die Unbedenklichkeit der Anliegen seines Ausländervolksbegehrens, indem er beim traditionellen

Neujahrstreffen seiner Partei (am 10. Jänner 1993) vor Freiheitlichen Funktionären in Graz großzügig aus einer Ansprache des Papstes[112] zitierte und im Anschluß daran sich in Mutmaßungen erging: Johannes Paul II. würde „vielleicht dieses Volksbegehren positiv bewerten, wenn wir ihn darum fragen. Denn seine Linie unterscheidet sich im Grunde genommen durch nichts, was in den zwölf Punkten unseres Volksbegehrens enthalten ist."

Beide Reden sind im Wortlaut erhalten: Haider hat ganz einfach die Schlüsselpassagen weggelassen und dadurch den Aussagen des Papstes einen anderen, wenn nicht gar gegensätzlichen Sinn gegeben.

Im folgenden sind die von Haider gestrichenen Passagen im Text unterstrichen: „Ihr habt Euch in den letzten Jahren in vorbildlicher Weise für Flüchtlinge und für den Schutz politisch Verfolgter eingesetzt. <u>In Zusammenhang mit schrecklichen Ausschreitungen gegen Asylbewerber und Ausländer wurde in letzter Zeit viel über das Asylrecht diskutiert.</u> Trotz der Klagen, in Deutschland wachse die Ausländerfeindlichkeit, bleibt festzustellen, daß Freundlichkeit gegenüber Fremden und Hilfsbereitschaft unter den Menschen in Eurem Land nach wie vor groß sind. <u>Den vielen, die Fremden in vorbildhafter Weise Hilfe zuteil werden ließen und lassen, gilt mein ausdrücklicher Dank. In diesen Tagen und Wochen steht auch Ihr, liebe Mitbrüder, unter einem besonderen Erwartungsdruck. Es ist die Spannung zwischen grundsätzlicher christlicher Haltung und aktuellen politischen Herausforderungen.</u> Einerseits wird von Euch gefordert, immer wieder darauf hinzuweisen, daß die Nächstenliebe verpflichtend ist und bleibt, andererseits dürfen aber Eure Worte die Notwendigkeit einer baldigen Lösung des Asylantenproblems nicht außer acht lassen. Deutschland hat in diesen Jahren mehr Ausländer aufgenommen als irgendein anderes Land in Europa. Die Hilfen, die den Armen und Bedrängten zuteil wurden, sind vorbildlich. Allerdings muß die Kirche auch die Tatsache ernstnehmen, daß immer mehr Menschen das Gefühl haben, der Zustrom von Asylwerbern führe zu einer Überforderung, die zur Folge hat, daß Hilfsbereitschaft in Abschottung umschlagen könnte. Macht Euren Gläubigen bewußt, daß innere und äußere Abschottung keine Lösung darstellen können, sondern zu Unsicherheit führen und sogar in Aggression und Protest umschlagen. Die unveräußerliche Menschenwürde eines jeden einzelnen muß in Zusammenarbeit mit allen Menschen guten Willens, die in Politik und Gesellschaft Verantwortung tragen, zwischen dem ethisch Gebotenen und dem tatsächlich Machbaren garantiert werden. Dies verlangt von Euch viel Mut und Engagement. Es besteht die Gefahr, daß das Gebot unseres christlichen Glaubens, Fremde aufzunehmen und Gastfreundschaft zu gewähren, bei überzogenen Asylvorstellungen nicht mehr eingehalten werden kann. Die Kirche muß vielmehr in allen Teilen der Welt Gerechtigkeit und Frieden fordern, Voraussetzungen, die helfen, das Asylproblem zu lösen. Im übrigen wäre der Menschenwürde noch zutreffender Genüge getan, wenn Ihr und Euer Land fortfahren würdet, wie bisher in großzügiger Weise Hilfen für die Länder in Not zur Verfügung zu stellen, sodaß wenigstens die Menschen, die nicht aus Kriegsgebieten flüchten müssen, in ihrer Heimat verbleiben können und nicht gezwungen sind, alles im Stich zu lassen. Helft konstruktiv mit, Voraussetzungen zu schaffen, daß das wertvolle Gut des Asylrechts in Deutschland durch eine praktikable Lösung und Präzisierung erhalten werden kann, und helft, eine Gesinnungsethik zu vermeiden, die als Theorie keinen Bezug zum wirklichen Leben hat. Damit leistet Ihr einen Dienst, weil Ihr mithelft, ungesunde und menschenverachtende Verirrungen gerade junger Menschen zu verhindern.

Als Kirche kennen wir keine Ausländer. Ihr müßt aber andrerseits dazu beitragen, daß das deutsche Volk nach Jahren der gewaltsamen Teilung und der nicht ohne Schwierigkeiten verlaufenen Einigung in Frieden seine volle Identität noch findet."

Die Empörung unter Österreichs Katholiken war groß. Als erster antwortete der österreichische Kurien-Erzbischof Alois Wagner dem FP-Obmann: Dessen Vorgangsweise sei „äußerst fragwürdig. Wer den Papst in dieser Materie zitiert und seine Forderung nach Respektierung der vollen Rechte der Flüchtlinge unberücksichtigt läßt, zitiert ihn nicht richtig."

Haiders Replik auf Wagner war an Unverfrorenheit kaum zu überbieten: Der Erzbischof habe offensichtlich das Thema verfehlt. Das Volksbegehren beziehe sich nämlich nicht auf Flüchtlinge, sondern auf Einwanderer.[113] Das ist nicht nur nachweislich unrichtig (die Punkte 5, 6 und 7 des Volks-Begehrens[114] beziehen sich auch auf Asylwerber bzw. anerkannte Flüchtlinge und ihre Kinder), sondern führt auch Haiders eigene Argumentation mit der Papst-Rede ad absurdum. Denn Johannes Paul II. hatte vor den deutschen Bischöfen eindeutig über die Lage von Flüchtlingen, also von Asylwerbern, gesprochen. Wenn also jemand das Thema verfehlt hatte, dann war es Haider selbst.

In den nächsten Tagen reagierte der ertappte Haider mit den stattsam bekannten Schimpftiraden via Presse-Fernschreiber: „Die Exponenten der Kirche sollten den Bogen nicht überspannen"; „Hände weg von Versuchen, im Religionsunterricht Stimmung gegen das Volksbegehren zu machen".

In dieser aufgeheizten Atmosphäre – Wiens Vizebürgermeister Hans Mayr warnte bereits vor handgreiflichen Auseinandersetzungen rund um die FP-Kampagne für ihr Volksbegehren – verhielt sich ausgerechnet einer, der üblicherweise den Heiligen Vater vor jeder vermeintlichen oder auch tatsächlichen Fehlinterpretation in Schutz zu nehmen pflegt, auffallend ruhig: Kurt Krenn. Und als sich dieser etwas später in der Zeitschrift „News" äußerte[115], verlor er dabei kein Wort über Haiders dreiste Uminterpretation der Rede des Papstes – im Gegenteil. Zunächst korrigierte Krenn den Eindruck, Bischof Weber habe seine scharfe Kritik an der FPÖ in seiner Funktion als Sprecher der Bischofskonferenz abgegeben: Dazu hätte jeder einzelne Bischof zustimmen müssen. „Das war nicht der Fall. Die Konferenz hat ganz bewußt keine Verurteilung und keinen Eingriff abgegeben." Im übrigen sei der Nachweis, daß das Volksbegehren christliche Prinzipien verletzte, nicht gelungen: Nächstenliebe sei „in ihrem Anspruch sicher grenzenlos, aber in ihrer Verwirklichung braucht sie eine gewisse Vernünftigkeit".

Doch das FP-freundliche Interview war erst die Ouvertüre zum Paukenschlag des Bischofs: Am 21. Jänner 1993, wenige Tage vor Beginn der Eintragungsfrist für das Volksbegehren, saß Krenn in Graz mit Haider, dem FP-Grundsatzreferenten Andreas Mölzer und dem Publizisten Günther Nenning auf dem Podium einer Diskussionsveranstaltung des Freiheitlichen Bildungswerks. Dort erklärte zwar der Gottesmann, daß er das Begehren nicht unterschreiben werde – wie er auch, was ohnehin niemand angenommen hatte, nicht an der Lichterkette von SOS Mitmensch teilnehmen wolle. Doch in der Diskussion mit Haider ließ Krenn eindeutig Sympathien für die Freiheitlichen und ihre Anliegen erkennen.

Ob Papst Johannes Paul II. bei Jörg Haiders Visite im Juni 1993 wußte, mit wem er es zu tun hatte? Und welcher Art die Hintergründe waren? Vermutlich nicht. Darauf deutet auch die leicht indigniert wirkende Erklärung hin, die auf Anfrage österreichischer Medien von einem Vatikan-Sprecher abgegeben wurde: Der Papst empfange grundsätzlich höherrangige

Politiker, wenn diese darum ansuchten. Da mache er keine Ausnahme.

Wie aber war es soweit gekommen, daß ein im ursprünglichen Sinne „Schwarzer“[116] zum Verbindungsmann für die „Blauen“ wurde?

Noch in den Siebziger Jahren galt Kurt Krenn als Sympathisant der ÖVP[117]; es hieß, er sei eigentlich ein heimliches oder zumindest ideelles Parteimitglied. Bei seiner Ernennung zum Wiener Weihbischof 1987 sagte etwa der damalige VP-Bürgermeister von Rohrbach, Josef Stöby: „Sicher ist er ÖVP-nahe, mit den Roten hat der nix zu tun.“

Die Familie – Mutter Leopoldine, die Geschwister Berta, Ingrid, Hilmar und Herwig – galten in ihrer Heimatgemeinde als lokaler „Machtfaktor“[118]. Bruder Herwig, Romanist an der Bochumer Ruhr-Universität, war sogar kurzfristig Vizebürgermeister von Operkappel. Den Krenns werden in dieser Zeit kommunale Raumordnungs-, Wirtschafts- und Infrastruktur-Initiativen zugeschrieben – etwa der Bau einer Sprachschule und des Tennisplatzes. Es wird erzählt, daß sich Kurt Krenn in der „AKOM“, der „Aktionsgemeinschaft oberes Mühlviertel“ zur regionalen Entwicklung, dafür eingesetzt habe, die Region als Lagerstätte des Zwentendorfer Atommülls anzubieten – dies brächte Arbeitsplätze und Fördermittel für die Region. Überliefert ist in diesem Zusammenhang auch der Ausspruch Kurt Krenns über den Zwentendorfer Atom-Müll: „Bringts ma die Fassln, i stells‘ in mein Keller.“.[119]

Aus dieser Zeit – 1970–75 las Krenn an der Philosophisch-Theologischen Hochschule bzw. an der Kepler-Universität Linz – dürfte auch die Bekanntschaft mit dem Ex-Vizepräsidenten des Bundesrats, dem ÖVP-Politiker Herbert Schambeck, stammen. Dem kirchlich wie politisch konservativen Schambeck, der am Linzer Juridicum seit 1967 Professor für öffentliches Recht, politische Wissenschaften und Rechtsphilosophie ist, werden seit gut dreißig Jahren hervorragende Kontakte zum jeweiligen Nuntius und in den Vatikan – speziell zu Kurienkardinal Alfons Maria Stickler – nachgesagt.[120] Krenn war also in der oberösterreichischen Volkspartei ein Begriff und auch in inneren Zirkeln der Bundes-ÖVP zumindest bekannt.[121]

Und in diesen Zirkeln herrschte – wenn auch nicht offiziell, so doch hinter vorgehaltener Hand – ein gewisser Unmut über die Entwicklung in der katholischen Kirche. Nicht, daß die Parteispitze – Mock und vor ihm Josef Taus – versucht hätte, direkt Einfluß auf die Kirche zu nehmen. Aber in der zweiten, dritten Reihe wurde eine Dolchstoßlegende unter der Hand eifrig propagiert: Der Ausgleich des „roten" Kardinals Franz König mit dem SPÖ-Vorsitzenden Bruno Kreisky hätte der ÖVP die Mehrheit gekostet. Dazu kam ein zweiter Aspekt: Noch in den siebziger und achtziger Jahren hatte ein Großteil der VP-Funktionäre neben ihrer politischen auch eine religiös-organisatorische Sozialisation hinter sich. Die einen (etwa Josef Taus, Alois Mock, Michael Graff, Robert Lichal, Siegfried Ludwig oder Andreas Khol) stammten aus dem CV, dem damals auch in Kirchenfragen eher konservativen Cartellverband; die anderen (etwa Erhard Busek, Wolfgang Schüssel, Josef Krainer oder Johannes Hawlik) aus dem Großbereich der Katholischen Aktion (KA), vorzugsweise der Katholischen Hochschulgemeinde. Beide Lager rivalisierten innerhalb der ÖVP[122] – und beide standen auch für unterschiedliche Kirchenbilder. Grob vereinfacht formuliert: Busek stand für eine „Kardinal-König-Kirche"; die CV-Fraktion in der ÖVP stand dieser mehrheitlich skeptisch gegenüber.

In der Öffentlichkeit bekannt wurden die bis dato eher geheimen Phantasien der konservativen Fraktion in der ÖVP durch einen Beitrag des damaligen Direktors der Politischen

Akademie der ÖVP, Andreas Khol, im „Jahrbuch für Politik 1984". Der Papstbesuch im September 1983 war für Khol Anlaß, auf eine „neue Ära" in der katholischen Kirche Österreichs mit „neuen Personen, einem neuen Selbstverständnis, einem neuinterpretierten Auftrag, einem neuen Verständnis vom Menschen in seiner Beziehung zu Gott und der Aufgabe der Katholiken in Staat und Gesellschaft" zu hoffen. Khol kritisierte den Pluralismus in der Kirche, den Verlust an Autorität durch widersprüchliche Positionen der Bischöfe und der Laienorganisationen. Und der Vertraute Alois Mocks schreibt dann wörtlich: „In all diesen Fragen[123], wie sie der Papst hervorgehoben hat, gibt es keinen Pluralismus, gibt es klare Aussagen, klare Verantwortlichkeiten und einen klaren Auftrag des Lehramtes, sich Gehorsam zu verschaffen." Und als Fußnote fügte Khol hinzu: „Für Klerus und Hierarchie in Österreich, für die ganze Kirche bedeutet dies einen neuen Auftrag, der in seiner Tragweite offensichtlich noch nicht ganz erkannt wurde. Es ist dies auch ein Langzeitprogramm. Die Bischofsernennungen in Österreich, die Wirkung der Bischöfe auf den Klerus, all dies sind wichtige Instrumente, die aber Zeit benötigen."[124]

Es ist bekannt, daß in der Folge – unklar ist, ob mit oder ohne Ermunterung des päpstlichen Nuntius Michele Ceccini[125] – eine „Bischofs-Wunschliste" von konservativen Katholiken wie Schambeck oder dem Salzburger Professor für Römisches Recht, Wolfgang Waldstein[126], erstellt und an die Nuntiatur weitergeleitet wurde. Doch ist zweifelhaft, ob die VP-Spitze von dieser Initiative gewußt hat. Mit Sicherheit aber war diese Liste nicht der Haupt-Auslöser für die umstrittenen Bischofsernennungen ab 1986: Kurt Krenn hatte zu diesem Zeitpunkt Rückenwind durch ein paar konservative VP-Katholiken gar nicht mehr nötig.

Als Krenn 1987 zum Weihbischof in Wien mit den Kompetenzbereichen Wissenschaft und Kultur ernannt wurde, bekam er es jedenfalls nicht mit Khol oder Lichal zu tun, sondern mit dem damaligen Wiener ÖVP-Chef und Vizebürgermeister Erhard Busek, einem KA-Aktivisten der ersten Stunde und profunden Wissenschafts- und Kulturpolitiker. Krenn und Busek – das konnte nicht gutgehen.[127]

Und je mehr der Einfluß der „Stahlhelme" in der ÖVP sank und jener von Busek & Co. stieg, desto kritischer äußerte sich Kurt Krenn über die ÖVP – etwa 1992/93, als Busek bereits Bundesparteiobmann und Vizekanzler war: Die ÖVP sei zwar jene Partei, die sich für die Kirche in der Zweiten Republik am meisten eingesetzt habe – aber „heute ist die ÖVP – im ganzen gesehen – zu liberal."[128]

Parallel dazu erfolgte die Annäherung an die FPÖ. Die ersten Bande zwischen der Partei des Dritten Lagers[129] wurden bereits 1992 geknüpft. Der damalige Freiheitliche Bundesrat und Chef der Parteiakadamie Andreas Mölzer veröffentlichte in der national-freiheitlichen „Aula" eine Artikelserie gegen den „Meinungsterror" der „ultralinken Polit- und Medienschickeria". Dabei stellte sich Jörg Haiders Grundsatzreferent auch die Frage, ob „wertorientierte Katholiken und Nationalliberale in einem Boot" sitzen – eine rhetorische Frage, denn Mölzer sah die Krenn-Fraktion in der Kirche als Leidensgenossin der Freiheitlichen und somit als potentielle Verbündete[130]. Es ging dem FP-Ideologen also nicht um eine inhaltliche Annäherung zwischen Katholizismus und Freiheitlichen, sondern um eine Zweck- und Abwehrgemeinschaft gegen gemeinsame Feinde mit dem Hintergedanken, den einen oder anderen Wähler gewinnen zu können: „Antifaschistischer Kulturkampf gegen die Kirche – Kurt Krenn als Feindbild", lautete der Titel von Mölzers Aufsatz in der „Aula".

Mölzer ließ dann auch Kurt Krenn selbst in Form eines Interviews in der „Aula"[131] zu Wort kommen. Dieser bedankte sich artig mit einer Sympathieerklärung: „Ich sehe eher im Liberalen den Konfliktstoff als im Nationalen." Beim Liberalismus bestünde nämlich die Gefahr „des Totalitätsanspruchs und damit der vollkommenen Gottvergessenheit".

Am deutlichsten wurde Krenn dann in einem Interview mit der in Bologna erscheinenden katholischen Zeitschrift „Il Regno"[132], in dem er die ÖVP folgendermaßen charakterisierte: „Sie hat viele Verdienste um die Kirche, aber heute ist sie ein wenig zu sehr vom Liberalismus angesteckt." Und Liberalismus sei „die Erbsünde der bürgerlichen Politik". Für die Rechte, die in Österreich „zulegt", habe er „keine Sympathien, aber auch keine Antipathien". Es sei festzustellen, daß sich die „Führer" der Rechten „der Kirche annähern". Und die Kirche sollte „zur Kenntnis nehmen, daß viele Katholiken auf der Rechten sind". Über Jörg Haiders FPÖ meinte Krenn: „Sie ist keine katholische Partei, aber sie nähert sich den Positionen der Kirche an. Wir haben nicht das Recht, diese Bewegung zurückzuweisen, auch weil – ich wiederhole es – viele Katholiken jetzt für diese Partei stimmen."

Damit waren die Weichen für eine gegenseitige Wertschätzung und fallweise Kooperation gestellt, die bis heute anhält: Ist es das eine Mal Jörg Haider, der seinem „Kugelblitz aus St. Pölten"[133] aufmunternde Worte via Massenmedien zukommen läßt, attestiert ein anderes Mal wieder der St. Pöltener Bischof dem neuen, 1997 beschlossenen Parteiprogramm der FPÖ, „christlich inspiriert"[134] zu sein, um weiter zu beteuern, daß „nicht wenige Bischöfe diese Bedeutung wahrnehmen".[135] Und zuweilen flechten einander der stets sportive Politiker und der rundliche Kleriker in Doppel-Interviews verbale Kränze.[136] Da sagt dann Krenn, daß er Haider außerordentlich schätze, „weil der etwas kann. Er gibt zumindest vielen Leuten Hoffnung." Und dieser bedankt sich mit dem Bekenntnis, daß „christliche Werte auch für Freiheitliches

Denken wesentlich geworden sind" – wie ja überhaupt Bischof Kurt Krenn der „am meisten unterschätzte und am meisten attackierte Kirchenmann Österreichs [sei]. Der aber mehr Spuren hinterlassen wird, als man ihm zutraut und als sich vor allem der ganze linkskatholische Bereich wünscht."

Nicht immer bringt freilich der bischöfliche Segen der FPÖ den erhofften Nutzen. Die Einweihung der neuen Parteizentrale der niederösterreichischen Freiheitlichen in der St. Pöltener Unterwagramerstraße durch Kurt Krenn Anfang April 1994 bewahrte die Partei und ihre Zentrale jedenfalls nicht vor dem Finanzdesaster im Zuge der „Affäre Rosenstingl".[137]

Welche Bedeutung hat nun diese Partnerschaft für Kurt Krenn und mit welcher Motivation ist er sie eingegangen? Eines der Hauptmotive ist zugleich die wichtigste Konsequenz: Die gemeinsame Gegnerschaft zu – im weitesten Sinne – „fortschrittlichen" Kräften in Kirche und Gesellschaft. Es handelt sich letztlich auch um eine Allianz jener Strukturkonservativen, die sich ganz bewußt dem sogenannten „Zeitgeist" – bei aller Unschärfe und Plakativität dieses Begriffes – entziehen und widersetzen; die in Veränderungen in erster Linie eine Bedrohung und keine Chance sehen.

Bezeichnend dafür sind auch Kurt Krenns spärliche Stellungnahmen zur Sozialdemokratie.[138] In Hubert Wachters Buch[139] etwa werden der Bewertung der Parteien zwar sechs Seiten eingeräumt – davon allerdings nur eine halbe der SPÖ. Krenn kommt dabei zu dem Schluß, daß die SPÖ „noch schwere Zeiten vor sich haben wird" – mit einer etwas rätselhaft klingenden Begründung: „Weil heute gewisse Faktoren der Profilierung für sie (die SPÖ) wegfallen. Früher war es ein gewisser politischer Bonus, wenn sich die Sozialdemokraten von den Kommunisten abheben konnten, also von einem System, das irgendwann einmal eine gemeinsame Wurzel darstellte. Das entfällt heute, damals brachte ihr das politisch viel Kredit." Verständlicher ist da die einzige von Kurt Krenn bekannte Lobeshymne auf einen SPÖ-Politiker, nämlich auf Franz Löschnak, den damaligen Innenminister – wegen seiner Ausländerpolitik von Jörg Haider gern als „unser bester Mann in der Bundesregierung" bezeichnet. Und eben wegen dieser seiner restriktiven Ausländerpolitik hat Krenn[140] für Löschnak eine Lanze gebrochen: Auch in der Ausländerfrage gelte, daß Nächstenliebe die von der Vernunft gebotenen Grenzen zu akzeptieren hat. „Vernünftigkeit ist das, was die Nächstenliebe sichert. Sie ginge ansonsten verloren." Katholiken sollten „als loyale Staatsbürger das begleiten, worum sich Politiker bemühen. Ich sage das auch als Anerkennung für den Innenminister, der meiner Ansicht nach in diesem schwierigen Problem unbedankt, aber gewissenhaft arbeitet." – Ob er damit nicht eine Gegenposition zur Caritas einnehme? – Krenn: „Man muß eben wissen, daß man etwas zerstören kann, wenn man es unvernünftig vorträgt". Man müsse zugeben, daß es „Grenzen gibt – und das kann niemand leugnen. Wir können nicht mit irgendwelchen utopischen Botschaften uns einfügen in die Reihe derer, die so tun, als wäre alles möglich."

Neben der Solidarisierung gegen gemeinsame Gegner gibt es aber noch ein anderes Motiv für Krenn und seine Freiheitlichen Freunde – jenes der wechselseitigen Türöffnerfunktion. Haider wäre ohne Krenn wohl nie zu einer Privataudienz beim Papst gekommen. Aber auch Krenn profitiert – zumindest gesellschaftlich, vielleicht aber auch finanziell – von seiner Bekanntschaft mit Jörg Haider: Das mittlere Management des zur deutschen Rewe-Gruppe gehörenden Billa-Konzerns traute seinen Augen nicht, als Vorstands-Chef Veit Schalle, ein deklarierter Parteigänger und Sympathisant Jörg Haiders, bei der Konzern-Weihnachtsfeier für Führungskräfte

1998 in einem Freizeitzentrum im Süden Wiens, plötzlich einen Überraschungsgast ankündigte. Bei der Tür herein kam – Kurt Krenn, frisch und munter und völlig unbeeindruckt vom damals gerade tobenden Streit um seine Person nach dem Ad-limina-Besuch der Bischöfe. Die Ironie seines Auftritts und noch viel mehr seiner anschließenden Weihnachtsansprache an die Billa-Mitarbeiter war für die wenigen anwesenden interessierten Katholiken unübersehbar: Ausgerechnet in jenem Konzern, der wie kein anderer nach reinen Kosten-Nutzen-Kriterien geführt wird und der die gesetzlich verordnete und kirchlich gebotene Sonntagsruhe bekämpft, beschwor Kurt Krenn das „vorbildliche Klima in der großen Billa-Familie".

Der Superstar der Medien – oder: Only bad news are good news

Kurt Krenn gehört ein Zeitungs- und Buch-Verlag samt angeschlossener Druckerei und Privatradio-Beteiligung.

Kurt Krenn ist Kolumnist der mit Abstand größten Tageszeitung Österreichs.

Kurt Krenn ist – nach Jörg Haider – die Person mit den meisten Cover-Stories der österreichischen Polit-Magazine.

Kurt Krenn sitzt am „Heißen Stuhl", talkt im „Freizeichen", streitet in „Zur Sache", singt Playback bei Peter Rapp, trinkt bei Karl Moiks Silvesterstadl und eröffnet „Absolut Resetarits".

Kurt Krenn verfügt über eine professionell gemachte und betreute Internet-Homepage.

Kurt Krenn ist auch den Sportfans (vor den TV-Bildschirmen) ein Begriff: Auf der Ehrentribüne bei Fußball-Länderspielen, im Gerhard-Hanappi-Stadion seines Lieblingsklubs Rapid, neben Skilegende Karl Schranz auf der Prominenten-Tribüne des Weltcup-Nachtslaloms in Schladming, bei der Nordischen Ski-WM in der Ramsau oder als Box-Fan mit sentimentalen Eigenerfahrungen.

Es ist paradox: Ausgerechnet jener Bischof, der in der Kirche das Rad der Zeit am liebsten zurückdrehen würde, ist in der sich ständig weiterentwickelnden Medien- und Kommunikationsbranche immer *up to date.*

In seinem Medienverhalten agiert Krenn nicht wie ein Kleriker, sondern wie ein Politiker – und das professioneller als die meisten Vertreter dieses Berufsstandes: Er akzeptiert – bewußt oder unbewußt – die Spielregeln der Nachrichten- und

Unterhaltungs-Branche. Zum einen ist der St. Pöltener Bischof im Gegensatz zu seinen Kollegen in den anderen Diözesen für Journalisten auch kurzfristig problemlos zu sprechen. Das klingt banal, ist aber im Redaktionsalltag eines tagesaktuellen Mediums von entscheidender Bedeutung: Wer zu spät kommt (also erst nach Redaktionsschluß der Printmedien bzw. nach Sendungsbeginn von TV- und Radio-Informationssendungen rückruft), kommt einfach nicht mehr vor. Zum anderen ist Krenn jederzeit für einen schlagzeilenträchtigen „Sager" gut, was wiederum seine Attraktivität bei den Journalisten immens erhöht – unabhängig davon, ob sie seine Meinungen teilen oder nicht. Und zum dritten ist sich Krenn für kaum einen PR-Gag zu schade: Ob es das Posieren mit Boxhandschuhen ist oder die Teilnahme an einem Charity-Poker-Turnier in einem Privatcasino.

Im Laufe der Jahre hat sich Krenn damit eine Stellung in der Medienbranche erarbeitet, die ihn zu einer der ganz großen Ausnahmeerscheinungen des politisch-gesellschaftlichen Lebens des Landes macht: Krenn wird nicht nur dann in Wort und/oder Bild von den Massenmedien an ihre Konsumenten weitergereicht, wenn es aufgrund eines aktuellen Ereignisses angebracht ist. Kurt Krenn kann (fast) überall und jederzeit mit Berichterstattung über seine Person rechnen: er ist selbst zum Ereignis geworden. Wer ihn auftreten läßt, kann mit heftigen Reaktionen rechnen – wobei es nach der inneren Logik der Kommunikationsbranche gar nicht so wichtig ist, ob diese Reaktionen zustimmend oder ablehnend sind. Hauptsache, es wird Aufmerksamkeit erregt – und sei es nach dem Uralt-Motto „Only bad news are good news".

Kurt Krenn hätte es also gar nicht notwendig, die Medien in seinem direkten oder indirekten Einflußbereich zu nützen, um seine Botschaften unters Kirchenvolk zu bringen. Das schafft er auch am freien Markt.

Doch Kurt Krenn ist auch jener Bischof, der über den direktesten Zugriff auf die im Besitz der Kirche[141] stehenden Massenmedien verfügt. Die Diözese St. Pölten ist 80-Prozent-Eigentümerin des „Niederösterreichischen Pressehaus Druck- und VerlagsGmbH"; die restlichen 20 Prozent am Pressehaus hält der „Preßverein der Diözese St. Pölten", der wieder im alleinigen Einflußbereich der Diözese und damit des Bischofs steht. Das Pressehaus hält seinerseits eine Reihe von Beteiligungen: 51 Prozent an der „Online Media ComputerdienstleistungsGmbH", 8,5 Prozent an der „tele – ZeitschriftenverlagsGmbH" (der Fernsehbeilage der Bundesländer-Zeitungen), 26 Prozent an der „Donauwelle Radio Privat Niederösterreich GmbH" (Radio RPN), 51 Prozent an der „LW Werbe- und Verlagsgmbh" sowie 16 Prozent an der „Niederösterreichische Audivision GmbH".

Vor allem aber ist das Pressehaus, das auch Bücher verlegt, Medieninhaber der „Niederösterreichischen Nachrichten" (NÖN), der dominierenden regionalen Wochenzeitung im Reiche Kurt Krenns.[142] Die NÖN sind mit 627.000 Lesern das meistgelesene Printmedium des Bundeslandes[143]; jeder zweite erwachsene Niederösterreicher (exakt 49,7 Prozent) zählt zu ihrem Leserkreis. Zum Vergleich: Die „Neue Kronen Zeitung" hat unterhalb der Enns 625.000 Leser (49,5 Prozent), der „Kurier" 263.000 (20,9 Prozent), „Täglich alles" 249.000 (19,7 Prozent), das Wochenblatt „NÖ Rundschau" 124.000 (9,8 Prozent), „Die Presse" 75.000 (6,0 Prozent) und „Der Standard" 51.000 (4,1 Prozent).

Bislang war in der Berichterstattung der NÖN kaum etwas von einer direkten Einflußnahme ihres obersten Eigentümers zu bemerken – zumindest gab es weder grobe Ausfälle gegen dessen Gegner noch allzu plumpe Propagandabeiträge zu seinen Gunsten. Strategisch gesehen ist das auch gar nicht der springende Punkt: Entscheidend ist vielmehr, daß sich die

NÖN selbstverständlich niemals auf die Seite der Gegner Krenns in der Diözese stellen können. So gesehen geben die NÖN ihrem Bischof einen wichtigen Flankenschutz – und zwar wesentlich wirksamer und glaubwürdiger als mit geifernden Verbal-Kreuzzügen Marke „Kronen Zeitung".

Wieweit die nach außen hin immer wieder betonte „Nicht-Einmischung" in die redaktionelle Unabhängigkeit der NÖN den Tatsachen entspricht, läßt sich freilich nur schwer überprüfen. Ein Vertrauter Krenns, der Publizist Kurt Dieman, lieferte zuletzt den ersten konkreten Hinweis, daß Kurt Krenn doch auch direkt in den Redaktionsbetrieb eingreift. In seiner Kolumne „Briefe eines gelernten Österreichers" im national-konservativen Wochenblatt „Zur Zeit"[144] berichtet Dieman über seine Tätigkeit als „Blau-Gelber Fenstergucker", so der Titel einer populär-kulturhistorischen Kolumne der NÖN. Wie Dieman offen eingesteht, habe sich seine Tätigkeit für die NÖN „aus einem Wunsch von Bischof Krenn" ergeben; um die Leserschaft nicht allzu sehr zu polarisieren, erschienen seine Kolumnen jedoch unter Pseudonym. Doch der an Prälat Josef Eichinger, den Aufsichtsratsvorsitzenden des Pressehauses und Obmann des Preßvereins, gerichtete „Brief eines gelernten Österreichers" enthält darüber hinaus zwei Beschwerden: über angebliche „Meuchelfotos unseres Bischofs – Ihres Vorgesetzten" in den NÖN und über den Umstand, daß zuweilen auch jene niederösterreichischen Äbte in der NÖN zu Wort kommen[145], die sich mehrfach für eine Ablöse Krenns ausgesprochen haben.

Diese offene Kritik Diemans an Eichinger ist aus mehreren Gründen bemerkenswert und läßt verschiedene Deutungen zu: Entweder der Krenn-Intimus schrieb aus eigenem Antrieb und kompromittierte damit unfreiwillig Eichinger und Krenn (wegen der stets abgestrittenen direkten Intervention bei den NÖN). Oder aber, was nicht auszuschließen ist, der

„gelernte Österreicher" hat seinen „Brief" mit Wissen und Zustimmung Krenns verfasst – was wieder einem Mißtrauensvotum gegen Eichinger durch dessen „Chef" gleichkäme. Bei den NÖN befürchtet man jedenfalls das Schlimmste: Der 72jährige Eichinger nähert sich dem Pensionsalter, und höchstwahrscheinlich wird Krenn einen seiner getreuen Gefolgsleute zum Nachfolger bestimmen.

Es war übrigens nicht das erste Mal, daß Dieman gegen tatsächliche oder vermeintliche Gegner Krenns in „Zur Zeit" – in gewohnter Manier mit nicht immer feiner Feder[146] – ins Feld gezogen ist. So hatte Dieman im Dezember 1998, also am Höhepunkt der Auseinandersetzungen zwischen den Bischöfen nach dem „Ad-limina-Besuch", keine Skrupel, Joachim Angerer – Abt von Stift Geras und deklarierter Gegner Krenns – den Bruch des Zölibats vorzuwerfen[147]. Verblüffend dabei das Bekenntnis Diemans: Er kenne derlei Gerüchte eigentlich nur vom „Hörensagen". Doch woher hat Dieman solche Gerüchte? Vielleicht gar von jener „Exzellenz, meinem gelegentlichen Beichtvater", mit dem Dieman – wie er in derselben Kolumne berichtet – hin und wieder „im gemütlichen Gespräch bei einem (oder mehreren) Gläschen Wein" zusammensitzt?

Wie bescheiden die Kompetenz des selbsternannten Religionsspezialisten Dieman ist, zeigt sich übrigens ein paar Zeilen weiter: Der Kolumnist wähnt Angerer in der Rolle eines „Stabsoffiziers", der die Versetzung eines Höherrangigen (gemeint ist Krenn) verlangt und daher „sofort degradiert und nach dem Exerzierregliment auf das Strengste bestraft" werden sollte. Das ist natürlich grober Unfug: Angerer ist Abt eines Prämonstratenser-Stifts und untersteht daher nicht dem Ortsbischof, auch wenn die Abtei in dieser Diözese beheimatet ist. Orden sind quasi „exterritorial".

Dieman ist aber nicht der einzige persönliche Freund Kurt

Krenns, der für „Zur Zeit“ schreibt. Regelmäßiger Autor ist auch Robert Prantner[148], ehemaliger Studienleiter der Politischen Akademie der ÖVP, pensionierter Lehrer an der Philosophisch-Theologischen Hochschule Heiligenkreuz und vormals Gesandter des souveränen Malteser Ritterordens. Diese exklusive, von Adeligen dominierte Vereinigung hat freilich 1998 ihre Konsequenzen gezogen: Seit einem Jahr ist Prantner nicht mehr „Gesandter“ – wie von den auf Diskretion bedachten Maltesern inoffiziell erzählt wird, „weil wir in Österreich nicht mehr mit seinen Ansichten identifiziert werden wollten“. Prantner ist nicht nur ein Fan Krenns, sondern – wie dieser – auch Sympathisant, wenn nicht gar Mitglied des Engelwerks sowie vehementer Verfechter einer obskuren, gegen die Freimaurerbewegung zielenden Weltverschwörungs-Theorie. Noch schärfer als diese attackiert Prantner in „Zur Zeit“ bloß die katholischen Gegenspieler Krenns: Den Kardinälen König und Schönborn attestiert Prantner, im Zusammenhang mit der Abtreibungsfrage „mit gespaltener Zunge“ zu sprechen, und die gegen Krenn in dessen eigener Diözese demonstrierenden Katholiken werden in den Augen Prantners flugs zu „Grünen, Roten, Melonen (außen grün, innen rot) und Chaoten“.

Oberster Kombattant Krenns in „Zur Zeit“ ist freilich ihr Gründer und Chefredakteur Andreas Mölzer.[149] Und Mölzer verfasst auch, zuweilen unter eigenem Namen, zuweilen unter dem Pseudonym „Noricus“, Kommentare für jene Zeitung, die nicht nur in quantitativer Hinsicht der größte Trumpf im Medienspiel Krenns ist.

Tatsächlich ist die „Neue Kronen Zeitung“ mit ihren laut Media-Analyse 2,861 Millionen Lesern der wichtigste mediale Stützpfeiler Krenns. Denn die „Krone“ ergreift stets und undifferenziert Partei für den St. Pöltener Bischof – und das mit größerer Vehemenz als selbst für ihr politisches Protektionskind Jörg Haider. Und mußte der FP-Chef – in Zeiten, als die Klima-Rudas-Schlögl-SPÖ bei den „Krone"-Herren höher in Gunst stand – zuweilen schon selbst den einen oder anderen Leserbrief verfassen, um seine Meinung auf rechte Art und Weise in die „Krone" zu rücken, so hat Krenn derartige Notlösungen nicht nötig: Er ist als regelmäßiger Verfasser der „Christianus"-Kolumnen[150] quasi selbst Redaktionsmitglied.

Daß er auf diese Weise für ein Blatt tätig ist, in dem via Kleinanzeigen (von „naturfranzösisch" über „zärtliche Sexspiele" bis zu „fantasievoller Dominanz" und diversen Telefon-Sex-Hotlines) für all das geworben wird, wofür Krenn üblicherweise Hölle und Verdammnis verspricht, stört den St. Pöltener Bischof nicht. Auch wenn das in diametralem Widerspruch zu seinen eigenen, in seelsorglichen Hirtenbriefen verbreiteten Grundsätzen steht: „Die Schamlosigkeit und die Ehrfurchtslosigkeit vor dem menschlichen Leib hat ihre Ware, die fast überall käuflich ist: Werbung und Zeitschriften, Fernsehen, Rundfunk, Mode und Literatur, und nicht zuletzt menschenverachtende Videoprodukte transportieren in die Seelen der Menschen ein Bild vom Menschen, das nicht Gottes Ebenbild, sondern ein Zerrbild von Sklaven der Lust und von bloßen Triebwesen ist."[151]

Und auch bei einem anderen kirchlichen Reizthema, der Abtreibung, ist ein analoger Widerspruch unübersehbar – sind doch in der „Krone" regelmäßig Werbeeinschaltungen von Abtreibungskliniken zu finden.[152] Doch darauf ist „Christianus" bislang noch nicht eingegangen, er hält sich hier offenbar an die Maxime, daß „erlaubt ist, was der Staat nicht ausdrücklich verboten hat" – eine Einstellung, die der Kolumnist bei anderen gern als unmoralisch geißelt: „Immer wieder folgen wir auch ahnungslos dem Betrug des Arguments, daß etwas moralisch erlaubt ist, wenn es viele tun und es mit dem Schein der Ordnung tun. Diese falsche Moralität läßt manche Rechtssysteme so weit gehen, daß alles erlaubt ist, wenn es nur eine demokratische Mehrheit will. So wurde in unseren Ländern unter dem Vorwand des mehrheitlichen Volkswillens das ungeborene Kind um sein Lebensrecht gebracht, weil man den gesetzlichen Schutz mutwillig und grundlos aussetzte."[153]

Immer wieder ergreift „Christianus" auch die Partei Kurt Krenns im Kirchenstreit – etwa, wenn er eine Kirche „ohne demokratische Volksbefragung oder Mitwirkung ‚von unten'"[154] beschwört: „Nicht menschlicher Eigenwille ist damit Grundlage und Norm dieses Volkes (Gottes), sondern der Wille Gottes, der sich auch durch die Entscheidungen jener zu erkennen gibt, die an Christi statt als Bischöfe die Kirche Gottes lenken und leiten."

Zu Beginn seiner Kolumnisten-Tätigkeit 1992/93 hat sich Christianus/Krenn noch auf frömmelnde Betrachtungen des katholischen Kalenderjahres beschränkt. Nach einigen Monaten jedoch begann er, Propaganda in eigener Sache zu machen – das Hauptmotiv für den damaligen „Furche"-Chefredakteur Hannes Schopf, den St. Pöltener Bischof im Juni 1993 als „Christianus" zu outen.

Auch wenn die „50 Zeilen mit Gott" wahrscheinlich nur von einem Bruchteil der „Krone"-Leserschaft wahrgenommen werden (in den letzten fünf Jahren wurden dazu gezählte zwei Leserbriefe veröffentlicht) – es lohnt sich, ihre Inhalte kritisch zu durchleuchten.

Ein Jahr vor der „Affäre Groër" etwa schrieb Christianus über „das sogenannte ‚Privatleben' prominenter Persönlichkeiten"[155]: „Der Privatbereich soll den Menschen schützen. Doch auch im Privatbereich gelten die Gebote Gottes [...] Was als Privatbereich den Menschen [...] schützen soll, darf nicht der Auflösung der Moral zum Vorwand dienen. Wer

Böses ‚privat' tut, ist nicht gerechtfertigt oder freigesprochen, weil er Böses nur ‚privat' tut [...] Das Leid des anderen Menschen ist nicht Privatsache, hinter der sich ein Täter verstekken darf [...] Vor Gott gibt es keine Flucht ins Private."

Ganz anders dann „Christianus" während der Debatte über die „Affäre Groër II"[156]: „Zeichen unserer Zeit ist das Urteilen und Handeln der Menschen ohne Erbarmen und ohne Liebe. Wir erleben die öffentliche Jagd auf unschuldige Menschen; die Verleumder lassen sich als Aufdecker feiern. Wer schuldig ist, das bestimmt eine manipulierte Mehrheit."[157]

Und immer wieder geht es „Christianus" um ein autoritäres, streng hierarchisches Kirchenbild: „Die antihierarchische ‚Kirche von unten' macht die Kirche zu einem kopflosen Haufen. [...] Das Amt in der Kirche ist deshalb unverzichtbar und darf in seiner heiligen Autorität des Dienstes am wahren Wohl der Kirche nicht unterdrückt oder eingeschränkt werden."[158] Kritische Katholiken werden dabei schlankweg mit dem „Hitlerregime"[159], zuweilen aber auch mit „Karl Marx und seinem Gedankengut"[160] verglichen.

Noch wichtiger für Krenn als seine regelmäßigen Christianus-Kolumnen ist freilich die bedingungslose Unterstützung durch „Cato/Aurelius" (Krone-Eigentümer Hans Dichand), „Noricus"/Mölzer, „Staberl"/Richard Nimmerrichter, Wolf Martin und Peter Gnam. Zwar stehen die Genannten nicht gerade im Verdacht, praktizierende Katholiken zu sein: Dichand geht in seinen Memoiren „Im Vorhof der Macht" gar nicht näher auf sein Verhältnis zur Kirche ein, Kurt Krenn wird darin nicht einmal erwähnt; und Mölzer bezeichnet sich selbst als „Taufscheinkatholik". Doch um Religion und Glaube dürfte es diesen „Krone"-Kolumnisten bei ihrer Parteinahme für „Christianus" ohnehin kaum gehen. Auch hier scheint die Erkenntnis von „Noricus"/Mölzer zu gelten: „Wir haben alle die gleichen Gegner – so etwas schweißt zusammen."

Wie die Koalition zwischen Dichand und dem St. Pöltener Bischof zustande gekommen ist – darüber wissen wohl nur die beiden Protagonisten selbst Bescheid.[161] Bleibt also die Einschätzung eines Dichand-Vertrauten[162] gegenüber dem Autor: „Sie wissen doch, wie der alte Herr ist. Bei ihm kommt es weniger darauf an, wo man politisch oder kirchenpolitisch steht, sondern wie man sich an ihn wendet. Am besten ist es, man bittet ihn höflichst um einen väterlichen Rat. Da kann er dann kaum Nein sagen – ob das die linke evangelische Superintendentin Gertraud Knoll oder der rechte katholische Bischof Kurt Krenn ist. Das ist dem Dichand dann eigentlich gleichgültig. Wen er auf diese Art und Weise unter seine Fittiche genommen hat, der kann sich auch der direkten oder zumindest indirekten Unterstützung der Krone gewiß sein."

Ebenso wie „Zur Zeit" ist auch die „Krone" bei der Wahl ihrer Mittel zur Verteidigung ihres Christianus nicht zimperlich. Da kommt es schon vor, daß Cato dem „linken" Helmut Schüller eine „ihm eigene Kälte" attestiert, die Ablöse Schüllers als Generalvikar mit dessen ausländerfreundlicher Haltung in Zusammenhang gebracht wird und Dichand sogar auf Schüllers Nachfolger Franz Küberl das Prinzip der Sippenhaftung anwendet. Schließlich war es Schüller, der im Dezember 1998 offen den Rückzug Krenns von seinem Bischofsamt gefordert hat – und daß dies der damalige Generalvikar als „alter ego" Erzbischof Christoph Schönborns, also mit dessen vollem Wissen und Einverständnis, tat, paßt natürlich nicht ins Weltbild der „Krone": Und weil die Ursache des Konflikts letztlich im Ungehorsam Krenns gegenüber seinem Metropoliten und Vorsitzenden (bei der Bischofskonferenz) Schönborn gelegen ist – ein Delikt, das die rechten Mitstreiter des St. Pöltner Oberhirten ständig bei der Gegenseite anprangern – wird in der „Krone“ ganz einfach Geschichtsklitterung betrieben: Nicht Krenn mit seinen Ausfällen in Richtung Schönborn ist der Störefried, sondern Schüller, der daran Anstoß genommen hat. In den Reimen des „Krone“-Hausdichters Wolf Martin holpert das dann so[163]:

„Herr Schüller, Generalvikar,
der stets Patron der Fremden war,
wünscht sich St. Pöltens Kirchenfürsten,
wies scheint, am liebsten in den Würsten.
Er gießt (dem Kardinal zum Trotz?)
noch Öl ins Feuer, leider Gotts,
in diesem leidgen Kirchenstreit,
der Antiklerikale freut.“

Da ist es nur folgerichtig, daß Dichands Hausdichter nach der Absetzung Schüllers jubelt[164]:

„Sehr gut, daß sich die Kirche trennt
von manchem Zeitgeist-Element
und zügelt, die das Glaubensleben
hintanstelln weltlichem Bestreben!
Und meinetwegen sanft entschlafe
der Dialog der linken Schafe!
Und jeder Katholik erkenn,
auf Schönborn hörend und auf Krenn,
daß Rom die römsche Kirche leitet
und was Katholischsein bedeutet!“

Geschichtsklitterung betreibt zuweilen auch „Aurelius“/Dichand, wenn er bejammert, daß die Caritas – im Gegensatz zur Ära Prälat Leopold Ungars – unter ihren Präsidenten Schüller und Küberl „politisch einseitig“ geworden sei und sich „auf völlig ungehörige Weise in den jetzigen Kirchenstreit einmischt“[165]. Denn Ungar stand für all das, wogegen die „Krone“ heute Sturm läuft: Der Prälat hat sich ständig – um in der Diktion der „Krone“ zu bleiben – auf völlig ungehörige Weise in den damaligen Kichenstreit eingemischt. Dazu einige wenige Textproben des 1992 verstorbenen früheren Caritas-Präsidenten: „Daß in der Kirche Autorität eine große Rolle spielt und spielen muß, widerspricht nicht der notwendigen Bemühung darum, in ihr soviel Freiheit zu sichern wie möglich, Gegensätze nicht autoritär zu bekämpfen, die Berufung auf den Ursprung aller Autorität, nämlich Gott, nicht zu mißbrauchen für die Erhaltung alles Erstarrten und Überholten. [...] Bedeutende Theologen meinen, daß die Weihe von Frauen durchaus legitim wäre. Daß das Wort des Paulus, die Frau schweige in der Kirche, oder der Tadel, daß sie keine Kopfbedeckung trägt, rein kulturellen Ursprungs sind und nichts mit der Offenbarung als solcher zu tun haben. Für manche Kulturen wäre die Priesterweihe von Frauen akzeptabel, für andere ganz und gar nicht [...] Beruhigung könnte eintreten, wenn wichtige Positionen, die nicht mit der Weihe verbunden sind, die also nicht auf die Offenbarung und auf die Anfänge der Kirche zurückgehen, zum Beispiel das Amt des Kardinals, in steigendem Maße mit Frauen besetzt würden. [...] Es gibt eine Ähnlichkeit zwischen Kirche und einer Pseudoreligion wie dem Kommunismus. Die Ähnlichkeit liegt im Institutionellen. Wer glaubt, die absolute Wahrheit zum Sieg führen zu können, nimmt Brutalität und Gewalt in Kauf, um die Strukturen zu schaffen, die ihm ermöglichen, die Wahrheit durchzusetzen: [...] Die Beseitigung derer, die die absolute Wahrheit nicht erkennen und verfälschen. Es gibt einen Papst in beiden Systemen, es gibt ein Kardinalskollegium, es gibt eine offizielle Lehre [...] Diese Ähnlichkeiten bewirken, daß die Kirchenleute den Fernstehenden so vorkommen wie die Politkommissare des Kommunismus. Dies geschieht, wenn im Namen der wirklichen geoffenbarten

Wahrheit die Liebe verletzt wird. Wir dürfen Strukturen nicht mißverstehen als das eigentliche Ziel, sondern als das Mittel, dorthin zu führen. Also müssen wir den unendlichen Respekt Gottes gegenüber der Freiheit seines Geschöpfs wie Gott selbst achten."

Wie würden wohl Christianus, Cato/Aurelius oder Noricus auf die gleichen Worte aus dem Munde Schüllers reagieren?

In seinem zitierten Anti-Caritas-Kommentar[166] liefert Aurelius/Dichand übrigens auch eine bemerkenswerte Neudefinition des Begriffs „Scheckbuchjournalismus". Bisher verstand man darunter die am Boulevard durchaus gängige Praxis, Interviewpartner oder Informationen mit Geldbeträgen einzukaufen. Doch damit will sich Dichand nicht aufhalten: Er setzt ganz einfach einen Judaslohn auf den Kopf des Schüller-Nachfolgers Franz Küberl aus. In der Formulierung von „Aurelius": „50.000 Schilling wären notwendig, um die Aktion [Anm.: eine Schulpatenschaft mit Weißrußland, für die der Caritas die finanziellen Ressourcen fehlten] durchzuführen. Wir [Anm.: Dichand und die „Krone"] springen ein und spenden diese Summe. Das tun wir auch in der Hoffnung, daß in der Caritas bald wieder normale Verhältnisse herrschen. Dazu ist allerdings die Einsicht notwendig, daß ein Mann [...] wie dieser Präsident Küberl verschwinden sollte."

Welche Motive hat aber die „Kronen Zeitung" für ihre aggressive Parteinahme im Kirchenkonflikt? Kenner von „Krone"-Eigentümer Hans Dichand meinen, daß Religion in seinem Leben so gut wie gar keine Rolle spielt. Ihm gehe es vielmehr um Verbündete zur Durchsetzung seiner (gesellschafts-)politischen Anliegen. Darauf deuten auch die Inhalte der Gespräche zwischen Dichand und Christoph Kardinal Schönborn bei gelegentlichen gemeinsamen Mittagessen[167] hin: „Dichand betont immer wieder, daß die katholische

Kirche das letzte Bollwerk des Abendlandes, für Moral und Autorität, gegen den verderbten Zeitgeist ist. Der Kardinal war immer sehr beeindruckt – wer hört es denn nicht gerne, daß man so wichtig ist? Dabei vergißt er aber zweierlei: Einerseits hat genau die Glaubwürdigkeit der Kirche als moralische Autorität in den letzten Jahren, nicht zuletzt durch ihr Verhalten in der Affäre Groër, stark gelitten. Andererseits läßt sich die Kirche damit von der Kronen Zeitung instrumentalisieren. Wir sind aber nicht das moralische Feigenblatt für die politischen Vorstellungen des Herrn Dichand."

Wahrheit versus Ehrlichkeit: Woran glaubt, wer wie Kurt Krenn glaubt?

Joseph Kardinal Ratzinger, Präfekt der römischen Glaubenskongregation, antwortet auf die Frage, wieviele Wege es zu Gott gibt: „So viele, wie es Menschen gibt.“[168]

Kurt Krenn sagt: „Wie eine Rechnung nur eine richtige Lösung, aber unendlich viele falsche Lösungen haben kann, so hat der eine wahre Glaube an den einen Gott unendlich viele irrige Wege der Gottesverneinung und der Gottesvergessenheit.“[169]

„Der eine wahre Glaube“: Genau um diesen, so beteuert Kurt Krenn immer wieder, gehe es ihm: Was ihn bewege, ist die „Wahrheit“, genauer: die „geoffenbarte Wahrheit“ – und die Gefahr, die dieser durch „irrige Wege“, also durch abweichende „Irrmeinungen“, droht. Diese Wahrheit hat von den Bischöfen, die als Nachfolger der Apostel die „Vollmacht“ Gottes haben, gegen alles und jeden bewahrt und geschützt zu werden. „Es geht um die Identität der Kirche in der Glaubenslehre; es geht um das Bleibende, das wir von Christus und den Aposteln für alle Zeiten übernommen haben; es geht nicht um Macht, sondern um die Vollmacht, die jene auszuüben haben, die als Bischöfe, Priester und Diakone je auf ihre Weise den Aposteln Christi nachfolgen.“[170]

Ist das der vielbeschworene Geist des 2. Vatikanums?

Ja und Nein. Im Konzilstext steht zwar, daß Bischöfe, Priester und Diakone „an Gottes Stelle der Herde vorstehen“.[171] Ebendort heißt es aber auch, daß das Bischofsamt ein „Dienstamt“ ist, daß sie (die Bischöfe) „in der Gemeinschaft zusammen mit ihren Helfern, den Priestern und den Diakonen übernommen haben."

Die Frage, ob Kurt Krenn diesem Anspruch gerecht wird, ob er „in der Gemeinschaft" und „dienend" sein Amt versieht, soll jeder selbst beantworten.

Und wie steht es mit Krenns Wahrheits-Anspruch? Selbstverständlich bewegt er sich damit formal auf dem Boden der Konzilstexte: „Damit das Evangelium in der Kirche für immer unversehrt und lebendig bewahrt werde, haben die Apostel Bischöfe als ihre Nachfolger zurückgelassen und ihnen ‚ihr eigenes Lehramt' überliefert. [...] Diese apostolische Überlieferung kennt in der Kirche unter dem Beistand des Heiligen Geistes einen Fortschritt: es wächst das Verständnis der überlieferten Dinge und Worte durch das Nachsinnen und Studium der Gläubigen, die sie in ihrem Herzen erwägen, durch innere Einsicht, die aus geistlicher Erfahrung stammt, durch die Verkündigung derer, die mit der Nachfolge im Bischofsamt das sichere Charisma der Wahrheit empfangen haben; denn die Kirche strebt im Gang der Jahrhunderte ständig der Fülle der göttlichen Wahrheit entgegen, bis an ihr sich Gottes Worte erfüllen."[172]

Kurt Krenn kann also unter Berufung auf das 2. Vatikanum mit Fug und Recht behaupten, als Bischof, als Inhaber des Lehramts, „das sichere Charisma der Wahrheit empfangen" zu haben. Doch ist Kurt Krenn im alleinigen Besitz dieses „Charisma der Wahrheit"? Gilt das nicht für jeden anderen Bischof auch?

Welcher Bischof hat also im Zweifelsfall recht?

Formal gesehen, in Glaubensfragen und Angelegenheiten des Lehramts jener, der die explizite Unterstützung des Papstes (bzw. der Kurie) erhält. „Roma locuta, causa finita." Aber wenn sich Rom nicht explizit äußert? Wer hat unter den Bischöfen die größere theologische Kompetenz?

Tatsache ist, daß Kurt Krenn zwar in Regensburg den Lehrstuhl für „Systematische Theologie" innehatte, jedoch, etwa im Gegensatz zu Joseph Kardinal Ratzinger, kein Dogmatiker im engeren Sinne ist[173]: Krenn las in Regensburg über philosophische und theologische Propädeutik, sein Doktorat ist eines der Philosophie, zudem hat sich Krenn nie habilitiert.[174] Und die wenigen wissenschaftlichen Publikationen[175], die seinen Namen tragen, behandeln zum überwiegenden Teil philosophische Fragen, zuweilen psychologische Themen, kaum jedoch theologische und schon gar keine dogmatischen.

Die Dissertation Krenns an der Philosophischen Fakultät der Gregoriana widmet sich naturgemäß einer philosophischen Fragestellung: „Vermittlung und Differenz? Vom Sinn des Seins in der Befindlichkeit der Partizipation beim Heiligen Thomas von Aquin." Eine Publikation, für die Krenn während seiner Regensburger Zeit drei Beiträge[176] verfasst hat, ist schon von ihrem Titel her klar einzuordnen: „Priesterausbildung und Tiefenpsychologie" – es handelt sich also um psychologische, nicht um theologische oder gar dogmatische Fragen. Auf den ersten Blick in diesem Zusammenhang vielversprechender klingt der Titel „Die wirkliche Wirklichkeit Gottes"[177], entstanden und publiziert während Krenns Linzer Jahren. Am Bucheinband prangt groß als einziger Name Kurt Krenn – doch bei näherer Betrachtung entpuppt sich das Werk als Sammelband: es sind darin die „Ringvorlesungen zur Gottesfrage" der Philosophisch-Theologischen Hochschule Linz des Jahres 1973 zusammengefaßt. Lediglich einer von acht Beiträgen (26 von 188 Seiten) stammt von Krenn: „Der springende Punkt. Kann das vernünftige Denken zur Gotteserkenntnis angehalten werden?" Also wieder eine philosophische Themenstellung.

Der Vollständigkeit halber sei erwähnt, daß Kurt Krenn auch an zwei Festschriften mitgewirkt hat: Die erste, 1969, war eine „Ehrengabe“ zum 60. Geburtstag seines Lehrers, Professor Wilhelm Keilbach. Die zweite wurde anläßlich des 25jährigen Bestandes der konservativen „Una Voce“-Vereinigung in Österreich herausgegeben.

Durchaus auch mit theologischen Fragen beschäftigt sich Krenn allerdings in dem Band „Worte auf dem Weg. Gedanken eines Hirten der Kirche“[178]. Hier stammen auch sämtliche Beiträge aus seiner Feder – doch handelt es sich nicht um ein wissenschaftliches Werk, sondern um eine Sammlung von Auszügen aus seinen Predigten, von Zeitungsinterviews und -kommentaren und von einzelnen Passagen aus seinen Hirtenbriefen.

Bleiben also die wissenschaftlichen Fachjournale, an denen Krenn mitwirkt. Da wäre einmal das „Archiv für Religionspsychologie“, das von der Gesellschaft für Religionspsychologie in Uppsala herausgegeben wird, deren Geschäftsführer bzw. Vorsitzender Krenn war bzw. ist: Es widmet sich vor allem, wie schon sein Name sagt, der Religionspsychologie – nicht der Theologie und nicht der Dogmatik. Es existiert aber noch ein zweites Periodikum, bei dem Kurt Krenn als Mitherausgeber aufscheint und das er sogar mitgegründet hat: das „Forum katholische Theologie“.[179] Doch bei Durchsicht der bisher erschienenen fünfzehn Jahrgänge und der Autorenliste stellt sich heraus: Bloß ein einziger Aufsatz, gleich in der ersten Nummer 1985, stammt von Kurt Krenn – und wieder geht es um Philosophie, nicht um Theologie oder Dogmatik: Der damalige Regensburger Professor schreibt zum Thema „Das Verhältnis von instrumenteller und wesentlicher Vernunft als das Problem der Metaphysik in der Theologie“; Untertitel: „Ein Beitrag zum Studium der Philosophie im Theologiestudium“.

Die Lektüre des „Forum theologischer Theologie“ lohnt sich dennoch. Die Autorenliste umfaßt eine bunte Mischung – von renommierter theologischer Prominenz bis zu „No-Names“

von, vorsichtig formuliert, schillernder Herkunft. Konkret: Die Bandbreite reicht von Joseph Kardinal Ratzinger, der sich Gedanken „Zum Sinn des Sonntags" macht, bis zum theologischen Berater Kurt Krenns, Reinhard Knittel, der 1985 in der brasilianischen Engelwerks-Diözese Anapolis zum Priester geweiht worden ist, nachdem der Bischof seiner Vorarlberger Heimatdiözese, Bruno Wechner, dies abgelehnt hatte.[180] Eben jenem Reinhard Knittel hat auch der Dekan der Wiener Theologischen Fakultät, Johann Figl, die Prüfungsvollmacht für die Katholisch-Theologische Hochschule St. Pölten verweigert – und zwar mit der Begründung: „Knittel ist fachlich und methodisch einfach nicht auf der Höhe der Zeit."[181]

Mit wissenschaftlichen Publikationen zum Thema „Wahrheit" im dogmatischen Sinne kann Krenn also nicht aufwarten. Der Wiener Dogmatik-Ordinarius Josef Weismayer meint dazu: „Man tut sich schwer, bei Bischof Krenn einen besonderen theologischen Ansatz zu finden. Das ist eigentlich hauptsächlich Philosophie mit einer bestimmten kirchenpragmatischen Einstellung. Er hat eine Auffassung von Wahrheit, Lehrverkündigung und Amtsverständnis, die schwerpunktmäßig durch das Erste Vatikanische Konzil geprägt ist, wo eine starke Unterscheidung zwischen der lehrenden und der hörenden Kirche gemacht wurde."

Wie aber hält es Krenn nun mit der ganz profanen Wahrheit im Sinne von Ehrlichkeit?

Auch hier lohnt sich ein Blick in das von Krenn herausgegebene „Forum katholische Theologie", konkret auf einen (auszugsweise wiedergegebenen) Aufsatz über „Das Schisma Lefèbvre":[182] „Das Zweite Vatikanische Konzil gab kein Dogma auf, wie es auch keine neue Glaubenslehre verkündete. [...] Es ist nicht zu leugnen, daß es bei der Durchführung der Konzilsbeschlüsse vielerorts zu einer Fehlentwicklung gekommen ist. Manche mißverstanden oder mißbrauchten die Absicht des

Konzils. Statt die Welt für das Evangelium zu gewinnen, verwässerten sie das Evangelium mit dem Geist der Welt. Folgerichtig entstanden Unsicherheit und Desorientierung im Glauben, sittlicher Laxismus, Desakralisation der Liturgie, massenhafte Aufgabe des Priester- und Ordensstandes sowie Gewissensnot unzähliger Gläubigen, was durch superkritische und alles relativierende Publikations- und Lehrtätigkeit einzelner Theologieprofessoren noch verschärft wurde. [...] Die abrupte, ja sogar rücksichtlose Durchführung der Konzilsbeschlüsse, besonders im Bereich der Heiligen Liturgie, stieß bei zahlreichen Gläubigen auf Unverständnis oder gar Ablehnung. Millionen von Katholiken wurden nicht darauf vorbereitet, bei vielen brach auch bei einfachen disziplinären wie liturgischen Maßnahmen – wie bei Wegfall des Gebotes der Freitagsabstinenz oder bei der Reform des Heiligenkalenders – eine ganze Welt zusammen. [...] Auch wenn man die Aussage Kardinal Oddis nicht ganz teilen kann: ‚Das Drama Lefèbvre hätte vermieden werden können, wenn die tridentinische Messe in Latein nicht strikt verboten worden wäre' – denn diese Aussage reduziert das ganze Problem auf eine einzige Ursache -, so ist es doch wahr, daß der Heilige Stuhl mit der Einführung der neuen Liturgie voreilig und pastoral unklug vorging."

Man sieht: Kritik am Papst und am Lehramt – denn alle Konzilsdokumente sind als dessen Aussagen zu werten – ist auch in Publikationen möglich, bei denen Kurt Krenn als Herausgeber fungiert. Sie muß nur von der – im doppelten Wortsinn – rechten Seite kommen.

Was würde wohl der St. Pöltener Bischof dazu sagen, machte man dem jetzigen Papst den Vorwurf, er ginge in der Pastorale für wiederverheiratete Geschiedene „voreilig und unklug" vor?

Doch auch Kurt Krenn selbst hat sich – wenn auch nicht wissenschaftlich – über die Causa Lefèbvre und das 2. Vaticanum ähnlich geäußert: „Viele Bischöfe auf dem letzten Konzil waren der Meinung, nach der Liturgiereform könnten unsere Kirchen die Gläubigen nicht mehr fassen. Unsere Hoffnungen täuschten sich. War das vielgepriesene ‚aggiornamento' ein gottgewolltes Zeichen der Zeit oder ein selbstgemachtes Trugbild?"[183]

Abfällige Bemerkungen über das letzte Konzil sind bei Krenn kein Einzelfall: Unter Pius XII. sei es in der Kirche „sehr ruhig" gewesen, erinnerte sich der Bischof[184], „es war eine sehr gute Zeit zum Studieren"[185]; mit Johannes XXIII. „begannen die Dinge etwas anders zu werden". Und zur Einberufung des 2. Vatikanischen Konzils meint Krenn: „Irgendetwas ist Roncalli[186] immer eingefallen, er hat das eine und das andere gemacht – und so kam es auch dann zur Ankündigung des Konzils"; im übrigen sei eigentlich nicht Johannes XXIII., sondern Paul VI. „der Papst des Konzils" gewesen.[187] Die Sessionen des Konzils beschreibt Krenn so: „Da wurde lang hin- und herdiskutiert, man begann mit gewissen Rücksichten auf die Ökumene, und auf einmal wurde das Konzil immer häufiger als Pastoralkonzil deklariert. Dieser Terminus war neu und schloß natürlich eine starke Rücksichtnahme auf die Praxis ein. Man hat zum ersten Mal bei einem Konzil auf die Akzeptanz geschaut. Und ein Zweites kam hinzu, was ganz wichtig war und sich sicherlich nicht gut ausgewirkt hat: Das war die Hereinnahme der Presse." Besonders schlecht kommt bei Krenn ausgerechnet das Konzilsdokument über die geoffenbarte Wahrheit[188] weg: Dieses sei der „eigentliche Bruch" gewesen.

Bemerkenswert sind Krenns Aussagen zu Johannes XXIII., wenn man sie mit dem Inhalt einer seiner Predigten[189] als Wiener Weihbischof vergleicht: „Die Treue zum Papst bedeutet zuallererst die Treue zum Sohn Gottes, der das Petrusamt seiner Kirche schenkte. Die Treue zum Papst bedeutet die

Treue zur Kirche, die ohne das Petrusamt nicht die Kirche Christi ist. Die Treue zum Papst bedeutet die Treue zur lebendigen Tradition der Kirche, die sich unter dem Beistand des Heiligen Geistes der Wahrheit von den Aposteln bis zum heutigen Tag vollzieht und gestaltet. Treue verlangt eine Ganzheit; wer nur ‚treu mit Ausnahmen' sein will, der ist noch nicht treu. Wer nur auf den Papst hören will, wenn er von Gerechtigkeit, Frieden, Menschenrechten, sozialem Fortschritt und von der Würde des Menschen spricht, der aber gleichzeitig andere Forderungen streitig macht, der macht die Gemeinschaft mit dem Papst zum Gegenstand seiner eigenen Willkür."

Bezieht sich Krenn damit bloß auf „seinen" Papst Johannes Paul II.? Ist er gegenüber Johannes XXIII. bloß „treu mit Ausnahme", nämlich mit der Ausnahme des Zweiten Vatikanums? Wird dieser Papst Johannes XXIII. nicht des öfteren zum „Gegenstand seiner eigenen Willkür", indem er ihm spezielle „Forderungen streitig macht"?

Fragen über Fragen, die sich auch durch das folgende typische Beispiel Krenn'scher Dialektik[190] nicht lösen lassen.

Die Aussagen in dem oben zitierten Interview haben naturgemäß heftige Reaktionen und Proteste hervorgerufen. Und wie so oft sah sich der St. Pöltener Bischof zu einem Dementi veranlaßt, das allerdings, bei näherer Betrachtung, eigentlich keines war: Das Interview sei bereits vor Monaten geführt worden und es sei lediglich um „Erinnerungen an das Konzil in meiner römischen Studienzeit und nicht um Urteile über das Konzil oder bestimmte Konzilsväter" gegangen. Im übrigen stehe er nach wie vor „überzeugt zu den Aussagen und Weisungen des II. Vaticanums". Ein Widerruf seiner Aussage, wonach „Verbum Dei" der „eigentliche Bruch" gewesen sei, war das allerdings ebensowenig wie eine Rücknahme seines Bonmots, wonach „Roncalli halt immer etwas eingefallen ist".

Schein-Dementis und Ankündigungen bzw. Behauptungen, die zu einem späteren Zeitpunkt wieder revidiert werden – das bevorzugte taktische Repertoire Krenns – prägten etwa auch den Bischofsstreit nach dem Ad-limina-Besuch in Rom im Herbst 1998: Hatte er damals zunächst die Frage nach der Kritik Kardinal Schönborns mit dem mittlerweile berüchtigten Ausspruch: „Mit genügt's, wenn die Lügner das Maul halten" beantwortet, so wollte er einiges später damit nicht Schönborn gemeint haben, sondern irgendwelche „Schlagzeilenmacher."[191] Dagegen gestand er wieder gegenüber der italienischen katholischen Zeitschrift „Il Regno" etwas ein, was er in einem inländischen Medium noch nie gesagt hatte[192]: „Wir [Schönborn und Krenn] haben unterschiedliche Meinungen. Aber wir sind nicht gegeneinander. Die Medien haben unseren Streit in der Bischofskonferenz ausgenützt." Also gab es auf einmal doch einen Streit? – Den die „Schlagzeilenmacher" nicht mehr erlogen, sondern lediglich ausgenützt haben? – Weil sie nämlich über etwas berichteten, was wirklich stattgefunden hat?

Ebensowenig Klarheit über die Wahrheit schaffen die Aussagen Krenns zu dem nun doch von ihm eingestandenen „Streit in der Bischofskonferenz". Anläßlich des Rücktritts des Sekretärs der Konferenz, Michael Wilhelm, sagte er:[193] „Ich verstehe die ganze Aufregung nicht. Es ist im Grunde gar nichts, worüber gestritten wurde. Ich schäme mich vor den Österreichern, daß so was passiert. Ich muß aber auch die Medien anklagen, die haben das gemacht. Wir haben mitgespielt, vielleicht mich ausgenommen, aber auch ich." Insgesamt glaube er, Krenn, daß „die Leute schon nervös und ungeduldig werden, wenn sie dauernd dieses Zeug hören". Genau das Gegenteil verkündete der St. Pöltener Bischof zwei Wochen später:[194] „Jede Diskussion und jede Auseinandersetzung in Religion und Kirche betreffen die Wahrheit und die Wirklichkeit Gottes. [...] Es ist nicht richtig, die Vorgänge in

Österreich als einen Streit um nichtige Dinge anzusehen. Worum es geht, ist eine ernste Sache. Es geht um die Identität der Kirche in der Glaubenslehre; es geht um das Bleibende, das wir von Christus und den Aposteln für alle Zeiten übernommen haben."

Also ging es doch um „die Wahrheit und die Wirklichkeit". Oder doch nicht? Exakt vier Tage später, am Tag vor der entscheidenden Sondersitzung der Bischofskonferenz, war nämlich Kurt Krenns Wahrnehmung von der Wirklichkeit wiederum eine völlig andere:[195] Es gebe nur ein „Medienspiel"; Konflikt brauche daher auch keiner gelöst werden, „weil es ihn nicht gibt".

Man sieht, der Wahrheits-Begriff Kurt Krenns ist vielschichtig. Einerseits ist für ihn die „geoffenbarte Wahrheit" ein Machtmittel: Nur die Bischöfe, und als erster von ihnen jener von Rom, haben das Lehramt inne und können authentisch „Wahrheit" definieren. Implizit heißt das: Alle anderen können das nicht. Die „Wahrheit" dient also der Legitimation streng hierarchischer Strukturen, der Unterscheidung zwischen einer „lehrenden" und einer „hörenden" Kirche in der Tradition des Ersten Vatikanischen Konzils.

Wenn es nicht um die „geoffenbarte" Wahrheit geht, sondern um die säkulare, ist Krenn, wie die angeführten Beispiele zeigen, konzilianter. Hier agiert er politisch-pragmatisch, nicht theologisch: Je nach taktischem Bedürfnis ändert Krenn seine ‚Wahr'nehmung der Wirklichkeit. Wahr ist dann, was im Augenblick gerade nützt.

Man könnte das als persönliches Problem Krenns abtun. Aber im Zusammenhang mit seinem Kirchenbild – das die Bischöfe in der Nachfolge der Apostel als Hüter der Glaubenswahrheit sieht – wird es zum Problem für das Amt an sich: Wie kann jemand den Anspruch auf Glaubenswahrheit stellen, der mit der Ehrlichkeit so umgeht?

Was wäre die Kirche ohne Krenn?

Der Befund, daß die katholische Kirche Österreichs in einer Krise steckt, wird heute widerspruchslos akzeptiert. Tatsächlich bietet die Statistik dafür genügend Anzeichen. (Aber sind Anzeichen schon Beweise?) Seit Mitte der achtziger Jahre sind die Zahlen der Kirchenaustritte mit durchwegs mehr als 30.000 pro Jahr unverändert hoch. Wenn es statistische „Ausreißer" gibt, dann in die falsche Richtung: 1995, im Jahre der „Affäre Groër I", verließen 44.304 Beitragszahler die römisch-katholische Glaubensgemeinschaft. Die Jubelmeldungen in den Jahren danach waren reiner Selbstbetrug: Mit 37.061 Austritten im Jahr 1996 bzw. 32.195 im Folgejahr wurde lediglich wieder das Niveau von 1989/90 erreicht. Die provisorischen Zahlen von 1998/99 lassen wieder auf eine verstärkte Kirchenflucht schließen. In Wien wird 1999 der Anteil der Katholiken an der Wohnbevölkerung erstmals unter die magische 50-Prozent-Marke sinken.

Ähnlich dramatisch ist die Entwicklung bei den geistlichen Berufen: Innerhalb von zehn Jahren – von 1985 bis 1995 – ist die Zahl der Ordensmänner von 3.334 auf 2.683, jene der Ordensfrauen von 9.300 auf rund 7.000 gesunken. Vor allem die Ordensspitäler bekommen den Schwestern-Mangel deutlich zu spüren. Auch die Zahl der Priesterweihen ist seit den achtziger Jahren mit rund 50 pro Jahr unverändert niedrig. Zum Vergleich: im Rekordjahr 1925 wurden 488 Priester geweiht – da waren aber die Ordenspriester noch gar nicht miteingerechnet.

Im großen Trend rückläufig ist auch der regelmäßige Besuch der heiligen Messe. Dennoch wird bei dieser Statistik noch am ehesten deutlich, daß Österreich nach wie vor ein katholisches Land ist: An den sogenannten „Zählsonntagen“ registriert die römisch-katholische Kirche bundesweit noch immer mehr als eine Million Teilnehmer an den Gottesdiensten – jeder sechste Katholik bzw. jeder achte Österreicher geht am Sonntag in die Kirche.

Ist also im katholischen Kernland Österreich der Gottesglaube im Schwinden – womöglich stärker als andernorts? Der Beweis dafür ist noch nicht erbracht – und ist wohl auch kaum zu erbringen. Schließlich ist die Entwicklung in Deutschland ähnlich – und nur in Österreich und Deutschland gibt es – als Relikt des Nationalsozialismus – ein für Katholiken verpflichtendes Beitragssystem: und eben dieses ist die Grundlage für die Erstellung der Austritts-Statistik. In allen anderen Ländern wird einfach jeder getaufte Bürger als Katholik gezählt.

Tatsache ist auch, daß noch kein Beweis dafür gelungen ist, daß unter einem „konservativen“ Bischof ein anderes Austrittsverhalten festzustellen ist als unter einem „fortschrittlichen“. Die statistische Kurve verläuft relativ kontinuierlich, Ausreißer sind nur in Zeiträumen festzustellen, in denen Skandale publik wurden: In jüngster Vergangenheit war das – soweit vorläufige Zahlen bekannt sind – im Herbst 1998 während des Bischofs-Streits und ⟨nach der Entlassung Generalvikar Schüllers im Februar 1999⟩ der Fall. Zumeist aber ist in den darauffolgenden Perioden ein Rückgang der Austrittswelle zu beobachten. Die Erklärung dafür dürfte darin liegen, daß der individuelle Entschluß, seiner Glaubensgemeinschaft den Rücken zu kehren, langsam heranreift, aber erst bei aktuellem Anlaß verwirklicht wird und daß der jeweilige Skandal in der Regel nur diese grundsätzlich Austrittswilligen zu jenem letzten Schritt bewegt.

Ist es aber unter dieser Perspektive nicht ohnehin gleichgültig, wer der Kirche in Österreich vorsteht? Vielleicht. Doch zu bedenken ist, daß es in einer autoritär-hierarchischen Gemeinschaft, wie es die katholische Kirche ist, so etwas wie einen Domino-Effekt von oben nach unten gibt. Freilich – jene, die austreten, leiden nicht darunter: es sind vielmehr die Kernsegmente der Kirche – die „kleinen" Seelsorger, Pfarrhelfer, Religionslehrer und vielfach engagierten Laien –, die sich in ihrem alltäglichen gesellschaftlichen Umfeld mit dem herumschlagen müssen, was ihnen ihre sogenannten Hirten eingebrockt haben.

Doch wie immer man sie einschätzt: Wenn es eine Krise in der Kirche gibt, dann kriselt es in erster Linie auf der Ebene des Episkopats – oder sogar noch eine hierarchische Stufe höher, wie der Wiener Pastoraltheologe Paul Zulehner meint, wenn er von einer verfehlten Österreich-Politik des Vatikan spricht.

Tatsächlich ist der Großteil der Krisen, in die die Kirche in den letzten Jahren geschlittert ist, auf (Fehl-)Entscheidungen des Vatikan zurückzuführen: Von den umstrittenen Bischofsernennungen über das Unvermögen, in pastoral heiklen Bereichen wie dem Sakramenten-Empfang wiederverheirateter Geschiedener oder dem Pillen-Verbot praktikable Lösungen anzubieten, bis zur Brüskierung der Opfer von Hans Hermann Groër und der Desavouierung der österreichischen Bischofskonferenz und ihres Vorsitzenden im Zuge der Streitigkeiten mit Kurt Krenn.

Auch wenn es in diesem Pontifikat nicht mehr zu erwarten ist: Es wäre höchst an der Zeit für den Papst und die Kurie, Bilanz darüber ziehen, ob der Anfang der achtziger Jahre für Österreich geplanten Kurskorrektur auch nur irgendein Erfolg beschieden worden ist.

Doch diese Krise in der österreichischen Kirche kann auch unter einer anderen Perspektive gesehen werden. „Ohne Kurt Krenn würde es ‚Kirche intern' nicht geben", sagt Pfarrer Rudolf Schermann, der Herausgeber der laut Eigendefinition „engagierten Monatszeitschrift im Sinne eines engagierten modernen Christentums". Gleiches könnte man auch von anderen Zeitungsprojekten sagen, etwa von „ok – offene kirche", herausgegeben vom St. Pöltener „Weg der Hoffnung", oder von Pater Udo Fischers „Ja – die neue Kirchenzeitung". Schermann hat „Kirche intern" 1987 gegründet – die vier kopierten Seiten, aus denen das Blatt damals bestanden ist, waren eine Reaktion auf die Bischofsernennung Kurt Krenns. Heute ist „Kirche intern" ein umfangreiches, professionell gemachtes Monatsmagazin mit – laut Schermann – 10.000 Abonnenten und einer Druckauflage von 20.000 Stück.

Auch „ok" und „Ja" haben einen Leserkreis von jeweils mehreren tausend Gläubigen – und das in einer Zeit, in der die diözesanen Kirchenzeitungen über permanenten Leserschwund klagen und die einstigen Flaggschiffe des katholischen Publikationswesens entweder bereits gesunken („präsent") oder ständig in Gefahr sind, auf Grund zu laufen („Die Furche").

Ohne Kurt Krenn würde es auch keine Vereinigungen wie das St. Pöltener „Forum XXIII" oder eben den „Weg der Hoffnung" geben, die sich die Verwirklichung der „Konzilskirche" im Sinne der österreichischen Konzilsväter wie Franz Kardinal König oder Alt-Bischof Franz Žak zum Ziel gesetzt haben. Ohne der durch Kurt Krenn personifizierten konservativen Wende hätte voraussichtlich der Wiener Weihbischof Helmut Krätzl nicht sein Buch „Im Sprung gehemmt. Was mir nach dem Konzil noch alles fehlt" geschrieben, das nach österreichischen Maßstäben ein Bestseller ist.

Ohne die „konservativen" Bischöfen hätte es vor allem aber auch kein „Wir sind Kirche", kein Kirchenvolks-Begehren mit seinen 505.154 Unterschriften gegeben. Und ohne Kirchen-Volksbegehren keinen „Dialog für Österreich".

Der Dialog ist zwar im Augenblick unterbrochen, wenn nicht gar beendet. Doch die Spuren, die er hinterlassen hat, die eindrucksvollen Voten der Salzburger Delegiertenversammlung, werden bleiben. Und die Frustration über die anhaltende Ignoranz der Amtskirche ist der Keim für die nächsten Lebenszeichen des Kirchenvolks.

Nüchtern betrachtet haben die vatikanischen Wende-Manöver genau das Gegenteil dessen bewirkt, was offenbar beabsichtigt war. Die natürliche Autorität der Bischöfe ist schwächer denn je. Nur wer keine natürliche Autorität hat, muß ständig auf jene der Hierarchie pochen. Statt daß sich die Herde enger an ihre Hirten schmiegt, wurden die Schäfchen von einem unbändigen Freiheitsdrang befallen. Kurt Krenn und seine konservativen Mitstreiter haben somit erreicht, was nicht einmal der schon zu Lebzeiten legendäre Franz Kardinal König geschafft hat: Daß nämlich das 2. Vatikanische Konzil mit seinen Reformen 30 Jahre nach seinem Abschluß im Gottesvolk lebendiger ist denn je. Auch wenn es die Amtskirche nicht wahrhaben will.

2. TEIL

Gespräche über Kurt Krenn

Franz Žak

Franz Žak, geboren am 30. Juni 1917 in Niederedlitz im Waldviertel, ist Vorgänger Kurt Krenns als St. Pöltener Diözesanbischof. 1956 von Papst Pius XII. zum Bischof-Koadjutor von St. Pölten ernannt, wurde er am 30. September 1961 mit dem Tod von Diözesanbischof Michael Memelauer automatisch dessen Nachfolger. Žak ist einer der „Konzilsväter" – als Diözesanbischof nahm er mit Sitz und Stimme am gesamten 2. Vatikanischen Konzil teil. Dieses war, wie Žak oft betonte, daß größte Erlebnis seiner Amtszeit. Seit seiner Ablöse lebt Žak im Pensionistenheim St. Elisabeth in St. Pölten-Wagram. Seine Gesundheit ist angegriffen, ein Bein mußte wegen Durchblutungsstörungen amputiert werden. Der Alt-Bischof trägt sein Schicksal mit Würde und tiefer Gläubigkeit: „Gott hat mir die Gnade geschenkt, vom Leiden, über das wir so oft predigen, wenigstens ein bißchen etwas persönlich zu erleben".

Herr Altbischof Žak, wie hat sich aus Ihrer Sicht die Diözese seit Ihrer Ablöse verändert?[196]

Wenn ich vorausschicken darf: Ich habe meine Hauptarbeit nach Abschluß des 2. Vatikanischen Konzils, das ich vom Anfang bis zum Schluß miterleben durfte, darin gesehen, in der Diözese die Konzilsbeschlüsse gemeinsam mit meinen Mitarbeitern umzusetzen. Also, wie es Kardinal Döpfner einmal gemeint hat, das Konzil einzudeutschen. Ich kann mich noch gut erinnern, wie mich ein Journalist am Schluß des Konzils in Rom gefragt hat: „Herr Bischof, mit welchem Gefühl fahren Sie nach Hause?" Ich habe geantwortet: „Mit einem lachenden und einem weinenden Auge". Mit einem lachenden, weil ich sehr glücklich über das war, was uns das Konzil geschenkt hat. Mit einem weinenden, weil ich Sorge hatte, wie ich das alles werde umsetzen können. Denn das war mein innerstes Anliegen. Mir war damals schon klar, daß wir eine Diözesansynode brauchen, um das Konzil auf Diözesanebene zu verwirklichen, diese hat dann 1972 stattgefunden. Mir ging es also darum, gemeinsam mit meinen guten, treuen und verläßlichen Mitarbeitern das Konzil ernst zu nehmen und zu verwirklichen. Ich glaube, das ist uns in etwa gelungen. Vor allem ging es mir darum, wie ich das Glaubensgut vermitteln kann. Also, wie ich das Evangelium in der Sprache der Zeit verkündigen kann. Der Glaubensinhalt darf sich ja im Wesentlichen nicht ändern – sehr wohl aber die Ausdrucksweise. Wie sag ich's den Mitmenschen? Das ändert sich ja von Jahrzehnt zu Jahrzehnt. Ich muß doch das Evangelium in der Sprache der Zeit verkündigen können. Und da haben wir zunächst in der Theologischen Hochschule der Diözese die Professoren darauf eingestellt. Ich habe ihnen gesagt, daß ich es wünsche, daß sie die Aussagen des Konzils in ihre Vorlesungen einbauen und die heranwachsende Jugend unseres Seminars mit dem Geist des Konzils vertraut machen. Wir mußten natürlich auch die Strukturen ändern. Ein wesentliches Anliegen war mir, den Laien ernst zu nehmen. Das Bild vom Volk Gottes wirklich entsprechend im Alltag zu verankern. Vor dem Konzil sahen wir die Kirche wie eine Pyramide: Unten breit das Volk der Gläubigen. Dann kam die Hierarchie – Diakone, Priester, Bischöfe und ganz oben der Papst. Das Bild ist überholt, ein rein hierarchisches Prinzip. Das Konzil hat uns gelehrt, die Kirche als Volk Gottes zu sehen. Alle gehören zusammen. Das allgemeine Priestertum hat durch das Konzil an Wert gewonnen. Wir sind durch den Glauben, durch die Taufe, durch die Firmung alle auf gleicher Ebene. In dieser Gemeinschaft des Volkes Gottes gibt es dann Dienste – die Priester, die Bischöfe. Wir haben ein Dienst-Amt. Wir haben nicht zu herrschen, zu regieren, Macht auszüben, sondern zu dienen. Das Wort des Herrn war mir da immer ein großes Anliegen – „Ihr wißt, daß die Herrscher ihre Völker unterdrücken und die Mächtigen ihre Macht über die Menschen mißbrauchen. Bei euch soll es nicht so sein, sondern wer bei euch groß sein will, der soll euer Diener sein, und wer bei euch der Erste sein will, soll euer Sklave sein.“[197] Dieses Wort war ein Grundanliegen meines Wirkens. Daß ich im Dienst der Menschen stehe und nicht da bin, um Herr zu sein und über dem Volke zu schweben. Ich habe dann die Katholische Aktion in unserer Diözese stark ausgebaut. Es hat sich etwas bewegt in der Kirche. Ich habe auch versucht, die Neuerungen in der Liturgie zu verwirklichen. Die Liturgiekonstitution war ja die erste große Frucht des Konzils.[198] Ich habe auch insoferne versucht, die Laien ernst zu nehmen, indem ich in der Diözese erstmals einen Laien zum Direktor der Caritas gemacht habe. Und wir waren die erste Diözese in Österreich, die verheiratete Diakone[199] geweiht hat. Das vielleicht fast zu schnell, aber im Eifer nach dem Konzil habe ich versucht, das rasch umzusetzen. Ich habe auch viele Vorträge über das Konzil gehalten. Ich hab' gespürt, daß da und dort, bei den besten Seelsorgern, eine gewisse Reserve da ist. Sie haben die Angst gehabt, daß auf einmal viel Gutes, Altes aufgegeben wird. Mir ist es aber nicht darum gegangen, Bewährtes aufzugeben – sondern Gutes zu bewahren, „conservare". Am Anfang war ich ja in Österreich eher als Konservativer verschrieen. Nach dem Konzil haben sie mich auf einmal als Progressisten hingestellt. Aber das Alte zu bewahren, heißt doch nicht, daß man nicht auf Neues zugehen darf? Ich kann doch nicht stehenbleiben, ich muß auch „progredi", voranschreiten: das versuchte ich zu vereinen. Dazu haben die Konzilsdokumente viel Material geboten. Wir haben den Priesterrat, den Pastoralrat eingesetzt und auch den Laienrat. Der Laienrat hat sich leider nicht so bewährt, wir haben ihn wieder aufgegeben. Sehr wichtig war der Pastoralrat, wo alle Laienorganisationen vertreten waren. Mein bester und treuester Mitarbeiter in der Verwirklichung des Konzils war mein langjähriger Weihbischof Dr. Alois Stöger. 19 Jahre durfte ich mit ihm zusammenarbeiten. Als Promotor der Diözesansynode 1972 hat er wesentlich Anteil an der Umsetzung des Konzils in die Pastoral unserer Diözese.

Es hat aber auch Punkte gegeben, die mir sehr weh getan haben. Nach dem Konzil war die Erwartung beim jungen Klerus sehr hochgeschraubt. Es haben viele damit gerechnet, daß der Pflichtzölibat fallen wird. Ich stehe zum Zölibat und habe ihn immer verteidigt. Ich glaube aber heute, daß der Pflichtzölibat irgendwann einmal fallen wird. Auch Paul VI. hat gesagt, er könne sich vorstellen, daß der Pflichtzölibat fallen werde, aber die Zeit sei noch nicht reif.

Er hat die Zeichen der Zeit verstanden, aber nicht den Mut gehabt, die Konsequenzen zu ziehen. Vom Konzil bis zu meiner Ablöse haben fast 30 Kapläne das Priesteramt niedergelegt. Das war ein großer Aderlaß, es waren unter ihnen vorbildliche Seelsorger.

Vielleicht haben wir auch manches zu schnell und ohne genügend Vorbereitung eingeführt und umgesetzt, etwa in der Liturgie. Andererseits erinnere ich mich noch gut an den Brief einer 80jährigen Bäuerin aus dem Waldviertel – sie war so dankbar, daß sie nun alles verstehen könne. Endlich könne sie die Messe beten. Das war ein schönes Wort und für mich ein beglückendes Gefühl.

Ich gebe auch zu, daß ich den Eindruck habe, daß die Konzilsdokumente nach wie vor zuwenig bekannt sind. Sie hätten noch vielmehr von den Priestern und den Laien studiert werden müssen. Denn die Dokumente sind noch lange nicht ausgeschöpft.

Liegt es nicht auch an der schwierigen Sprache der Konzilsdokumente? Es ist doch absurd: Anliegen des Konzils war es doch, die Glaubenswerte zeitgemäß zu vermitteln. Gerade die Konzilstexte sind aber doch eher wissenschaftliches Material und nicht für die breite Leserschaft formuliert.

Ja natürlich. Das ist Theologie. Man müßte es in eine Sprache bringen, die die Leute verstehen. Das ist ein „Fachjargon". Es ist die Kunst, das so zu bringen, daß das Herz berührt wird. Aber wir haben schon beim Konzil selbst sehr viel gelernt. Ich konnte nirgendwo sonst Theologie so tief in mich aufnehmen wie beim Konzil. Ich habe mit den anderen deutschsprachigen Bischöfen in der Anima[200] gewohnt, dort sind wir alle einmal in der Woche zusammengekommen, um alles zu verarbeiten. Wir mußten selber viel lernen. Das hat uns sehr viel gegeben. Ich glaube, daß ich nicht nur das Konzil zitiert habe, sondern versucht habe, es auch zu leben. Ich weiß, ich war am Anfang zu streng. Ich bin dann Gott sei Dank im Laufe der Zeit milder geworden. Ich habe ein ungeheueres Gerechtigkeitsempfinden von Jugend auf. Liebe ohne Gerechtigkeit kann es nicht geben. Vielleicht habe ich mir am Anfang schwer getan mit den Gläubigen. Ich war nicht der Volksbischof, dem die Herzen von selber zugeflogen sind. Aber ich hab' das Volk in der Diözese geliebt.

Und ich leide heute sehr darunter, wenn ich sehe, daß vieles, was uns in der Diözese gelungen ist, heute anders läuft. Es ist jetzt eine Richtung da, die ich reaktionär nennen muß. Es sind Bestrebungen da und Gruppen, die hinter das Konzil zurückwollen. Und ich bleibe dabei: Es gibt kein zurück hinter das 2. Vatikanische Konzil. Es wird auch nicht gelingen – aber die Bestrebungen sind da. Und das tut mir furchtbar weh. Ich bin ja kein einsamer Mann, ich bin zur Klagemauer geworden. Es kommen soviele Priester zu mir. Ich habe Zeit, stundenlang zuzuhören. Da ist vielen schon leichter. Viele Laien kommen und bestürmen mich, ich sollte doch öfter reden. Aber ich will das eigentlich nicht. Ich will mich zurückziehen und kann für die Diözese ohnehin nichts tun außer beten und leiden.

Wie ist Ihrer Beobachtung nach die Stimmung bei den Gläubigen in der Diözese?

Wie mein Nachfolger ernannt wurde, hat er mich angerufen, er möchte kommen und sich vorstellen. Er ist gekommen und noch im Niedersetzen hat er mir gesagt: „Du, ich will, daß in der Diözese alles so weitergeht, wie es bei Dir war." Ich gab ihm keine Antwort, weil ich es nicht geglaubt habe. Das geht doch gar nicht, weil jeder seinen eigenen Stil hat.

Wie ist es überhaupt zur Entscheidung über Ihren Nachfolger gekommen?

Ich hab' beim Papst um einen Weihbischof angesucht. In einem solchen Fall macht ja der Ortsbischof einen Dreier-Vorschlag und man hat die Garantie, daß einer von den dreien kommt. Der Papst aber meinte, ich sei schon 70 Jahre alt, es wäre gut, wenn ich einen Koadjutor nehmen würde. Ich antwortete: „Ja gut, Heiliger Vater, darf ich dann aber mitreden?" Ich wußte schon, worauf das hinzielt, und ahnte, wer mir vorgesetzt werden soll. So lehnte ich einen Koadjutor ab. Ich nehme es meinem Nachfolger persönlich nicht übel, daß er einen andern Stil hat als ich. Bei der Übergabe am 15. September 1991 habe ich die Priester und die Laien gebeten, sie sollen mit ihm zusammenarbeiten. Ich habe sie beschworen, die Einheit der Diözese zu bewahren. Ich habe meinem Nachfolger eine befriedete Diözese übergeben. Im Klerus war Friede. Zwischen Priester und Laien herrschte Friede. Und wenn ich heute hineinschaue, was daraus geworden ist, dann kommen mir die Tränen. Das muß ich, meiner Diözese zuliebe, noch sagen. Ich werde immer wieder ermuntert, mich öfter zu Wort zu melden. Aber ich werde müde, meine Tage sind gezählt. Und ich kann nur hoffen und beten, daß es doch noch zu einem guten Ende kommt. Es tut mir leid, daß ich zu meinem Nachfolger keinen Kontakt habe.

Es hat also seit der Amtsübergabe 1991 keine Gespräche zwischen Ihnen und Kurt Krenn gegeben?

Dreimal war er noch hier. Ich hab' ihm dann nur gesagt, daß es eigentlich keinen Sinn hat.

Warum?

Er hat öffentlich erklärt, daß die Bischofskonferenz unter Kardinal König, wo ich ja dabei war, mit der „Maria Troster" Erklärung[201] Irriges gelehrt hat. Er hat uns also zu Irrlehrern gemacht. Darauf habe ich ihm einen Brief geschrieben, ich lasse das nicht auf mir sitzen. Ich bin kein Irrlehrer. Ich habe Kopien davon an Kardinal Groër und Kardinal König geschickt. Groër hat mir sehr vornehm und nett zurückgeschrieben. König hat mich angerufen und gefragt, ob er den Brief an den Nuntius weitergeben darf. Ich habe ihm gesagt, wenn er meint, daß es nützt, dann soll er es tun. Auch mein Nachfolger hat mir zurückgeschrieben – er ist aber mit keinem einzigen Wort auf den Inhalt eingegangen.

Bereits vor der Ernennung Kurt Krenns zu Ihrem Nachfolger gab es ja schon Kommunikationsschwierigkeiten. Der päpstliche Nuntius hat Ihnen ja noch kurz davor versichert, Krenn werde keinesfalls Ihr Nachfolger. Können Sie sich mittlerweile einen Reim darauf machen?

Ich habe mit 73 Jahren[202] meinen Rücktritt eingereicht, mit 74 noch einmal. Nuntius Squicciarini hat mich in dieser Zeit zweimal zu sich gerufen. Im Gespräch hat er mich immer wissen lassen, daß meine Vorschläge keine Chance haben. Der Nuntius hat dann gefragt, ob wir uns nicht auf einen Kompromisskandidaten einigen könnten. Ich habe zuerst nachgedacht und mich dann dazu bereit erklärt – nachdem ich meine Kandidaten nicht durchbringen konnte, sollte er mir Kompromissvorschläge machen. Dann haben wir uns letztlich auf einen Namen geeinigt. Und ich habe ihm zuletzt gesagt: „Herr Nuntius, wenn Weihbischof Krenn in unsere Diözese kommt, dann wird es wohl einen Aufstand geben." Und der Nuntius hat mir geantwortet: „Machen Sie sich nur keine Sorgen." Dann haben wir einen zweites Mal gesprochen, und es war wieder nur die Rede von diesem einen Kompromisskandidaten. Mittlerweile habe ich die schriftliche Zusicherung von der römischen Bischofskongregation bekommen, daß am 1. September 1991 die Ablöse erfolgt. Anfang Juli habe ich den Nuntius angerufen, ob ohnehin alles beim Alten bleibt, ich möchte vor dem September noch ein bißchen ausspannen und Urlaub machen. Der Nuntius hat wieder gesagt: „Machen Sie sich keine Sorge. Es bleibt wie besprochen, es sei denn, es passiert etwas Unerwartetes." Das hat mich stutzig gemacht. Das war drei Tage vor der Veröffentlichung. Da hat es der Nuntius schon gewußt, ebenso mein Nachfolger, der fünf Tage vor der Veröffentlichung vom Nuntius informiert worden war. Groër hat es drei Tage vorher gewußt. Ich habe es am 11. Juli 1991 nachmittags aus dem Radio erfahren, daraufhin habe ich sofort den Nuntius angerufen und war sehr erregt.

Nachdem Ihnen die Bischofskongregation den September als verbindlichen Termin genannt hatte – glauben Sie, daß die Ernennung Krenns über direkten Wunsch des Papstes auch die Kongregation überrumpelt hat?

Ich könnte mir vorstellen, daß auch der Nuntius übergangen worden ist. Aber er hat es mir zu einem Zeitpunkt verschwiegen, als er es schon gewußt hat. Er hätte so ehrlich sein und mir sagen müssen: „Es tut mir leid, Rom hat anders entschieden." Das wäre in Ordnung gewesen – ich hätte gesagt, Sie können nichts dafür, ich werde es akzeptieren. Aber mich für dumm verkaufen! Ich bin getäuscht worden – um nicht zu sagen, ich bin belogen worden. Ich habe von einer Quelle, die ich ernst nehmen muß, erfahren: Der Informationsprozeß in der Bischofskongregation ist normal abgelaufen. In dem Dreier-Vorschlag der Kongregation an den Papst soll Kurt Krenn nicht genannt worden sein. Der Papst hat dies nicht akzeptiert und Krenn ernannt. So wurde es mir erzählt. Ob es stimmt, kann ich nicht überprüfen. Ich fürchte aber, daß etwas Wahres dran ist.

Das erinnert an die Ernennung Kurt Krenns zum Wiener Weihbischof 1987. Auch diese erfolgte auf Wunsch des Vatikan und nur formal auf Vorschlag von Erzbischof Groër.

Ich hab Groër gestellt und ihn gefragt: „Hast Du Krenn vorgeschlagen?" Er hat Ja gesagt. Dann habe ich ihn gefragt, ob er Krenn aufgrund einer Intervention des Nuntius[203] genannt hat. Groër hat wiederum mit Ja geantwortet.

Gab es im Juli 1991 noch andere Auffälligkeiten?

Nach meinem Telefonat mit dem Nuntius Anfang Juli bin ich dann nach Hochstraß auf Urlaub gefahren. Oben, im Schwesternheim, war dann auch Reinhard Knittel[204] dort. Ich habe ihn damals nicht gekannt – aber er hat mich ausgefragt über die Diözese, über das Konzil, über meine Meinungen zu diesem und jenem. Am Nachmittag des 11. Juli habe ich dann in Hochstraß aus dem Radio die Nachricht über die Ernennung Krenns zu meinem Nachfolger erfahren. Ich bin sofort zum Telefon gelaufen. Da bin ich der Oberin begegnet – sie hat gesagt: „Herr Bischof, was ist passiert, Sie sind ganz blaß?" Ich hab' geantwortet: „Ich muß sofort den Nuntius anrufen, es ist etwas Schreckliches passiert." Sie hat mir später erzählt, daß laut Knittel Bischof Krenn schon lange davor von seiner Ernennung gewußt hat. Krenn selbst hat mir gesagt: „Fünf Tage davor." Er hat mir aber auch erzählt, daß ihm lange Zeit vor seiner Ernennung fünf Möglichkeiten zur Auswahl vorgelegt wurden, darunter die Diözese St. Pölten. Er habe aber gesagt, er wähle nicht, sondern gehe dorthin, wohin ihn der Heilige Vater schicke.

Der Papst hat mich ja gut gekannt. Als Kardinal von Krakau war er einmal hier. Wir haben auch beim Aufbau der Kirche in Nova Huta bei Krakau geholfen – Betonmischmaschinen geschickt, den Tabernakel gestiftet. Da war Kardinal Woityla dann hier und hat sich bedankt. Ich war auch öfter bei ihm. Er hat mich auch bei einer Bischofssynode, damals war er noch nicht Papst, ins polnische Kolleg eingeladen und eine lange Tischrede gehalten und dabei auch mich apostrophiert. Er hat mich gerügt, weil ich noch nie in Polen war. Bevor ich ihn in Polen besuchen konnte, wurde er aber überraschend zum Papst gewählt[205]. Als ich dann das erste Mal bei ihm war, habe ich ihm gesagt: „Heiliger Vater, ich kann mein Versprechen nicht mehr einhalten." Da hat er geantwortet: „Sie können doch auch nach Polen fahren, wenn ich nicht mehr dort bin." Der Papst hat mich also gut gekannt. Wenn er eine andere Entscheidung für meine Nachfolge getroffen hat, als ich wollte, dann muß ich das natürlich akzeptieren. Aber mich für dumm verkaufen! Ich habe mich Zeit meines Lebens für jeden Papst eingesetzt. Ich habe ihm die Treue geschworen und werde sie ihm halten. Aber ich nehme mir heraus zu sagen, was mir nicht gefällt. Schließlich kann ich meinen Verstand nicht ausschalten.

Wie haben Sie den Festgottesdienst anläßlich der Übernahme der Diözese durch Kurt Krenn am 14. September 1991 erlebt?

Ich war nach der Ernennung Krenns, wie es der Brauch ist, zum Administrator ernannt worden und hatte als solcher die Amtseinführung vorzubereiten. Ich ordnete also an, daß wir durch den Brunnenhof über den Kreuzgang und einen Seitengang in den Dom einziehen. Wir mußten ja befürchten, daß es Demonstrationen gibt und dieser Weg schien am problemlosesten. Da hat mich Kurt Krenn angerufen und gesagt, daß er das nicht akzeptiert. Er wollte unbedingt über den Domplatz einziehen. Da sind wir aneinandergeraten. Ich habe ihm gesagt: „Ab der Amtsübergabe kannst Du entscheiden, wie Du willst. Ausziehen kannst Du über den Domplatz. Aber bis dahin entscheide ich – und wir wollten über den Seiteneingang einziehen." Dabei hat er Angst vor Demonstrationen gehabt. Ich habe dann nachgegeben, aber zugleich festgehalten, daß ich jede Verantwortung ablehne, sollte irgendetwas passieren. Also sind wir über den Domplatz eingezogen – aber Krenn hat vorher von der Polizei verlangt, daß Sicherheitsmaßnahmen ergriffen werden. Also wurden Holzwände zwischen ihm und den Gläubigen aufgestellt. Das muß man ihm vorwerfen: Er liebt Machtdemonstrationen. Das ist auch eine unmögliche Aussage von ihm: „Mit jedem Tag, den ich in dieser Diözese überlebe und tätig sein kann, wächst meine Autorität und Macht."[206] Bei einem Bischof kann es aber nie um Macht gehen, sondern um Dienst. Der Herr hat den Aposteln die Füße gewaschen und gesagt: Wer ist größer? Der am Tisch sitzt oder der bedient? Deutlicher kann der Herr nicht mehr reden. Immer dann, wenn sich die Kirche mit der Macht verbündet hat, ist es schief gegangen. Das bringt keinen Segen.

Sie waren auch mehr als dreissig Jahre lang Mitglied der österreichischen Bischofskonferenz. War die Frage, die heute der Hintergrund für die meisten Kirchen-Konflikte ist, in der Bischofskonferenz umstritten? Nämlich die Frage der Umsetzung des 2. Vatikanischen Konzils?

Es hat fast nur einstimmige Beschlüsse gegeben. Es hat oft unterschiedliche Meinungen gegeben, aber wenn einmal entschieden war, haben das alle mitgetragen. Es gab eine hervorragende Atmosphäre, ich erinnere mich mit großer Dankbarkeit an diese Zeit. Bischof Reinhold Stecher ist meistens neben mir gesessen, wir sind uns sehr nahe in unseren Auffassungen. Er hat mir dann gesagt, nachdem ich in Pension gegangen bin, daß es nicht mehr schön sei in der Bischofskonferenz. Früher sei er immer gerne zu den Sitzungen gefahren, danach habe es ihn regelrecht Überwindung gekostet.

Wie würden Sie jetzt die Lage in Ihrer Diözese einschätzen? Wie wird es weitergehen?

Ich finde es unbegreiflich, wie Krenn zum Beispiel Ausbildungsstätten für Priester wie jene in Blindenmarkt[207] zulassen und fördern kann. Damit spaltet er die Diözese, weil eine ganz andere Theologie doziert wird. Da kommen Theologieprofessoren von Ungarn, Liechtenstein und sonstwo her und halten Blockvorlesungen. Da gibt es vorkonziliare Theologie, dazu kommt noch der alte lateinische Ritus. Das spaltet die Diözese. Ich hatte mit ihm eine Auseinandersetzung über die Medien und er hat mir ausgerichtet, ich müsse doch wissen, daß kirchenrechtlich alles in Ordnung sei, weil das Entscheidungen Roms seien. Dabei hat aber ein Mitglied von „Servi Jesu et Mariae" in der Zeitschrift „Pfadfinder Mariens" einen Artikel geschrieben, wonach sie den Ortsbischof und nicht Rom um Erlaubnis gebeten hätten. Anscheinend sind es nur Kleinigkeiten – aber Nachhilfe im Kirchenrecht brauche ich von meinem Nachfolger sicher nicht. Kurt Krenn zieht Parallelstrukturen auf. Ich sehe die Gefahr, daß im Laufe der Zeit bisher gut funktionierende Einrichtungen ausgeschaltet und, Schritt für Schritt, eine vorkonziliare Kirche wieder installiert wird. Aber ich bleibe dabei: es wird ihm nicht gelingen. Niemand kann hinter das 2. Vatikanum zurück. Denn beim Konzil hat der Heilige Geist gewirkt. Und der ist stärker als jeder Bischof.

Alois Mock

Alois Mock, Jahrgang 1925, war von 1979 bis 1989 Bundesobmann der Volkspartei. Als CVer und praktizierender Katholik war er besonders an einem guten Verhältnis zur Amtskirche interessiert – respektierte aber ihren Wunsch, sich nicht parteipolitisch vereinnahmen zu lassen. 1987, bei der Bekanntgabe der Ernennung Kurt Krenns zum Wiener Weihbischof, war Mock ÖVP-Obmann, Vizekanzler und Außenminister. 1991, bei der Bestellung Krenns zum St. Pöltner Diözesanbischof, war Mock ebenso noch Außenminister wie 1995 bei der Neuordnung des Episkopats nach dem vom Vatikan verordneten Rückzug von Hans Hermann Kardinal Groër.

Seit wann kennen Sie Kurt Krenn persönlich?

Ich habe ihn kennengelernt, als ich in Aigen-Schlägl im Mühlviertel auf Urlaub war. Ich war bei einer Veranstaltung in Rohrbach und wir haben uns begrüßt. Wir müssen uns davor bereits ein, zwei Mal gesehen haben, weil ich ihn vom Sehen her gekannt habe.

Das war aber noch, bevor er Bischof wurde?

Das war lange, bevor er Bischof wurde, ich kann aber nicht mehr genau sagen, wann. Er war damals in der Gegend bereits sehr bekannt und hat sich auch immer wieder in Fragen der Raumordnung engagiert. Irgendwie ist er wie ein immer unterstützungsbereiter Don Camillo durch die Orte gezogen.

Er war auch in Linz bei den Landespolitikern sehr bekannt. Hat es zu diesem Zeitpunkt nähere Kontakte zwischen Kurt Krenn und ÖVP-Politikern gegeben oder war das nur: man kennt sich?

Man hat sich halt gekannt.

Zu Beginn der 80er Jahre, also noch vor seiner Bischofsweihe, soll Kurt Krenn an Veranstaltungen der Politischen Akademie der ÖVP teilgenommen haben. In dieser Zeit hat der damalige Direktor der politischen Akadmie, Andreas Khol, einen vielbeachteten Aufsatz[208] *geschrieben, in dem er sich kritisch mit der Entwicklung in der Kirche auseinandergesetzt hat. Er ließ dabei den Wunsch erkennen, daß durch einen Kurswechsel in der Amtskirche, auch durch eine andere Politik des Vatikan bei Bischofsernennungen, das gesamt-gesellschaftliche Klima im Lande zugunsten der ÖVP verändert werden könnte. Hat es solche Meinungen gegeben?*

Es hat mehrheitlich die Meinung gegeben, daß es grundsätzlich positiv ist, wenn die Religionsgemeinschaften regelmäßig Kontakte zu den Parteien halten. Bruno Kreisky hat ja großen Wert auf sein Verhältnis zur katholischen Kirche gelegt. Es hat bei uns aber eigentlich nicht die Meinung gegeben, das darf nicht geschehen, weil sonst werden wir schwächer. Schon Klaus und Withalm haben das so gesehen.

War es für die ÖVP nicht unklug, dieser Annäherung zwischen Kirche und SPÖ tatenlos zuzusehen? Hat es der Kirche überhaupt etwas gebracht?

Ich glaube, daß es wichtig war, daß sich SPÖ und Kirche bemüht haben, ihr Verhältnis zu entkrampfen. Wenn es eine Chance gibt, zu Gott zu finden, dann sollte es nicht davon abhängen, bei welcher Partei man ist. Die Botschaft Christi ist für jeden bestimmt – wenn einer Sozialist ist, vom Weltanschaulichen her Materialist, oder von der FPÖ, und sich vom katholischen Glauben angezogen fühlt – da muß man sich ja freuen! Da kann man ja nicht dagegen sein. Hin und wieder hat es aber schon Ärger gegeben wegen der Rhetorik Bruno Kreiskys – wenn er Anspielungen machte, daß er eigentlich mehr für die Kirche getan habe als Politiker der ÖVP. Noch ein anderer Aspekt hat dabei mitgespielt – nämlich die Selbsteinschätzung der ÖVP. Wir wollten uns ja ganz bewußt nicht nur auf die christliche Wählerschaft beschränken. Wir waren und sind eine Partei mit christlichen Grundsätzen – aber es spielt keine Rolle, ob sich uns jemand aus religiösen Motiven oder aus ganz anderen Motiven heraus anschließt. Wir wollten also gar kein allzu enges Verhältnis zu den Kirchen. Ich habe mir gesagt, gerade als Christdemokrat muß man in der Lage sein, seine Linie so darzulegen, daß sie auch für Nicht-Christen als sinnvolle Entwicklungsmöglichkeit für Staat und Gesellschaft annehmbar ist.

Aber gab es in der ÖVP nicht auch Gruppen, die gemeint haben, die Linie der Kirche nach dem 2. Vatikanum hätte gesellschaftspolitisch der ÖVP geschadet und dagegen müsse etwas unternommen werden?

In kleinerem Ausmaß. Und es gab durchaus Anlässe dazu, zum Beispiel damals bei der Fristenlösung. Da gab es danach schon die Meinung, die Kirche hätte bei den Wahlen danach deutlicher Stellung beziehen sollen. Aber es war durchaus verständlich, daß sie sich nicht mehr in die parteipolitische Auseinandersetzung hineinziehen lassen wollte.

Gab es damals ÖVP-Politiker, die aktiv eine Änderung des Kirchenkurses herbeiführen wollten?

Nein. Daran könnte ich mich nicht erinnern. Nicht einmal Herbert Schambeck[209], dem das immer nachgesagt wurde.

Am 11. Juli 1991 wurde via ORF-Radio bekannt, daß Kurt Krenn zum neuen Diözesanbischof in St. Pölten ernannt wird. Dem damaligen Ortsbischof Alois Žak hatte Nuntius Donato Squicciarini noch unmittelbar davor versichert, daß Krenn keinesfalls dessen Nachfolger wird. Wie erfuhr die Bundesregierung von der Bestellung Krenns?[210]

Es hat die übliche Information der Regierung gegeben, da war nichts Außergewöhnliches. Es ist aber zwischen der Information für die Bundesregierung und der Mitteilung, daß sie keinen Einspruch erhebt, eine Indiskretion passiert. Vranitzky war dann bemüht, das Mißtrauen zu entkräften. Ich habe einen Verdacht gehabt, wer es gewesen sein könnte, aber man kann so etwas natürlich nie beweisen.

1995, am Höhepunkt der Affäre Groër, machte das Gerücht die Runde, Krenn könnte von St. Pölten nach Wien übersiedeln und neuer

Erzbischof werden, Weihbischof Schönborn statt ihm nach St. Pölten gehen. Es kam dann genau umgekehrt. Angeblich haben Koalitionspolitiker den Nuntius wissen lassen, daß die Regierung gegen Krenn Einspruch erheben könnte. Haben Sie entsprechende Beobachtungen gemacht?

Nein.

Hat sich die Regierung damit irgendwie befaßt?

Es hat immer wieder aus gegebenem Anlaß Debatten in der Regierung gegeben, ob dieses Einspruchsrecht gegenüber Bischofsernennungen Sinn macht. Es kann sein, daß es so eine Diskussion 1995 auch gegeben hat.

Wie bewerten Sie grundsätzlich den Konflikt innerhalb der katholischen Kirche?

Ich bedauere es zutiefst, daß es in der Kirche eine Entwicklung gibt, unter der auch schon die Politik unendlich gelitten hat. Daß nämlich durch eine zunehmende und teilweise mutwillige Polarisierung ein riesiger Autoritätsverlust der gesamten Institution erfolgt ist. In diesem Zusammenhang muß man auch die neuerdings christliche Ausrichtung der Freiheitlichen sehen. Wenn das von Dauer ist und auch konsequent weitergetragen wird – na gut. Dann wäre es ja grundsätzlich zu begrüßen. Aber wenn das nur um des augenblicklichen Vorteils gemacht wurde, dann hat es vor allem eines bewirkt, daß nämlich diese Polarisierungen noch größer geworden sind. Und wenn man manchmal TV-Debatten zwischen geistlichen Würdenträgern mitverfolgt, dann ist das – mit vereinzelten Ausnahmen – oft gehässiger als eine politische Debatte. Wem soll das nützen?

Andreas Mölzer

Andreas Mölzer, geboren 1952 in Leoben, war 1992 der „Eisbrecher“ zwischen dem rechten Flügel der katholischen Kirche und den Freiheitlichen. Mit einer Artikel-Serie über und einem, die ge-

meinsame Gegnerschaft zum Liberalismus beschwörenden Interview mit Bischof Kurt Krenn in der national-freiheitlichen „Aula" versuchte der damalige Chef der FP-Bildungsakademie, einerseits Vorurteile im eigenen Lager abzubauen, andererseits aber auch Teile der katholischen Kirche als Verbündete zu gewinnen. Nach einem Zerwürfnis mit Parteichef Jörg Haider 1994 mußte der Corpsstudent seine Funktionen als Chef der Parteiakademie und seinen Sitz im Bundesrat abgeben. Mittlerweile hat sich Mölzer mit Haider ausgesöhnt, wenn er auch kritische Distanz bewahrt. Als Kolumnist der „Presse" und der „Kronen Zeitung" sowie als Herausgeber der neu-rechten Zeitschrift „Zur Zeit" ist der Wahl-Kärntner eine publizistische Schlüsselfigur zwischen dem „konservativen" Kirchenflügel und dem Dritten Lager.

Herr Mölzer, Sie waren einer der Wegbereiter der Annäherung zwischen Teilen der katholischen Kirche und den Freiheitlichen. Was waren Ihre Motive und wie ist das gelaufen?

Es hat da ab Mitte der 80er Jahre Parallelentwicklungen in Österreich gegeben. Zum einen die angebliche Entwicklung nach rechts in der Kirche mit einigen konservativen Bischofsernennungen. Zum anderen die – ebenfalls angebliche – Entwicklung der FPÖ zu einer rechtspopulistischen Partei. Gegen beide Entwicklungen gab es Gegenbewegungen aus dem sogenannten „politisch korrekten" Bereich der Politik- und der Medienlandschaft, die sowohl die Haider-FPÖ als auch diesen Teil der Kirche attackiert hat. Es war dasselbe Muster, mit dem die Jagdgesellschaft gegen die FPÖ und die Kirche vorgegangen ist. Wir haben also dieselben Gegner gehabt. Und andererseits hat sich die FPÖ von einer nationalliberalen zu einer im weitesten Sinne rechtspopulistischen Bewegung mit wertkonservativer Grundierung gewandelt. Dieser Wertkonservatismus – Familie, Heimat, Leistung, all das, was unsere Gegner als faschistoide Sekundärtugenden bezeichnen – waren natürlich Werte, die auch im gesellschaftspolitischen Teil des Katholizismus fundiert sind. Auch, wenn Sie sich erinnern, dieses Eintreten für die eigenen

Leute, wie bei uns im Rahmen des Volksbegehrens „Österreich zuerst", mit der Polemik rund um die „Nächstenliebe" gegenüber der „Fernstenliebe", hat da eine Rolle gespielt. Damals, 1992/93, war bereits klar, daß gewisse Teile der katholischen Kirche Sympathie gegenüber der Haider-FPÖ aufbringen. Es gab am 21. Jänner 1993[211] im Rahmen einer Veranstaltungsserie zum Thema Migration, die ich als Chef der Parteiakademie aus diesem Anlaß durchgeführt habe, in Graz eine Podiumsdiskussion vor über tausend Zuhörern mit Kurt Krenn und Jörg Haider. Da ist man sich relativ nahe gekommen. Und natürlich hat es dann auch immer wieder persönliche Kontakte gegeben. Ich kann mich noch an ein gemeinsames Essen – Krenn mit Sekretär, Haider und ich – in der Fastenzeit erinnern. Wir waren dann auch noch zu einem Gesprächstermin bei Kardinal Groër – da hat man schon gespürt, daß man freundlicher aufgenommen wird. So etwas wäre früher nicht so leicht vorstellbar gewesen.

Sind also die FPÖ und ein Teil der katholischen Kirche durch die gemeinsamen Gegner wesentlich näher aneinander gerückt worden, als es ohne diese Gegnerschaft der Fall gewesen wäre?

Zweifellos. Wenn man von den gleichen Leuten über die gleichen Medien nach dem gleichen Muster attackiert wird, dann verbindet das. Aber parallel dazu hat es eine Verstärkung des wertkonservativen Flügels innerhalb der FPÖ gegeben gegenüber den nationalen und sozialliberalen Strömungen in der alten FPÖ. Ausgegangen ist das dann schon von Haider, der damals als Landeshauptmann ganz pragmatisch gesagt hat: „Auch ich bin katholisch, auch ich zahle meinen Kirchenbeitrag, auch ich gehe hin und wieder in die Kirche." Das war taktisch gesehen genau das richtige Signal. Weil die Mehrheit der Österreicher sind ja ohnehin in ihrer Mehrheit keine fundamentalistischen Katholiken, sondern halt „Noch-immer-Katholiken", also Taufscheinkatholiken, die auch nur hin und wieder in die Kirche gehen. Wer ist denn schon noch ein wirklich praktizierender Katholik? Das ist doch heute eher ein Lebensstil-Katholizismus als ein dogmatischer. Es ging uns damals also nicht darum, im katholisch-fundamentalistischen Lager zu fischen, sondern die Hemmschwelle jener Leute zu senken, die uns aus dem diffusen Gefühl heraus, wir wären antiklerikal und kirchenfeindlich, bisher nicht gewählt haben. Und natürlich hat man sich dort getroffen, wo wir gesagt haben, wir sind eher für die eigenen Kinder als für die Zuwanderer bzw. für funktionierende Familien und Ehen als für Scheidungen und Zweit- und Dritt-Ehen. Und dann hat das letztlich in die Programmdebatte gemündet. Da ist dann der Ewald Stadler eingestiegen. Ich hab' damals keine große Rolle mehr gespielt, weil ich aus der aktiven Politik ausgeschieden bin. Für meinen Geschmack ist das dann zu stark dogmatisch geworden. Das ist mittlerweile wieder ausgependelt – die FPÖ ist keine klerikale Partei geworden. Aber in der Debatte hat das ein eher theologisches Element bekommen statt gesellschaftspolitischer Werthaltungen. Meiner Ansicht nach war das ein Fehler.

Ist diese stillschweigende Koalition zwischen einem Teil der Kirche und den Freiheitlichen nicht eine Koalition der Anti-Modernisierer, die an die Fortschritts-Ängste der Österreicher appellieren?

Das mag sein. Es ist aber vor allem die Gefahr da, daß es eine Rand-Koalition wird. Auch wenn es jetzt wieder anders ausschaut – es könnte sein, daß letztlich doch die konservativen Bischöfe an den Rand der Kirche gedrängt werden. Und die FPÖ gilt ohnehin als Partei des rechten Randes. Und das ist taktisch nicht sehr vorteilhaft. Auch wenn man als Partei nicht in die ohnehin heiß umkämpfte Mitte des politischen Spektrums drängt – bei den Katholiken muß man an die Mitte appellieren, nicht an den fundamentalistischen Rand. Das ist auch der Fehler des Ewald Stadler – weil diese Gruppe unter den Katholiken macht doch nicht mehr als einige tausend Leute aus. Es geht auch gar nicht darum, daß die FPÖ mit einer Anti-Modernisierungs-Haltung um die Modernisierungs-Verlierer wirbt – sondern vielmehr darum, sich diesem schnellebigen Zeitgeist zwischen Nivellierung und Globalisierung zu verweigern. Als Konservativer braucht man nicht jede Mode bis hin zur Schwulenehe oder irgendwelchen Esoterik-Konsum-Sekten mitmachen. Auch hier trifft sich die FPÖ mit dem konservativen Kirchenflügel. So richtig anti-klerikale Kräfte gibt es ja in der FPÖ ohnehin kaum mehr. Diese Leute sind eher zum Liberalen Forum gegangen.

Aufgrund von personellen Verflechtungen entsteht der Eindruck, daß auch Kurt Krenn ein Netzwerk an publizistischen Unterstützern hat: Kurt Dieman schreibt für „Den 13." und „Zur Zeit", Sie selbst für „Zur Zeit" und – wie Kurt Krenn selbst – für die „Kronen Zeitung". Gibt es dieses Netzwerk?

Es gibt Krenn-freundliche Stimmen, ein Netzwerk gibt es sicher nicht. Den „13." kann ich nicht beurteilen, weil ich ihn zuwenig kenne. Bei „Zur Zeit" liegt es daran, weil bei uns alles, was einigermaßen interessant, g'scheit und nicht links ist, vorkommen kann und soll. Da gibt es dann halt nicht soviele. Daß dann zufällig ich wieder eine Verankerung in der „Krone" habe wie Kurt Krenn selbst, liegt vielleicht daran, daß die „Krone" im besten Sinne publizistischen Populismus in Reinkultur macht und daher für alle Strömungen, die für die Bevölkerung interessant sind, Platz ist. Daher gibt es die Frau Swoboda genauso wie den Christianus.

Robert Prantner

Robert Prantner, Jahrgang 1931, ist nicht nur ein Vertrauter von Bischof Kurt Krenn, sondern darüber hinaus einer seiner persönlichen Freunde. Der emeritierte Professor für Ethik und Gesellschaftslehre an der Philosophisch-theologischen Hochschule Heiligenkreuz war auch jahrelang Studienleiter an der Politischen Akademie der ÖVP. Aufsehen erregte der frühere Gesandte des Souveränen Malteser-Ritterordens immer wieder mit provokanten Publikationen. Einer seiner Beiträge in Andreas Mölzers „Zur Zeit", in dem er die Ritualmord-These über den „Anderl von Rinn" verteidigt, wurde vom Presserat verurteilt. Die Staatsanwaltschaft sah allerdings nach einer Anzeige des Dokumentationsarchivs des österreichischen Widerstands wegen Verhetzung kei-

nen Grund zum Einschreiten. Der zweifache Doktor – Theologie sowie Rechts- und Staatswissenschaften – bezeichnet sich selbst als „homo religiosus“.

Wie haben Sie Kurt Krenn kennengelernt?

Ich habe Kurt Krenn drei Jahre vor seiner Nominierung zum Weihbischof in Wien kennengelernt[212]. Das war im Bildungshaus des Opus Dei an der Hohen Wand. Ich kannte ihn nur par renommée als Professor aus Regensburg. Ich las im Programm, daß vor mir Professor Dr. Kurt Krenn spricht. Der Vorsitzende dieses Seminars machte uns bekannt, so habe ich ihn kennengelernt. Das nächste Gespräch hatten wir erst, nachdem er bereits die Bischofsweihe empfangen hatte. Aus diesen Gesprächen wurde eine Familienfreundschaft. Ich war dann sehr oft im Hause seiner Mutter zu Gast, das auch sein Haus ist, in Oberkappel an der bayerisch-oberösterreichischen Grenze im Mühlviertel. Ich lernte dort diese liebe alte Schulrätin Leopoldine Krenn kennen, die weit über 90 vor einem Jahr gestorben ist. Ich war und bin auch mit beiden Brüdern befreundet, die in Mainz und in Bochum Universitätsprofessoren sind, mit seiner Schwester, seinem Schwager, seiner Familie. Ich habe viele, viele Stunden Gespräche mit ihm geführt. Kurt Krenn ist für mich als Priester und als Bischof ein priesterliches Leitbild geworden in der Glaubenstreue, in der Glaubensbindung, ohne Rücksicht auf persönliche Benachteiligungen, das mein Leben nicht verändert, aber entscheidend mitgeprägt hat. Ich habe folgenden Eindruck auf mehreren gemeinsamen Reisen nach Deutschland, nach Polen und in die Ukraine von Kurt Krenn gewonnen: er ist ein ausserordentlich liebenswürdiger, lustiger, humorvoller und, das ist jetzt entscheidend, auch ein sehr barmherziger Mensch. Ich habe in seinem Lebenskreis und in seinem seelsorglichen Wirken Menschen kennengelernt, die unter all dem leiden, was das Kirchenvolks-Begehren zum Anlaß nimmt, Veränderungen und Reformen zu fordern. Die Lösungen, die Krenn für diese Menschen findet, die Liebenswürdigkeit, ohne den Grundsatz preiszugeben, hat in mir das schmerzliche Bewußtsein geformt, daß ihn die Medien weitgehend verkennen.

Noch etwas hat mich sehr bewegt: All die vielen Gruppen, für deren Unterstützung Kurt Krenn immer wieder verteufelt wird, zuletzt der Orden päpstlichen Rechts „Servi Jesu et Mariae", werden zwar von Kurt Krenn geschätzt. Sie werden von ihm als „Salz der Erde" geschätzt – aber er weiß genau, daß sie nicht die Erde sind. Die Erde sind die ganz normalen katholischen Christen, die mehr oder weniger brav in die Kirche gehen. Mit keiner dieser Gruppen identifiziert sich Kurt Krenn. Krenn hat mir immer wieder versichert, er wolle nichts anderes sein als ein ganz normaler katholischer Bischof. Das unterscheidet ihn zum Beispiel vom Vorarlberger Bischof. Klaus Küng ist Opus-Dei-Priester. Der Salzburger Weihbischof Andreas Laun wiederum hat diesen liebenswürdigen touch des Heiligen Franz von Sales. Krenn will aber nur ein ganz normaler Bischof sein.

Als Kenner und Freund von Kurt Krenn, was wissen Sie über seine Beziehung zu Papst Johannes Paul II.?

Eigentlich sollte das gar nicht verwundern, wenn ein Bischof eine gute Beziehung zum Heiligen Vater hat. Kurt Krenn hat in Rom drei akademische Grade erworben: Das Lizenziat der Theologie, das Lizenziat des kanonischen Rechts und das Doktorat der Philosophie. Er hat sich auch sehr mit wissenschaftlicher Psychologie beschäftigt. Ich habe bei Kurt Krenn gespürt, daß ich auf einen Menschen stoße, in dessen Denken und Schreiben sehr viele Anklänge an die Grundeinstellung des in Lublin und Krakau wirkenden Universitätsprofessors Karl Wojtyla zu finden sind. Krenn lernte den berühmten polnischen Gelehrten und Salvatorianerpater Professor Tadeus Styczen kennen. Er und Krenn haben sehr, sehr viele Sachgespräche geführt, vor allem auch über die erste Enzyklika von Papst Johannes Paul II., „Redemptor hominis". Daraus folgten weitere Begegnungen, etwa mit dem jetzigen Erzbischof Professor Marian Jaworski. Dieser Jaworski hat Wojtyla in Polen bei einem Termin vertreten während des Konklaves, bei dem Wojtyla zum Papst gewählt wurde. Bei diesem Termin kam es zu einem schrecklichen Eisenbahnunglück, Jaworski verlor seinen linken Arm. Kurz darauf machte Johannes Paul II., sicher auch aus einem gewissen Verantwortungsgefühl heraus, Jaworski zum Bischof. Er ist heute Erzbischof von Lemberg. Und es gibt auch guten Kontakt zu Stanislaw Dziwisz[213]. Wobei es nicht so ist, daß Dziwisz das Relais zwischen dem Papst und Krenn wäre. Kurt Krenns Beziehung zum Vatikan ist in erster Linie eine Beziehung zum Papst selbst. Krenn genießt das Vertrauen des Papstes. Ich weiß, daß Johannes Paul II. mit Kurt Krenn sehr gerne philosophische, präreligiöse, vorseelsorgliche Gespräche über den Menschen führt. Kurt Krenn ist ein angenehmer und charmanter Gesprächspartner. Aus diesen Gesprächen hat sich ein großes Vertrauen ergeben. Der Papst weiß, daß Kurt Krenn nichts anderes will als die normale, ungeschminkte Treue zum Lehramt und zum Nachfolger des heiligen Petrus.

Über Kurt Krenn gibt es sehr widersprüchliche Wahrnehmungen: Einerseits charmant, witzig, herzlich in privatem Kreis. Andererseits stur, verbissen, kampflustig, etwa bei TV-Debatten.

Das ist ein Phänomen, das ich auch bei Kardinal Franz König feststelle. Im Fernsehen macht er den Eindruck eines sehr korrekten, sehr ernsten Patriarchen. Spricht man privat mit ihm, ist er witzig und lustig.

Ist also auch Kurt Krenn vor der Fernsehkamera ein ganz anderer Mensch als im privaten Umgang?

Das ist richtig. Wobei Kurt Krenn vor der Kamera nicht ein Kurt Krenn mit aufgesetzter Maske ist, sondern eben sein Herzensanliegen auf sehr ernste Art und Weise darstellt. Das ist also kein doppelzüngiger Kurt Krenn. Das Lockere bei ihm unterliegt manchmal Hemmungen vor der TV-Kamera – selbst bei weniger ernsten Auftritten. Etwa bei Karl Moiks Silvesterstadl, als er da vor zwei Gläsern Wein gesessen ist. Ohne die vielen Zuschauer hätte er gesagt: „Weißt eh, ich darf eigentlich nichts trinken" – Krenn ist mittlerweile Diabetiker – „aber heut nehm ich halt einen großen Schluck". Und was haben die Zeitungen geschrieben? Daß er illuminiert war. Er war nicht illuminiert – er war nur gehemmt. Es fällt ihm nicht leicht, vor der Kamera so zu sein, wie es humorvoll wirkt. Ich war ja eine der Hauptursachen für Krenns Auftritt bei Peter Rapps Playback-Show vor zwei Jahren. Er war gut, er war sehr gut – natürlich nicht so gut wie Pavarotti selbst – aber er hätte halt lieber selbst gesungen, als nur Playback zu machen. Aber es war ein sehr inniger Auftritt, Kurt Krenn hat es dann auch gesagt – er wollte seine damals 91jährige Mutter in Oberkappel grüßen.

Zum Seelsorger Kurt Krenn: Seine Positionen bezüglich des Sakramentenempfangs von wiederverheirateten Geschiedenen sind bekannt. Andererseits konnte ich kein Beispiel in Erfahrung bringen, wonach Bischof Krenn im Dom einem oder einer Wiederverheirateten die Kommunion verweigert hätte. Das könnte man einerseits als Doppelmoral bezeichnen – oder als Barmherzigkeit gegenüber Menschen in Gewissensnot.

Kurt Krenn will mit starker Kraft die grundsätzlichen Positionen repräsentieren. Aber sein Wahlspruch „Die Barmherzigkeit Christi macht unseren Frieden aus" ist ein Leitgedanke im persönlichen, konkreten, individualisierten Anwendungsfall. Er hat großen Respekt vor jedem Einzelmenschen. Er hat weder eine eherne Faust, noch ist er eine Geißel. Ich bin mir sicher: kommt jemand zur heiligen Kommunion im St. Pöltener Dom unter den genannten Voraussetzungen – natürlich würde Krenn nicht die Kommunion verweigern und einen armen Menschen in Elend, Angst, Ärger, Zorn oder gar Tränen stürzen. Krenn ist ein grundgütiger Mensch und unendlich barmherzig.

Helmut Schüller

Helmut Schüller, geboren am Heiligen Abend 1952 in Wien, war als Schüler des Erzbischöflichen Knabenseminars in Hollabrunn auch Schüler von Hans Hermann Groër. Zum Priester wurde er 1977 geweiht, 1981 wurde Schüller von Franz Kardinal König zum Diözesanjugendseelsorger in Wien ernannt. Dort erregte er die Aufmerksamkeit von Caritas-Präsident Leopold Ungar. 1988,

bereits unter dem Wiener Erzbischof Hans Hermann Groër, wurde Schüller Ungars Nachfolger als Wiener Caritas-Direktor, 1991 auch als österreichischer Caritas-Präsident. Nicht zuletzt wegen seines Engagements für Flüchtlinge bzw. für die Integration ausländischer Mitbürger war Schüller im Dezember 1993 Adressat einer Briefbombe von Franz Fuchs. Die Sprengladung wurde rechtzeitig entdeckt und entschärft. Als Christoph Schönborn 1995 zum Nachfolger Groërs ernannt wurde, bestellte der neue Wiener Erzbischof Schüller zu seinem Generalvikar[214]. Nach dem Bischofsstreit während des Ad-limina-Besuchs im November 1998 sorgte Schüller mit einem „Tabubruch" für Aufsehen. Öffentlich forderte er den Bischof einer anderen Diözese, nämlich Kurt Krenn, zum Rücktritt auf, sollte dieser sein Verhalten nicht ändern. Im Februar 1999 wurde Schüller aus nach wie vor nicht ganz transparenten Motiven heraus von Schönborn seines Amtes enthoben.

Seit wann kennen Sie Kurt Krenn?

Ich kenne ihn, seitdem er Weihbischofskandidat für die Wiener Erzdiözese war. Ich war damals Diözesanjugendseelsorger, und ich war damals der Überzeugung, daß er einen fairen Einstieg in die Erzdiözese haben sollte – trotz des Rufes, der ihm vorausgeeilt ist. Ich habe mich für ihn engagiert, damit diese Vorurteile nicht einfach weitergeschrieben werden, sondern daß man ihm die Chance gibt, sich selbst als Weihbischof zu präsentieren und zu positionieren. Ich habe aber sehr bald gemerkt, daß das, was man vorab über ihn gehört hat, voll zutrifft – daß er nämlich ein sehr starker Polarisierer ist. Ich hab das dann so wahrgenommen, daß der damals neu amtierende Erzbischof Groër, der auch erst gerade dabei war, sich mit seiner Diözese zu finden, durch die Polarisierungen Krenns erst recht keine Möglichkeit mehr hatte, seine eigenen Anfangsschwierigkeiten zu überwinden. Ich habe erlebt, daß Groër dadurch in einen großen Loyalitätskonflikt hineingeraten ist: Einerseits seinen Weihbischof zu schützen, andererseits die Kritik an ihm ernst zu nehmen. Das hat Groërs Handeln und Wirken seine ganze Amtszeit lang beeinträchtigt. Das war mir selbst nicht ganz gleichgültig, weil ja Groër mein Religionsprofessor in Hollabrunn gewesen war. Ich selbst habe Krenn damals in diversen Gremien erlebt. Eine Beobachtung habe ich damals schon bei ihm gemacht: Im kleinen Kreis, vor allem aber unter vier Augen, tritt Krenn keineswegs so scharf auf wie in der Medienöffentlichkeit. Er flüchtet sich dann eher in Kompromissformeln, er setzt seine Anliegen gegenüber einem direkten Vis-a-vis kaum durch. Seine große Stärke ist die Massenkommunikation.

Können Sie Beispiele für Konflikte zwischen Groër und Krenn nennen?

Oft ging es um Dinge, die ja gar nicht in der Kompetenz von Kurt Krenn als für Kunst und Wissenschaft zuständigem Weihbischof lagen. Offensichtlich hat Groër Krenn freie Hand gelassen. Aber bei fast jeder Frage der Kirchenpolitik, die in den Gremien – im Priesterrat, im Pastoralrat – verhandelt wurde, nahm Krenn die Position dessen ein, der die Position Roms gegenüber allen anderen zu verteidigen hat. Es ist fast jedes Mal die gleiche Situation, die gleiche Atmosphäre entstanden: Er wollte immer klarstellen, daß irgendein Irrtum im Raum ist und darüber nun Klarheit geschaffen werden muß. Seltsamerweise sanktioniert er aber kaum etwas, wenn es dann anders geschieht. Für ihn ist wichtig, daß die Theorie stimmt. Ob das dann in der Praxis tatsächlich so ist, findet schon nicht mehr so seine Aufmerksamkeit. Ich hatte dann irgendwann einmal meinen ersten offenen Wortwechsel mit Kurt Krenn. Groër war damals Erzbischof und Krenn sein Weihbischof. Krenn hat Groër quasi dadurch bevormundet, indem er ständig erklärt hat, was denn für den Erzbischof akzeptabel sei und was nicht. Das war sehr komisch, weil das in Anwesenheit Groërs geschah. Das hat mich massiv gestört, das hat meine Auseinandersetzung mit Krenn eröffnet.

Es gilt als gesichert, daß Krenn gar nicht von Groër als sein Weihbischof ausgesucht wurde, sondern daß er von Rom Groër empfohlen worden war. Haben Sie entsprechende Beobachtungen gemacht?

Groër wollte zumindest mir gegenüber nie offen darüber reden.

Sein Verständnis darüber war, daß man solche Sachen diskret behandeln müßte. Aber er hat mehrmals indirekt erkennen lassen, daß es so gelaufen ist. Es konnte keine Rede davon sein, daß er sich Krenn gewünscht hat.

Zum ersten großen öffentlichen Konflikt zwischen Ihnen und Krenn kam es ja 1992/93 im Zuge der Debatte über das Anti-Ausländervolksbegehren „Österreich zuerst" von der FPÖ.

Mein Anliegen war damals, daß wir klarstellen, daß es Grundwerte gibt, die keiner Parteitaktik unterliegen dürfen. Daß wir daher auch die Grundwerte von Menschen, die aus anderen Ländern zu uns kommen, nicht der Beliebigkeit freigeben dürfen. Und daß die Interessen von benachteiligten Inländern nicht gegen jene von Ausländern aufgehetzt werden dürfen. Mir ging es damals darum, bei der FPÖ um Verständnis für diese Position zu werben. Bei Kurt Krenn hatte ich damals den Eindruck, daß er bei der Bevölkerung um Verständnis für die FPÖ werben will. Er hat Standpunkte der FPÖ quasi mit seiner kirchlichen Billigung versehen. Nun ist es überhaupt keine Frage, daß Parteien ihre Linie finden müssen und daß Politik auch immer Kompromiß ist und daß weder die FPÖ noch eine andere Partei einfach das Programm der Caritas zu ihrem Parteiprogramm machen kann. Aber die Aufgabe der Kirche ist es doch nicht, irgendeiner Partei Schützenhilfe zu geben, sondern die Parteien mit jenen Maßstäben zu konfrontieren, die wir aus unserem christlichen Glauben ableiten und die auch unserer Gesellschaft guttun. Krenn ist wohl auch der Meinung, daß sich die Aktivisten der Kirche zuwenig um das kümmern, was „das Volk" meint. Bei aller Ehrenhaftigkeit dieses Standpunkts – das ist nicht unsere einzige Aufgabe. Wir sollten vielmehr darüber wachen, daß das, was in der Demokratie von den Parteien vorangetrieben wird, jene Kritik erhält, die es braucht. Österreich hat sehr gute Erfahrungen damit gemacht, daß sich die Kirche eben nicht mehr exklusiv hinter eine Partei stellt. Diese Erfahrung ist sehr wichtig.

Bleiben wir beim Verhältnis zu den Parteien: Hat Krenn während des Kirchendialogs mit den Parteien im Jahr 1998 versucht, diesen Dialog auch parteipolitisch zu beeinflussen?

Nicht direkt in den vorgesehenen Gremien – aber das tut er ja nur ganz selten. Das macht er entweder im persönlichen Kontakt oder über seine ganz eigene Öffentlichkeitsarbeit. Wenn ich richtig informiert wurde, dann hat sich Krenn auch in der Bischofskonferenz nur ganz selten eingebracht – lediglich in den letzten Monaten, so höre ich, habe er heftiger mitgeredet. Bei ihm ist das oft so: Kritik kommt davor oder danach. Das ist sein Verständnis, seine besondere Art, sich der Massenkommunikation zu bedienen.

Sie meinen damit die „Kronen Zeitung", für die Krenn auch als Kolumnist unter dem Pseudonym „Christianus" tätig ist?

Nicht nur. Für eine Zeitung Kolumnist zu sein, ist aus meiner Sicht nicht heikel. Daß sich die „Kronen Zeitung" aus marktstrategischen Gründen so oder so positioniert, ist selbstverständlich ihr gutes Recht. Aber es ist wie bei den Parteien: Kirche darf solchen Meinungen keine Pauschalschützenhilfe leisten, sondern muß kritische Distanz bewahren. Gesellschaftlich und humanitär heikel wird es aber dann, wenn man nur dem vermeintlichen Publikumsgeschmack entgegenkommen will, und die Kirche dann glaubt, man müsse da ganz nahe dran sein, weil es ja viele Leute so wollen. Aber das ist eigentlich nicht unsere Sache, den Spielen der Medien zu folgen. Aber das hat ja nicht nur mit der „Kronen Zeitung" zu tun. Auch die anderen Medien haben ein Auge dafür, daß Kurt Krenn eine publikumswirksame Persönlichkeit ist. Das leugnen nicht einmal seine vehementesten Gegner. Er ist in diesem Punkt eine echte Ausnahmeerscheinung und muß damit die Medien interessieren.

Ist das nicht sehr widersprüchlich: Einerseits predigt Kurt Krenn ein hierarchisches Kirchenmodell, bei dem die Laien, also das Kirchenvolk, wenig Einfluß haben. Andererseits bedient sich Kurt Krenn aber liebend gerne der Massenmedien, um dieses Volk, das er ja offensichtlich gar nicht ernst nimmt, zu erreichen.

Natürlich ist das ein Widerspruch. Ganz abgesehen davon, daß das Volk mündig genug ist. Da sollen sich die Nachfolger der Apostel nicht überschätzen. Es ist von Anfang an nicht auf die Aposteln allein angekommen, das steht schon in den Evangelien und in der

Apostelgeschichte – die Grenzen der Aposteln bzw. die Stärken von Nicht-Aposteln. Ich denke nur an die Frauen, die Jesus gefolgt sind. Es ist oft das Volk vorausgegangen, oft auch Propheten, und die Hirten sind dann nachgefolgt. Das verlangt ja auch niemand, daß die Bischöfe immer vorneweg gehen. Gerade als Generalvikar habe ich oft erlebt, daß die Herde den Hirten trägt und nicht umgekehrt. Ob es Krisen im Leben eines Priesters sind, ob es buchstäbliche Versager im Hirtenamt sind, auch das gibt es. Und wir Priester und Bischöfe stehen doch nicht so im Alltag der Menschen. Wir werden von der Kirche in Dienst genommen und dürfen ausschließlich für die Kirche tätig sein. Aber dort, wo der Getaufte sein persönliches, berufliches und gesellschaftliches Leben mit dem Glauben in eine gelungene Kombination bringen soll, dort müssen wir uns auf die Laien verlassen. Dort ist ein aufmerksames Aufeinanderhören enorm wichtig – das sagt auch das 2. Vatikanum[215]. Die Bischöfe sind auch nicht nur dem Papst unterstellt. Sie sind Mitglieder des Apostelkollegiums. Das Petrusamt lebt davon, daß seine Apostelkollegen mit ihm auch in lebendiger Auseinandersetzung stehen.

Es geht letztlich um die unterschiedlichen Auffassungen darüber, was Kirche ist und wie Kirche sein soll. Oder, anders formuliert, über die Frage der Interpretation des 2. Vatikanischen Konzils. Aber ist es nicht doch so, daß Rom die Auffassung Kurt Krenns unterstützt und die Auffassungen anderer Bischöfe immer wieder korrigiert? Etwa durch die Briefe von Kardinal Ratzinger in Zusammenhang mit dem Kirchenvolks-Begehren bzw. dem Dialog?

Vielleicht wird man einmal erfahren, wie das alles wirklich war. Aber merkwürdigerweise geht es meistens nicht um Glaubensinhalte, sondern um Überschriften und Formalrichtigkeiten. Etwa um die Frage, ob jemand gehorsam gegenüber dem Papst ist oder nicht. Schon weniger, um welche Inhalte. Gerade in der Ausländerfrage, in der Europafrage hat sich der Papst in einer Weise festgelegt, die denen, die sich so gerne auf ihn berufen, schwer zu schlucken gibt. Die EU- und Europa-kritischen Äußerungen Krenns sind mit den Aussagen des Papstes schwer in Einklang zu bringen. Wenn man Krenn darauf anspricht, wird er sagen, er meine ohnehin nur die EU-

Bürokratie in Brüssel, das hätte er im Nachhinein gerne so gesehen. Gemeint hat er es anders.

Im Herbst 1998, nach dem Ad-limina-Besuch der Bischöfe, ist der Streit zwischen Ihnen und Krenn eskaliert. Warum zu diesem Zeitpunkt?

Es war die Erfahrung mit seinem Verhalten während des Ad-limina-Besuchs. Krenns These, er sei das Opfer falscher Berichterstattung, stimmt ganz einfach nicht. Es hat sich nach den Vorfällen in Rom bei den Priestern und Gläubigen ein derartiger Frust angesammelt, daß es mir wichtig und richtig erschien – und nach wie vor erscheint – öffentlich (wie denn sonst als öffentlich?) zurückzureden. Genau auf derselben Bühne, die Kurt Krenn immer wieder betritt – wobei er anscheinend immer sehr beleidigt ist, wenn andere das auch tun. Also genau auf jener Ebene, auf der er uns die ganze Sache eingebrockt hat. Und wir wollten eine deutlich hörbare Botschaft ausschicken – weil die Gläubigen schon den Eindruck hatten, daß wir alles schlucken. Darüber habe ich mit dem Kardinal sehr offen gesprochen und ihm auch gesagt, daß die Leute endlich eine Klarstellung wollen. Es ging darum, daß klar wird, daß wir das nicht wollen. So kann man nicht Bischof sein – das hält der Großteil der Nicht-Bischöfe nicht aus. Ich habe aber nie gesagt, er soll sofort zurücktreten, sondern er möge sich ändern – wenn er das nicht will, dann sollten die Konsequenzen gezogen werden.

Jetzt hat sich Krenn aber nicht geändert. Er macht nach wie vor, was er will. Nach den Sonderbischofskonferenzen Ende 1998 in Salzburg und Linz scheint seine Position stärker denn je.

Meine Stellungnahme zu Kurt Krenn Anfang Dezember war nicht der Bestandteil einer großangelegten Krenn-Entfernungsstrategie. Ich habe das damals ad hoc so gesagt, wie es meiner Meinung nach gesagt werden mußte – egal, was herauskommt. Hinterher hat man das, um es spannender zu machen, in eine Strategie einzubauen gemeint. Aber es war keine Strategie da. Es war nur die auch von anderen bereits davor geäußerte Unzufriedenheit. Sie kam nur erstmals von einem Generalvikar.

Damit, daß man eine Bischofskonferenz ratlos machen kann, wie das Krenn geschafft hat, dadurch, daß Rom nichts anderes einfällt, als nichts zu unternehmen; und dadurch, daß man sich in der Öffentlichkeit als „Sieger" präsentieren kann, hat man nicht gewonnen. Da gibt es Dinge, die schwerwiegender sind. Es läßt sich nämlich auf die Dauer nicht gegen das Gefühl der überwiegenden Mehrheit der Katholiken in Österreich agieren – weder als Bischofskonferenz noch als Weltkirche. Und es haben viele einfache Katholiken, die bisher noch nie an Protest gedacht haben, ganz einfach die Nase voll. Lange spielen darf man sich mit diesen Leuten nicht mehr. Und die Weltkirchenleitung muß endlich erkennen, daß wesentlich mehr auf dem Spiel steht als ein Gutpunkt für den einen Bischof oder ein Schlechtpunkt für einen anderen. Österreich ist ein Land, in dem immer noch der katholische Glaube eine außerordentlich große Rolle spielt. Auch bei Menschen, die sich gar nicht im Nahebereich der Kirche aufhalten. Die Kirche trägt hierzulande wesentliche gesellschaftliche Bereiche mit – in der Erziehung, im Sozial- und Gesundheitsbereich, in der Erwachsenenbildung. Das alles setzt eine gewisse geistige Verbundenheit zwischen der Bevölkerung und dieser Kirche voraus. Und die ist in einem erstaunlichen Ausmaß immer noch gegeben. Österreich hat in Mitteleuropa auch eine nicht geringe Bedeutung. Und ich glaube nicht, daß man das übersehen kann. Und ich glaube nicht, daß man die Bemühungen, mit der Seelsorge den Gegebenheiten des modernen Lebens gerecht zu werden, auf die Dauer als Glaubensschwäche, Substanzverlust, Freimaurertum oder sonst etwas denunzieren kann. Man kann nicht so tun, als ob die Dinge noch so wie vor vierzig Jahren sind. Möglicherweise wurde von einem „Flügel" in der Kirche eine Schlacht gewonnen, aber sicher nicht der Krieg.

Aber es könnte natürlich auch die schlimmste Variante eintreten – daß es nämlich den Leuten egal wird, was ihnen die Bischöfe zu sagen haben. Das kann aber uns nicht egal sein. Das Wirken der Kirche in diesem Land hat auch mit ihrem Gewicht gegenüber dem Staat zu tun – Gewicht nicht als Privileg gemeint, sondern als natürliche Autorität. Zuzuschauen, wie die Bedeutung der Kirche immer mehr schwindet, ist auch von der staatlichen Seite her nicht wirklich vertretbar. Wie aber soll eine Kirche in Österreich, in Wien Kirche sein? Ich kann verstehen, daß es Leute gibt, die sagen, mit den Neuerungen ist in der Kirche alles schlechter geworden. Nur – das kann man nicht beweisen. Vielleicht wäre es ohne dieser Neuerungen noch schlechter gekommen? Es gibt auch Gläubige, die meinen, man sollte sich nur auf die Glaubenswahrheiten beschränken und nicht mit Zeitfragen beschäftigen, weil alles andere die Gläubigen nur verwirrt. Es gibt auch die Meinung, man sollte sich vor der „bösen Welt" abkapseln. Aber es gibt auch die Sicht, für die sich genügend Belege in der Heiligen Schrift finden: daß die Kirche auf die Entwicklungen der jeweiligen Zeit und Gesellschaft einzugehen hat. Und ihre Verkündigung ernsthaft überprüfen muß, ob sie ihre zeitlose Wahrheit in der richtigen Weise weitergibt. Dabei dürfen wir uns keine Mühe ersparen, ob das, was wir weitergeben, auch das ist, was vom Herrn dieser Kirche erwartet wird. Oder ob den Menschen Dinge zugemutet werden, die ihnen Gott nicht zumuten will. Wir müssen auch überlegen, ob wir nicht durch das ständige einfach-geschnitzte Wiederholen von dem, was schon immer gesagt wurde, in Kauf nehmen, daß die Dinge an Bedeutung verlieren. Ein Beispiel dafür ist die Fristenlösungsdiskussion. Es bringt nichts, alle paar Monate zu erklären, daß wir mit der Fristenlösung unzufrieden sind, und sonst nichts zu machen. Wir müssen auch innerhalb der Fristenlösung das Leben wirksam schützen. Jene, die ständig alte Positionen wortgetreu wiederholen, nützen der Sache viel weniger, als sie vorgeben. Es ist zuwenig, wenn die Kirche alle halben Jahre sagt, daß sie unzufrieden ist, und dann so weitertut wie bisher. Die Geschichte hat gezeigt, daß die Kirche immer wieder ihre Verkündigung neu zu formulieren hatte, weil die alten Bedingungen nicht mehr gelten. Und da rivalisieren zwei Kirchenbilder: Die einen wollen die Kirche in Sicherheit bringen, damit das, was wir haben, bleibt: „Setzen wir also die Kirche nicht diesem gefährlichen Zeitgeist aus!" Dem halte ich entgegen, daß wir einen menschgewordenen Gottessohn verkünden, der sich auf enorm viel eingelassen hat. Auch wir sollten uns auf viel einlassen. Das ist nicht ungefährlich und nicht ohne Risiko – aber das ist das Wesen der Kirche.

Aber genau dieses bewahrende Kirchenbild wird anscheinend von Rom und Kurt Krenn gewollt.

Das ist der Punkt. Es ist die Rolle Roms, eine starke Zentrale zu sein. Das ist nicht das Problem. Das Problem ist, daß es die Zentrale derzeit offenbar nicht aushält, daß sie ein genauso wirksames Gegengewicht braucht. Es ist nicht die Aufgabe Roms, die Zeitgeist-Dosis zu bestimmen. Rom hat die großen Grundvoraussetzungen einzumahnen. Damit das wirksam wird, braucht man aber das Gegengewicht jener, die draußen im Feld stehen und selbstbewußt und mutig zurückmelden, was trotzdem an Neuerung notwendig ist. Nicht als Ersatz für die Grundwahrheiten, sondern als deren Aktualisierung. Petrus wollte die Grenzen der Kirche rund um das Judentum sehen. Es kam dann zur Konfrontation mit Paulus, der Petrus widerstanden hat. Dadurch ist zustande gekommen, was wir heute als selbstverständlich ansehen und gegen Häretiker als Glaubenswahrheit vertreten. Natürlich sind Heiden wie Juden zum Christentum berufen. Es ist typisch für diese Kirche, daß all jene, die ein Gegengewicht sind und dann als Erneuerer gefeiert wurden, sich zunächst mit den herrschenden Kräften angelegt haben. Bischöfe haben nicht nur das Petrusamt in ihrer Ortskirche mitzuvertreten. Sie haben auch ihre Ortskirche gegenüber dem Petrusamt zu vertreten. Und unsere Diözesanbischöfe sollten diese Funktion ernsthaft wahrnehmen. Sie sind nicht Leiter von Ortsfilialen, sondern sie haben als Apostelnachfolger eine eigene Verantwortung. Nur weil manche in Rom gerne hören, daß alles „im Griff" sei, kann man ihnen die unangenehmen Tatsachen nicht verschweigen.

Erhard Busek

Erhard Busek, Jahrgang 1941, engagierte sich bereits in seiner Jugend in der Katholischen Aktion (Hochschuljugend) und war bis März 1999 in diversen ehrenamtlichen Funktionen als engagierter katholischer Laie tätig – u.a. war Busek bei der Salzburger Dele-

giertentagung im Oktober 1998 im Rahmen des „Dialog für Österreich" einer der von der Bischofskonferenz direkt ernannten Delegierten. 1987, bei der Ernennung von Kurt Krenn zum Wiener Weihbischof, war Busek Wiener Vizebürgermeister und VP-Landesobmann. 1991, bei der Installierung Krenns als Diözesanbischof von St. Pölten, war Busek Wissenschaftsminister und gerade seit ein paar Tagen neuer Bundesparteiobmann der ÖVP. Die „Affäre Groër" 1995 fiel in die Endphase der „Ära Busek" in der ÖVP – damals wußte er bereits, daß seine Tage als Obmann und in der Regierung gezählt sind.

Herr Dr. Busek – wann und wie haben Sie Bekanntschaft mit Kurt Krenn gemacht?

Er ist in den siebziger Jahren in politisch-katholischen Kreisen in Oberösterreich aufgetaucht. Damals wurde er mir vorgestellt, es wurde mir auch erzählt, daß er eigentlich ÖVP-Mitglied sei. Dann ist mir auch die Verbindung der Familie zum Nationalsozialismus erzählt worden. Das war kein Einzelfall – mit dem Wegfall der Nazi-Ideologie sind manche scharf in Richtung Religion abgebogen, sozusagen als Ersatz. Mir ist damals schon aufgefallen, daß Krenn in der Theologie eigentlich sehr flach ist und in erster Linie als Ordnungspolitiker auftritt. Das nächste Mal hatte ich mit ihm zu tun, als er zum Weihbischof in Wien ernannt wurde. Er ist damals bei mir aufgetaucht und hat mir erzählt, daß er sich mit dem Gedanken trägt, die katholische Hochschulgemeinde – aus der ich komme – zu verändern. Er hat sie dann sozusagen von den Häusern heraus in die Votiv- und in die Karlskirche verpflanzt. Er hat mir damals gesagt, daß er mich eigentlich nicht in der ersten Reihe der Protestierer sehen will. Daran hat sich ein grundsätzliches Gespräch angeknüpft. Ich habe ihm auch gesagt, daß er doch meines Wissens nach ÖVP-Mitglied sei. Aber er ist ausgewichen und hat nur etwas über seine Mutter und den Bauernbund herumgeredet. Dann ist es um die Frage gegangen, ob die ÖVP kirchliche Grundsätze vertritt. Wenn die Partei das tut – und Krenn hat konkret die Abtreibung und die Ehegesetzgebung angeschnitten –, dann würde er, dann würde die Kirche von den Kanzeln für die ÖVP predigen. Ich habe ihm geantwortet, daß das eigentlich meinem Kirchenbild widerspricht. Ich bin, bei all meinem parteipolitischen Engagement, quasi ein Kind des „Mariazeller Manifests“ – freie Kirche in einem freien Staat. Und ich habe ihm auch gesagt, daß meines Wissens nach rund acht Prozent der Wiener jeden Sonntag in die Kirche gehen – und ich hatte damals 35 Prozent Wähleranteil. Er versuchte dann, auf die katholische Hochschulgemeinde Einfluß zu nehmen, und wir sind auf der anderen Seite als Redner aufgetreten.

Zu Begegnungen ist es dann auch gekommen, als Krenn einen Wissenschafts- und Kunstrat schuf. Da saßen dann Leute wie der Kurt Dieman drinnen. Die haben dann gegen vieles Stellung genommen, wofür ich eingetreten bin. Das waren im Prinzip dieselben Leute, die dann die Kampagne „Weiß wählen“ bei jener Wahl geführt haben, die ich – sagen wir einmal, nicht gewonnen habe[216]. Ich habe über diese Personalpolitik mit Kardinal Groër geredet. Groër hat explizit seinen Weihbischof Krenn dafür verantwortlich gemacht. Ich habe ihn erstaunt angesehen und ihm zu verstehen gegeben, daß meines Wissens nach ein Weihbischof zwar Vorschläge machen kann, aber die Letztentscheidung und Verantwortung doch beim Erzbischof liegen. Groër hat dann mir gegenüber gemeint, ich wisse ja nicht, wie das tatsächlich ist mit Krenn und dem Papst und dem Vatikan und dem Nuntius[217]. Krenn verfüge eben über großen Einfluß und er – Groër – leide darunter. Ich hab das damals eigentlich nicht ernst genommen. Später bin ich draufgekommen, daß es wirklich so war. Krenn hat Groër ungeheuer unter Druck gesetzt.

Es ist ja ein offenes Geheimnis, daß Groër Krenn gar nicht persönlich kannte, ehe er ihn als Weihbischof vorschlug.[218]

Ich verbürge mich dafür, daß mir zwei Bischöfe erzählt haben, daß Groër auf entsprechende Vorhaltungen in der Bischofskonferenz gesagt hat: „Ich wollte ihn nicht, das war Rom.“ Das war die ganze Tragik.

Wie war grundsätzlich die Einstellung Krenns und seiner Anhänger zu Ihnen?

Es gab da noch so eine Episode. Da haben Groër, Krenn, Dieman und andere verbreitet, ich wäre Freimaurer. Nicht, daß das etwas Ehrenrühriges wäre – aber ich bin es nicht. Man wollte mich als Christ diskreditieren. Dann kam die Ernennung Krenns in St. Pölten[219]. Ich habe ja immer die Auffassung vertreten, diese Einspruchsmöglichkeit der Bundesregierung aus dem Konkordat gehört abgeschafft. Es widerspricht der Trennung Kirche-Staat. Ich bin dabei aber an Kanzler Vranitzky gescheitert, der mir quasi immer erklärt hat, man muß das wegen des Krenn so belassen. Nur hat dann die SPÖ bei der Berufung Krenns nach St. Pölten ohnehin keinen Einspruch erhoben. Ich hatte in der Frage auch eine Debatte mit Alois Mock. Wobei der Nuntius[220] das immer sehr trickreich gespielt hat. Er ist am Sonntag beim Mock gewesen, damit am Montag in den Ministerratsvorbesprechungen alles ohne Einspruch durchgeht – das war bei allen Bischofsernennungen so. Interessanterweise ist der Nuntius immer zum Außenminister gegangen, nie zum Kultusminister[221]. Und Alois hat sich – ob aus treuer Kirchengesinnung oder weil er selbst eine ähnliche Position hatte – den Vorschlägen des Nuntius immer angeschlossen. Ich habe ihm dann bei Krenn Schwierigkeiten gemacht. Ich habe Alois Mock darauf aufmerksam gemacht, daß Krenn in St. Pölten unweigerlich große Probleme auslösen wird. Mock hat gemeint, er wisse das ohnehin, man könne aber eigentlich nichts zu tun.

Wie ist es überhaupt zu all diesen problematischen Bischofsernennungen gekommen?

Ich hab' da ein persönliches Erlebnis. Das war damals, als Kardinal König bereits seinen Rücktritt als Wiener Erzbischof eingereicht hatte, der dann schließlich vom Vatikan auch angenommen wurde[222]. Ich war damals gemeinsam mit Kardinal König bei den Castell-Gandolfo-Gesprächen des Instituts für die Wissenschaft vom Menschen. Zuvor hatte mich ein Bischof angerufen und aufgefordert, ich möge doch die Gelegenheit nützen und mit dem Papst über Königs Nachfolge sprechen. Ich habe das dann gemacht und habe den Papst gestellt. Ich wollte das aber nicht alleine tun und bin gemeinsam mit Kardinal König zu ihm gegangen. Johannes Paul hat dann nach ein paar Floskeln – Wien sei eine wichtige Diözese und brauche bald einen Bischof – in Anwesenheit Königs gemeint, dieser solle doch endlich sagen, wen er als Nachfolger wolle. Beim Heimflug habe ich dann König gefragt: „Eminenz, warum sagen Sie denn nicht, wen Sie wollen?" König hat darauf gemeint, es kämen ohnehin nur zwei oder drei Personen in Frage und er wolle nicht Schicksal spielen. Später hat dann König mich und andere aufgefordert, zum Nuntius[223] zu gehen und dort unsere Anliegen vorzutragen – also daß endlich ein Nachfolger bestellt werden sollte[224] und es aufgrund der Verzögerungen Sorgen gäbe. Mir ist es damals komisch vorgekommen – weil der Nuntius wollte von logischen Nachfolgern nichts wissen und sprach dauernd von „einfachen Pfarrern" und „frommen Mönchen". Später wurde ich dann in Kenntnis gesetzt, daß Krenn bereits 1986 auf der Liste für den Wiener Erzbischof war, daß aber seine Ernennung von Ratzinger[225] verhindert wurde – Ratzinger kennt Krenn von seiner Lehrtätigkeit her. Und Groër war der nächste auf der Liste. Ich war am Tag der Ernennung Groërs[226] mit Kardinal König essen. Er hat mir damals gesagt: „Groër nimmt das sicher nicht an." Aber König war vom Vatikan nicht mehr zu Groër befragt worden.

Es heißt, daß auch 1995, nach der Affäre Groër, eine Beförderung Krenns zum Wiener Erzbischof geplant war. Dies sei jedoch vom Vatikan wegen der Möglichkeit eines Einspruchs der Bundesregierung wieder verworfen worden.

Es gab sicher Gruppen, hier und in Rom, die damals Krenn als Nachfolger Groërs wollten. Aber meiner Einschätzung nach war bereits 1986 alles entschieden worden – nämlich, daß Krenn nicht Erzbischof wird. Ich glaube nicht, daß Rom das also ernsthaft erwogen hat.

Zu den aktuelleren Ereignissen: Sie waren im Oktober 1998 von der Bischofskonferenz für die Salzburger Delegiertenversammlung nominiert. Wie haben Sie dort Kurt Krenn erlebt?

Es war sehr komisch: In Salzburg war er streichelweich, hat alle verbal eingeseift, es haben ihm alle applaudiert. Erst danach ist wieder der echte Krenn hervorgekommen – bei den TV-Debatten, beim Ad-limina-Besuch. Da hat er dann nämlich bewußt alles zerstört, was in Salzburg erreicht wurde. Es war ihm spürbar unangenehm, daß in Salzburg alles so gut gelaufen ist – sehr konstruktiv, in angenehmer Atmosphäre, das Lehramt war dort auch gar nicht zu beschützen, weil es nie in Frage gestellt worden war. Das hat ihm nicht gepaßt, darum hat er es im Nachhinein torpediert. Er hat aber nicht einkalkuliert, daß jetzt alles bei den Bischöfen liegt, auch alle Konflikte.

Ewald Stadler

Ewald Stadler, geboren 1961 in Mäder in Vorarlberg, ist der Hauptverantwortliche für die christliche Orientierung des 1997 beschlossenen neuen Parteiprogramms der FPÖ. Obwohl Stadler seine politische Sozialisierung während des Studiums in Innsbruck bei der national-freiheitlichen schlagenden Sängerschaft „Skalden“ erfuhr, gilt er mittlerweile als Exponent eines fundamentalistischen Katholizismus. Seine politische Karriere begann Stadler 1985 als FP-Gemeinderat in Mäder, 1989 bis 1994 war er Abgeordneter im Vorarlberger Landtag, anschließend, bis 1999, Nationalratsabgeordneter und geschäftsführender Klubobmann. Im April 1999 wechselte der Wahl-Etsdorfer als Landesrat in die niederösterreichische Landesregierung.

Herr Klubobmann Stadler, seit wann kennen Sie Kurt Krenn persönlich?

Persönlich, glaube ich, erst seit 1994. Das war bei irgend einem offiziellen Anlaß, vermutlich bei einem Empfang in der Nuntiatur, jedenfalls etwas Offizielles. Ich war damals schon Anhänger von Kurt Krenn, ohne daß ich ihn persönlich kannte. Ich habe ihn auf dem „Heißen Stuhl“ im deutschen Privatfernsehen gesehen, und wie souverän er die unglaublich infamen Angriffe pariert hat, hat mich sehr beeindruckt. Bei diesem Empfang habe ich ihn angesprochen und wir sind ins Gespräch gekommen.

Zu Ihrer Person: Sie sind praktizierender Katholik und kommen aus einem teilweise katholischen Elternhaus, stimmt das?

Das Großelternhaus war noch viel katholischer, und zwar mütterlicher- wie väterlicherseits. Väterlicherseits war meine Urgroßmutter katholisch und auch christlich-sozial ausgerichtet. Ein tirolerisches bäuerliches Milieu. Die Familie ist erst später nach Vorarlberg übersiedelt. Mutterseitig ist es genau das gleiche, der Bregenzer Wald ist so ziemlich die katholischste Region, die es im Westen Österreichs gibt. Tirol ist ja fast schon laizistisch im Vergleich zum Bregenzer Wald. Meine Großeltern waren also alle sehr katholisch. In meinem Elternhaus hat die Kirche dann schon nicht mehr so eine Rolle gespielt, vor allem, weil meine Eltern eine Distanz zur ÖVP entwickelt haben, bis zur Abneigung gegen die ÖVP. Und daß die örtliche Gegebenheit ganz einfach eine Verflechtung zwischen Kirche, Pfarrei und ÖVP war. Das hat nichts daran geändert, daß ich katholisch erzogen wurde. So zwischen meinem 20. und 28., 29. Lebensjahr habe ich auch meine Krisen gehabt, aber das gehört bei einem Katholiken dazu, daß er immer wieder sich selber überprüft und seine eigene Kirche kritisch sieht. Ich habe aber dann Gott sei Dank wieder zurückgefunden zu einer katholischen Einstellung und zur katholischen Lebensweise.

Wodurch zurückgefunden? Durch Personen, durch Bekannte oder durch eigene Entwicklung?

Durch die eigene Entwicklung. Wenn man heiratet, stellt man sich die Frage, ob man auch kirchlich heiraten will, dann beginnt man wieder kritisch den Wert des Sakraments zu hinterfragen. Und ich habe gesehen, daß es nicht nur die am Boden sitzende, Gitarren klimpernde Kirche gibt – sondern daß es auch noch eine andere, nämlich wirklich katholische Kirche gibt, wie ich sie mir vorstelle. Diese Erfahrung ist auch eine Gnade, und die habe ich gehabt und deswegen auch wieder zurückgefunden.

Was ist an Bischof Krenn aus Ihrer Sicht das Besondere, was unterscheidet ihn von anderen Bischöfen?

Es unterscheidet ihn, daß er die Dinge auf den Punkt bringt. Das schätze ich an ihm unglaublich: dieses sonst so verbreitete Allerweltsgewäsch, es jedem Recht zu machen, nur um nicht anzuecken, das ist wirklich nicht sein Fall. Er sagt, was Aufgabe eines Hirten ist, was aus seiner Sicht Sache ist, auch katholische Sache ist. Entweder man ist damit einverstanden oder man ist nicht damit einverstanden. Aber er biedert sich jedenfalls nicht an. Und vor allem biedert er sich nicht dem Zeitgeist an. Es ist ja nicht sehr mutig, sich mit irgendwelchen Zeitgeistthemen in den medialen Vordergrund zu spielen und dann so zu tun, als ob das ein persönliches Engagement sei. Im Gegenteil – heute bedarf es des Mutes, sich gegen den Zeitgeist zu stellen und auf zentrale katholische Inhalte zu verweisen. Das haben wir ja zuletzt gesehen, als ein paar Bischöfe das eigentlich Ureigenste gemacht haben, was sie zu tun haben – nämlich das Leben zu schützen. Als sich Bischof Laun und Bischof Krenn plötzlich gegen Mifegyne und gegen Abtreibung gewandt haben, was an sich die ureigenste Aufgabe der Bischöfe ist, da war ein Sturm der Entrüstung da bis hin zu Drohungen der Kündigung des Konkordats. Und genau das zeichnet Krenn aus – daß er nämlich nicht darauf achtet, was ist gewünscht, genehm, zeitgeistkonform, sondern daß er nur das sagt, was er glaubt, was wahr ist.

Ist das aber nicht eher ein formales Kriterium als ein inhaltliches? Ich kenne keinen einzigen Bischof, der nicht gegen die Abtreibung ist.

Da geht es nicht nur um Formales, sondern auch um Inhaltliches. Krenn scheut sich nicht, Dinge zu nennen, die heute als rechtskonservativ gelten. Man macht ihm etwa den Vorwurf, daß er einen Orden in seiner Diözese zuläßt, der als rechtskonservativ gilt. Er dürfte zwar jede linke Sekte aufnehmen, dann wär' er völlig zeitgeistkonform, dann wäre er wahrscheinlich sogar noch mutig und fortschrittlich. Aber wenn er darauf pocht, daß auch die Konservativen, auch jene, die kritisch zum Konzil stehen, in seiner Kirche ihre Daseinsberechtigung haben, dann wird er angefeindet. Ein anderes Beispiel: Krenn redet auch noch von Sünde. Heute spricht ja kein anderer Bischof mehr von der Sünde. Er redet auch davon, daß jene, die sich nicht um das Heil bemühen, auch mit Konsequenzen im Jenseits zu rechnen haben. Er redet auch davon, daß es auch das Böse und den Satan gibt, das ist ja von keinem Bischof mehr in aller Öffentlichkeit zu hören. Von Bischof Krenn schon.

Jetzt gilt aber auch Christoph Kardinal Schönborn nicht gerade als Progressiver. Was macht den Unterschied zwischen ihm und Krenn aus?

Ich glaube, daß Schönborn in eine Zwickmühle geraten ist zwischen Bischof Krenn und dem eigentlichen Gegner in der Bischofskonferenz, nämlich Bischof Weber. Schönborn hat nicht gewußt, auf welche Seite er sich schlagen soll. Wenn Weber etwa provokant ankündigt, er werde in seiner Diözese eine Arbeitsgruppe einsetzen, um das Frauendiakonat zu ermöglichen, dann hat das mit dem, was Kardinal Schönborn vertritt, überhaupt nichts zu tun, auch nicht mit den römischen Positionen. Und es ist genau das Gegenteil von dem, was Bischof Krenn vertritt.

Bischof Krenn hat einmal gesagt, man könnte nachdenken über ein Amt für Frauen, solange keine Weihe damit verbunden ist.

Aber ein Diakonat wäre eine Weihe, also ein Priesteramt. Genau das ist der Trennstrich.

Zurück zum Konflikt zwischen Schönborn und Krenn. Ist Schönborn von seiner Linie her nicht ebenso konservativ wie Krenn?

Ich lehne die Punzierung „konservativ oder progressiv" ab. Ich sage, Krenn ist katholisch. Es gibt manche Progressive, die sagen, sie seien katholisch und es in Wahrheit schon längst nicht mehr sind. Kardinal Schönborn ist eindeutig auf dem Boden der katholischen Lehre, diesen Boden verläßt er auch nicht. Während andere so tun, als ob es progressiv sei, wenn sie diesen Boden verlassen.

Wen meinen Sie damit? Nur Laien oder auch den Klerus?

Ich möchte jetzt gar keinen Namen nennen. Aber ich meine auch den Klerus. Wenn ich höre, daß es Bischöfe zulassen, daß es in ihrer Diözese Priester gibt, die Kindermessen veranstalten und statt Wein Apfelsaft oder irgend einen anderen Fruchtsaft nehmen, dann ist das nicht mehr katholisch, sondern reine Blasphemie, Das wird aber nicht einmal geahndet. Da hätte der Bischof sofort und rigoros durchzugreifen.

Wie konnte es Ihrer Meinung nach überhaupt zu diesen Konflikten zwischen den Bischöfen, speziell zwischen Schönborn und Krenn, kommen?

Ich glaube, daß Kardinal Schönborn einen Fehler gemacht hat, als er sich auf ein politisches Terrain begeben hat, von dem er nichts versteht. Er hat eindeutig die Nähe zur SPÖ gesucht. Er war hier offensichtlich beraten von seinem Generalvikar[227]. Und der Generalvikar, glaube ich, wollte den Kardinal irgendwohin steuern, wo er gar nicht hingehört. Dadurch ist der Konflikt mit Krenn entstanden.

Das heißt, Sie glauben, daß der Kardinal politisch naiv war?

Ob er naiv war, weiß ich nicht. Aber ich glaube, er hat eine Fehleinschätzung begangen. Er glaubte anscheindend, er muß voll auf die Nähe zur SPÖ setzen und damit auch eine Fortsetzung der Politik von Kardinal König betreiben. Daß sich die Dinge in der Zwischenzeit ja völlig geändert haben, hat Schönborn falsch eingeschätzt.

Stichwort Kirche und Parteipolitik. Da gab es ja in den letzten Jahren spürbare Veränderungen. Nach der Annäherung zwischen der katholischen Kirche und der SPÖ in den sechziger und siebziger Jahren bemühte sich in den letzten Jahren auch die FPÖ um ein besseres Verhältnis zur Kirche. Welche Rolle hat Kurt Krenn dabei gespielt? Er hat ja, soviel ich weiß, auch eine positive Stellungnahme zum Entwurf des neuen Parteiprogramms der FPÖ verfaßt.

Ich habe mit allen Bischöfen vereinbart, die mir zum Programmentwurf geschrieben haben, daß ich ihre Antworten vertraulich behandle. Es hat andere Stellungnahmen auch gegeben, die noch weit umfangreicher und detaillierter waren. Er mischt sich nicht in Parteipolitik ein, daß tut er nicht. Es ist auch nicht seine Aufgabe. Es ist belegbar, daß er sich nie irgendeiner Partei angebiedert hätte, weder der einen noch der anderen. Und Krenn hat auch immer betont, daß die Parteien selbst ihre Nähe oder Ferne zur Kirche bestimmen. Nicht die Bischöfe haben sich zu bewegen. Das dynamische Element sind die Parteien und nicht die Bischöfe.

Das ist aber nicht Krenns alleinige Position, sondern die jahrzehntelang unveränderte offizielle Haltung der Bischofskonferenz.

Nein, lange Zeit war das eben nicht so. Da hat es dieses Dogma von der sogenannten Äquidistanz zu allen Parteien gegeben. Mittlerweile hat sich das ja auch geändert, da hat gerade Bischof Krenn sehr viel dazu beigetragen.[228] Nicht die Parteien sind äquidistant, sondern sie bestimmen ihre Distanz. Das statische Element bleibt die Kirche, sie ändert sich nicht, nur weil eine Partei sich ändert. Die Kirche kann auch keine Konzessionen machen. Das war lange Zeit das Mißverständnis der Politik von Kardinal König. Er hat geglaubt, die Kirche muß Konzessionen machen, damit sie sich mit den Sozialisten besser vertragen kann. Das macht der Krenn auch nicht. Kurt Krenn hat es, glaube ich, vielen Freiheitlichen leichter gemacht, die Nähe auch wieder zur katholischen Kirche zu suchen. Oder auch diesen historischen Schritt zu tun, den wir mit dem neuen Parteiprogramm gemacht haben – nämlich, daß wir gesagt haben, der Kulturkampf des vorigen Jahrhunderts ist vorbei. Wie die aktuelle Auseinandersetzung zeigt, gerade wie sie auch in die Kirche hineingetragen wird, gerade gegenüber einem Mann wie Bischof Kurt Krenn, der auch ausgegrenzt wird – das hat sehr viel Verständnis bei den Freiheitlichen geweckt für die Position, für die Kurt Krenn steht –, verläuft heute der Kulturkampf entlang ganz anderer Bruchlinien.

Wie gestalten sich die Kontakte zwischen Spitzenvertretern der Freiheitlichen Partei und Kurt Krenn?

Die Kontakte sind eher privater Natur, kaum offiziell. Natürlich telefoniert man auch immer wieder miteinander. Das ergibt sich schon daraus, daß ich Kontakt suche, wenn ich eine Frage habe über Vorgänge in der Kirche, die ich mir nicht erklären kann. Aber dann ist Kurt Krenn nicht mein einziger Ansprechpartner, da gibt es noch andere Bischöfe, die ich jederzeit anrufen kann.

Es fällt auf, daß die Freiheitlichen bzw. ihre Spitzenpolitiker, speziell Sie selbst, eigentlich als einzige politische Kraft direkt im innerkirchlichen Konflikt Partei ergreifen. Warum machen Sie das?

Weil es mir ein Anliegen ist. Das ist ja auch der Beweis dafür, daß jene Unrecht hatten, die meinten, die FPÖ mache nur deshalb ein neues Programm, um Stimmen zu fangen. Ich habe das auch ganz bewußt gemacht: Wenn nämlich alle möglichen Leute gegen Kurt Krenn sind – vom sogenannten Kirchenvolks-Begehren bis zur ausgetretenen Katholikin Heide Schmidt – dann sieht man darin keine unangemessene Einmischung. Dabei gibt die Frau Schmidt den Bischöfen Ratschläge, die zum Teil an Unverschämtheit grenzen. Wenn aber jemand wie ich sich auf die Seite der Bischöfe stellt, dann ist es plötzlich Einmischung. Da spiele ich aber nicht mit, da lasse ich mir nichts vorschreiben. Daher habe ich an der Gründung dieses Clubs der Österreichischen Katholiken mitgewirkt, um zu sagen, es gibt auch andere Katholiken. Es gibt auch andere Positionen, die von politischen Repräsentanten eingenommen werden.

Sind Sie Mitglied des Opus Dei oder haben Sie eine Nahbeziehung? Oder zu einer der neuen movimenti?

Nein. Ich bin weder Mitglied des Opus Dei noch des Opus Angelorum[229]. Wäre ich es, hätte ich kein Problem, es offen darzutun. Das einzige, was mich da bewegt hat, diesen Club Österreichische Katholiken mitzugründen, ist, um nicht nur den Kirchenzerstörern Marke Plankensteiner und seinen Leuten aus dem Kirchenvolks-Begehren medialen Raum zu geben, sondern zu zeigen, daß es auch andere Laien gibt. Das war mein Anliegen.

Werden nicht einige Konflikte in und um die Kirche mutwillig herbeigeführt? Etwa um die Abtreibung: Es ist doch ohnehin jeder Bischof gegen die Abtreibung – nur haben halt manche den berechtigten Zweifel, daß man mit Strafen Leben retten kann, und setzen daher eher auf begleitende Maßnahmen wie die Verbesserung der finanziellen Lage der Familien.

Offensichtlich ist die Stellungnahme von Kurt Krenn zum Thema Abtreibung bewußt mißinterpretiert worden. Er ist nicht der Meinung, daß nur die Strafe allein das Problem löst. Und da bin ich ganz bei ihm: das eine tun und das andere nicht lassen. Vorrangig muß man jetzt dafür sorgen, daß die Situation der Familien verbessert wird. Und man muß vor allem in der Bevölkerung wieder ein Wertebewußtsein erzeugen. Wenn es dann Verstöße gegen das Gesetz gibt, dann müssen natürlich Strafen vorgesehen sein. Das sollte ja eigentlich selbstverständlich sein.

Mit Ihrer Haltung zur Abtreibung stehen Sie aber in der FPÖ ziemlich alleine da.

Mag sein. Aber das ist eine Frage, die von einer so grundlegenden Bedeutung ist, daß sie jeder vor seinem Gewissen ausmachen muß. Ich kann es mit meinem Gewissen jedenfalls nicht vereinbaren,daß ich mich auf die Seite des Todes und nicht auf die Seite des Lebens stelle. Ich kenne mehrere Klubkollegen, die das genauso sehen.

Vor die Alternative gestellt: Katholik sein oder Freiheitlicher sein – wofür würden Sie sich entscheiden?

Es geht nicht ums „Katholik sein". Aber wenn mein Seelenheil durch meine politische Tätigkeit bedroht wäre, dann geht es um das Seelenheil für den Katholiken. Das hat Vorrang. Es geht nicht ums Katholiksein, man ist nicht Katholik als Selbstzweck, sondern man ist Katholik, weil man das Glück und die Gnade hatte, getauft zu werden und damit auch dem verheißenen Seelenheil teilhaftig zu werden. Das ist etwas, was nicht jeder Mensch hat.

Sie halten also ihre politischen Positionen mit jenen der Kirche für vereinbar?

Sicher. Ich glaube, es sollte in jeder Partei möglichst viele engagierte Katholiken geben. Vielleicht sähe dann in unserem Land manches anders aus.

Aber Katholiken mit einem anderen Zugang zu den innerkirchlichen Problemstellungen sind ja in Ihren Augen gar keine Katholiken mehr …

Nein, ich habe das niemandem abgesprochen. Jeder, der getauft ist, bleibt Katholik ein Leben lang. Aber ich spreche es manchen Leuten ab, daß sie es immer wohl meinen mit der katholischen Kirche. Egal, ob das Taufscheinkatholiken sind oder engagierte. Das kann auch mir passieren: in seinem Engagement kann man in Wirklichkeit etwas Gutes wollen, aber das Falsche treffen. Davor ist keiner sicher, leider auch die katholische Kirche nicht. Deswegen darf man aber die Auseinandersetzung darüber, welcher der richtige Weg ist und welcher der falsche, nicht scheuen. Das Kirchenvolks-Begehren und seine Betreiber sind ja auch gar nicht in erster Linie theologisch interessant, sondern vielmehr soziologisch. Denn es hat sich in den vergangenen 20, 30 Jahren eine Pfarrhelferclique eingenistet, keine Kleriker, sondern Laien, die ein sehr gutes Leben führen und sozialrechtlich auch besser gestellt sind als Pfarrer. Genau diese Leute sind die Betreiber des Kirchenvolks-Begehrens. Interessant dabei ist, daß bei allen ihren Forderungen eine nicht auftaucht – nämlich die Abschaffung des Kirchenbeitrages. Denn damit würden sie sich den finanziellen Ast abschneiden, auf dem sie sitzen. Die leben nämlich in und von der Kirche ganz gut. Und jetzt verlangen sie aber auch kirchliche Macht. Und dem tritt Kurt Krenn entschieden entgegen. Die anderen Bischöfe nicht, die anderen wollen das gestatten. Daher ist der Versuch, den Einfluß Roms zurückzudrehen, eigentlich der Versuch, den eigenen Einfluß dieser Pastoral- und Pfarrhelferclique zu erhöhen. Daher wollen sie auch die Art der Bischofsauswahl verändern, weil sie sich quasi auch noch ihren eigenen Chef aussuchen wollen. Wenn sie das schaffen, sind sie dann eine echt mächtige Clique. Und dieser Versuch nach der kirchlichen Macht zu greifen, ist vor allem Dank Kurt Krenn mißlungen.

3. TEIL

Dokumente

Österreich – Quinquennalbericht 1992–1997

Auszug

1. Vorwort

Aus Anlaß der Visitatio ad limina Apostolorum hat die Österreichische Bischofskonferenz beschlossen, einen Bericht über die Katholische Kirche in Österreich für den Zeitraum von 1992 bis 1997 zu verfassen.

Die Kirche in Österreich stand in den vergangenen fünf Jahren häufig im Blickpunkt der Öffentlichkeit, wobei das Interesse oft den Defiziten und menschlichen Schwächen in der Kirche galt. All das haben wir – bei aller Betroffenheit – versucht, in redlicher Weise darzulegen. Gleichzeitig sehen wir es aber als unsere Pflicht an, auch das in unserer Kirche zur Sprache zu bringen, was häufig im öffentlichen Diskurs übergangen und verschwiegen wird. Dabei kommt viel Gutes ans Licht, das wir in aller Dankbarkeit auch ansprechen wollen. Wir sind uns dessen aber bewußt, daß dieser Bericht nur ein höchst unvollkommenes Bild von der Wirklichkeit der Kirche sein kann. Darum wollen wir einige Bemerkungen voranstellen.

Von Österreich sind in den vergangenen Jahrzehnten zahlreiche Impulse ausgegangen, die sich teilweise auch im II. Vatikanischen Konzil niedergeschlagen haben, etwa die liturgische Erneuerung, der neue Zugang zur Bibel und anderes. Im selben Zeitraum wurde die Lösung der Kirche von parteipolitischen Bindungen in oft mühsamen Schritten vollzogen, ein Prozeß, der vor allem von Kardinal Dr. Franz König vorangetrieben worden ist. Bedauerlicherweise wollen manche Personen und Kräfte diesen Weg bis heute nicht mitgehen. So manche Äußerung von Besorgtheit, die manchmal auch in inkompetenter Weise in Rom vorgebracht worden ist, hat in diesem Umstand ihre tiefere Quelle.

Die Seelsorge in Österreich ist überaus vital und umsichtig. Wie in den meisten Ländern Europas steht sie heute vor der Herausforderung, auf die raschen Änderungen der Lebensumstände der Menschen antworten zu müssen, um ihrer Aufgabe gerecht zu werden. Dadurch entstehen naturgemäß auch so manche innerkirchliche Spannungen.

In dieser Situation sind die Bischöfe aufgerufen, Richtlinien vorzugeben und zu unterscheiden, welche Änderungen im Sinne der Kirche und ihres Stifters sind. Für den Bischof gilt in besonderer Weise das Wort des Konzils, daß „Freude, Hoffnung, Trauer und Angst der Menschen von heute" (GS 1) seiner Obsorge anvertraut sind. Darauf ist bei Bischofsernennungen besonders zu achten, vor allem auch, weil es in Österreich diesbezüglich in vergangener Zeit sehr verletzende Auseinandersetzungen gegeben hat. Die Erschütterungen rund um den Rückzug von Kardinal Hans Hermann Groër im Jahr 1995 sind bis heute nicht völlig überwunden.

In der Welt von heute werden der Glaube und die Disziplin der Kirche keineswegs ohne weiteres angenommen. Es trifft nicht ganz, diese Einstellung einfach als Glaubensmangel zu bezeichnen. Bloße Appelle an den Gehorsam sind in diesem Zusammenhang oft kontraproduktiv. Die einfache, aber plakative Formulierung, daß manche Bischöfe „papsttreu" seien und andere nicht, ist unzutreffend und schadet dem Ansehen des Bischofsamtes.

Am 30. Juni 1998 fand ein Wechsel im Vorsitz der Österreichischen Bischofskonferenz statt: Kardinal Christoph Schönborn übernahm den Vorsitz von Bischof Johann Weber. Die Begegnung mit dem Heiligen Vater in Österreich vom 19. bis 21. Juni 1998 hat uns bestärkt, den Prozeß des Dialoges in der Kirche intensiv weiterzuführen, den wir schon davor begonnen hatten und zu dem uns der Papst verpflichtet hat.

Die großen, oft schmerzlichen Probleme, die in dem vorliegenden Bericht offen dargelegt werden, bedürfen des gläubigen Nachdenkens, guter tragfähiger Antworten und eben des Dialogs. Als Beispiele für diese Probleme seien genannt: der steigende Priestermangel; eine neue Form sozialer Armut; die Verkündigung des Glaubens in der heutigen konkreten Gesellschaft; das durch zahlreiche Krisen erschütterte Familienleben; die Wertmaßstäbe in der heutigen Zeit, besonders auch im Blick auf das neue Europa u. v. m.

Mit großer Dankbarkeit können wir in Österreich auf die sehr große Zahl von Laien blicken, die sich in der Kirche und für sie engagieren. Dabei gibt es weit mehr an geistlichem Leben, als es zunächst in Zahlen faßbar ist. Unserer Ansicht nach war die Anzahl jener, die hauptberuflich oder ehrenamtlich eine Mitsorge in der Kirche übernommen haben, in der ganzen Geschichte noch nie so hoch wie jetzt.

Ohne die Schwierigkeiten naiv zu unterschätzen oder zu beschönigen, schauen wir voll Gottvertrauen in die Zukunft. In der Gemeinschaft mit der Weltkirche wird Er uns den Weg zeigen, den wir zu gehen haben.

- Christoph Kardinal Schönborn
  Vorsitzender der Österreichischen Bischofskonferenz
- Johann Weber
  Stv. Vorsitzender der Österreichischen Bischofskonferenz
  (…)

2. Allgemeiner Situationsbericht / Entwicklungen

2.1. Kirche ad intra

2.1.1 Konflikte bewirkten erhöhtes Medieninteresse (siehe auch 3.17.1)

Die Katholische Kirche in Österreich sah sich im Berichtszeitraum einem erhöhten Interesse der Massenmedien ausgesetzt. Ursachen dafür waren vor allem kirchenpolitische Entscheidungen und Konflikte in der Kirche. Das viele Positive, das sich tagaus tagein tausendfach im kirchlichen Leben ereignet, fand hingegen kaum Aufmerksamkeit.

Aufsehen erregten vielmehr vor allem die Konflikte im Zusammenhang mit der Emeritierung des Erzbischofs von Wien, Kardinal Dr. Hans Hermann Groër, der des sexuellen Mißbrauchs junger Menschen unter Ausnützung von Abhängigkeitsverhältnissen beschuldigt wurde. Anders als in angelsächsischen Ländern wurde dieser Konflikt höchst ungeschickt behandelt, weil es nicht gelang, ein Zusammenwirken des Beschuldigten, der Bischofskonferenz und der römischen Instanzen zu erreichen. So wuchs beim größeren Teil der Kirchenmitglieder die Unzufriedenheit über die offenbar geringe Fähigkeit der Kirche zu einem tauglichen Krisenmanagement und bei vielen Menschen kam es ganz allgemein zu einer größeren kritischen Distanz gegenüber der Kirche.

Ein hohes Medieninteresse erfuhren auch Briefe von Bischof Dr. Reinhold Stecher. Diese betrafen Fragen im Zusammenhang mit der Ernennung des neuen Bischofs von Innsbruck und eine Reihe von innerkirchlich umstrittenen Themen. So wurde z. B. die gegenwärtige Praxis bei der Laisierung als „unbarmherzig" kritisiert. Die Tatsache, daß daraufhin einige Mitglieder der Bischofskonferenz diese offenen Worte kritisierten, verstärkte in der Öffentlichkeit den Eindruck von der starken Polarisierung in der Kirche.

Vor diesem Hintergrund wurde die Ernennung der neuen Diözesanbischöfe von Wien (1995) und Innsbruck (1997) in der Öffentlichkeit grundsätzlich positiv aufgenommen.

2.1.2 Das „Kirchenvolks-Begehren"

Die über den Mitgliederbereich der Katholischen Kirche hinausreichende Initiative eines „Kirchenvolks-Begehrens", das mehr als eine halbe Million Unterschriften erbrachte, konnte nur auf dem Boden einer derart weitreichenden Unzufriedenheit so erfolgreich sein.

Viele Unterschriften sind deshalb auch keineswegs als Zustimmung zu allen konkreten Forderungen dieser Initiative anzusehen, sondern eher als ein deutlicher Ausdruck des weitverbreiteten Wunsches, in der Kirche möge sich einiges ändern. (...)

2.1.9 Kirchenaustritte

Der Trend der jährlichen Kirchenaustritte ist weiterhin besorgniserregend, obwohl in den beiden letzten Jahren eine Trendumkehr festzustellen war. Nach einem „Höhepunkt" im Jahr 1995 (43.527) sind die Austritte 1996 auf 37.061 und 1997 auf 32.195 zurückgegangen und liegen damit sogar unter dem tiefsten Wert in diesem Jahrzehnt (1990: 32.666). Zugleich stieg im letzten Jahr die Zahl der Wiedereintritte (1996: 3.181, 1997: 3.527). Seit 1991 sinkt die Zahl der Katholiken in Österreich kontinuierlich und liegt derzeit nur noch bei etwa 75% der Gesamtbevölkerung. (1981 betrug sie noch 84,3%!) Die Hauptursache des sinkenden prozentuellen Anteils der Katholiken an der Gesamtbevölkerung Österreichs liegt jedoch nicht in der hohen Zahl der Austritte, sondern in der geringen Kinderzahl der Katholiken. Demgegenüber steht durch verstärkte Einwanderung aus dem Ausland eine Zunahme des Prozentsatzes an Muslimen und Gläubigen der serbischen Orthodoxie infolge der hohen muslimischen und orthodoxen Geburtenzahlen.

Für die Austritte gibt es zahlreiche Motive: Manche werfen der Kirche große Enge im Bereich der Sexualmoral vor, andere halten sie für heuchlerisch, weil sie sich selbst nicht an von ihr verkündete Grundsätze halte, manche wiederum meinen, die Kirche sei erstarrt und unmodern, so mancher hatte unangenehme Erfahrungen mit einzelnen Vertretern der Kirche; in letzter Zeit spielte die ungelöste „Causa Groër" eine große Rolle. Als letzter Anstoß zum Austritt wird aber zumeist der Kirchenbeitrag und die manchmal leider notwendige gerichtliche Klage durch die Kirche als Grund genannt, weil sich das am einfachsten begründen läßt. „Glauben kann ich auch ohne Kirche" oder „Ich trete ja nur aus der Kirchenbeitragsgemeinschaft und nicht aus der Religionsgemeinschaft aus", hört man oft von den Betreffenden.

(...)

2.1.10 Der Priestermangel

Ein ganz großes Problem in der Katholischen Kirche in Österreich ist der Priestermangel und als Folge davon die erhebliche Überalterung des aktiven Klerus. Immer mehr Pfarren müssen ohne Priester am Ort zurechtkommen und die Generalvikare erleben es immer wieder schmerzlich, Vertretern von Pfarren, die um einen Priester am Ort bitten, einen solchen nicht zusagen zu können. Die Mitprovisur von zwei oder mehr Pfarren durch einen Priester ist keine Seltenheit und auf Dauer auch für den betroffenen Pfarrer eine kaum zumutbare Belastung. Seine Überforderung als Leiter der Gemeinde und als Seelsorger für ihre Mitglieder führt nicht selten dazu, daß er zum bloßen Vollzieher von Funktionen wird. Die Situation wäre noch viel schlimmer, wenn nicht so viele Menschen in den Pfarren bereit wären, die Pfarrer in der Erfüllung ihrer Aufgaben zu unterstützen.

In vielen Gemeinden kann nur mehr der Vollzug der Sakramentenspendung durch einen Priester sichergestellt werden, und zu einer pastoralen Begleitung reicht es da bei weitem nicht. Leider ist auch in einer Reihe von Pfarren die Eucharistiefeier nicht mehr für jeden Sonntag gewährleistet; so müssen sich immer häufiger Pfarren mit Wortgottesdiensten am Wochenende begnügen (siehe 3.2.4).

So ist es kein Wunder, daß in Diskussionen vor allem in Kernsegmenten der Kirche immer öfter die Frage nach einer Öffnung des Amtes in Bezug auf die Leitung der Gemeinde gestellt wird.

Im Blick auf die vielen zumeist kleinen Pfarren ohne Priester am Ort stellt sich tatsächlich die Frage, wie dort der Priester als Hirte seiner Gemeinde präsent sein kann, wenn er gezwungenermaßen kaum anwesend ist. Wie kann ihm geholfen werden, damit er als Vorsteher der Gemeinde seine Arbeit aus Zeitmangel nicht nur nach funktionalen Gesichtspunkten einteilt, sondern in der „repraesentatio Christi“ auch sein Da-Sein für die Menschen glaubhaft leben kann?

In diesem Zusammenhang muß die große Bereitschaft vieler gut qualifizierter Laien hervorgehoben und bedankt werden, bei der Vorbereitung auf die Sakramentenspendung (Erstbeichte, Erstkommunion, Firmung, Ehe) mitzuwirken (siehe auch 3.9.4). Damit geschieht in der Tat Glaubensweitergabe und sehr häufig ist das mit einem ganz persönlichen Glaubenszeugnis verbunden.

(...)

2.3.8 Religionslandschaft in Österreich ändert sich

Die Zahl der Menschen, die in einem kirchlich bzw. religiös geprägten Umfeld aufwachsen und leben, wird ständig kleiner. In der Bundeshauptstadt Wien wurden 1995 nur noch 45,6% der Neugeborenen getauft. Der Anteil der Katholiken an der österreichischen Bevölkerung beträgt derzeit nur noch 75%. Mit diesem Rückgang schwindet auch die prägende Wirkung der Kirche auf viele gesellschaftliche Bereiche.

Gerade an der Solidarität mit künftigen Generationen und am verantwortungsvollen Handeln der heutigen Generation für eine lebenswerte Zukunft kann man christliche Weltgestaltung erkennen.

Die logischen Folgen der Konsumgesellschaft tragen auch in Österreich zu einem Anwachsen egoistischer Grundhaltungen bei. Damit erscheint das kirchliche Engagement für Randgruppen einer wachsenden Zahl von Menschen einmal als „exotisch“, das andere Mal als naiv oder als idealistischer „Luxus“, den „man“ sich eigentlich nicht leisten könne.

(...)

3.4.2 Eintritt in geistliche Berufe

Die Zahl der Seminaristen ist stark zurückgegangen, und auch die Eintritte in die Ordensgemeinschaften, insbesondere bei den Frauenorden, sind spärlich geworden.

Häufige Motivation für den Eintritt in eine Ordensgemeinschaft sind die Hinwendung zu vertiefter Spiritualität und die Suche nach geistlichem Leben. Die jungen Menschen kommen heute weniger aus den Pfarren, sondern mehr aus neuen geistlichen Bewegungen.

Die jeweilige Situation in der Diözese spiegelt sich immer auch im Seminar wider.

Die bei vielen Priestern gegebene Identitätskrise und eine im Presbyterium verbreitete resignative Stimmung wirken sich stark auf die Berufsentscheidung der Seminaristen aus. In der Priesterausbildung bemüht man sich, den Anforderungen der Zeit wie auch den Vorgaben von Pastores dabo vobis zu entsprechen.

3.4.3 Ausländische Priester

In Österreich sind in den letzten Jahren viele ausländische Priester aufgenommen worden, die als Seelsorger in den Pfarren der einzelnen Diözesen wirken. Die Integration dieser Priester in das Presbyterium gelingt allerdings nicht immer, wenn auch die Pfarrgemeinden ausländische Priester mit großer Offenheit und Bereitwilligkeit als ihre Pfarrer angenommen haben und ihnen über die Schwierigkeiten von Sprache und Mentalität hinweghelfen.

Einige Ordensgemeinschaften versuchen, den Mangel an einheimischen Berufungen durch ausländische Mitbrüder auszugleichen.

3.4.4 Glaubhaftes und zeugnishaftes Priesterleben

Es ist eine Tatsache, daß es immer schwieriger wird, die evangelischen Räte um des Himmelreiches willen zu leben. In der Gesellschaft von heute sieht man vielfach keinen Sinn mehr darin.

Für viele Mitbrüder ist es nicht leicht, diese vorgegebene Lebensform durchzuhalten, wenn sie rundherum nicht mehr als zeitgemäß und sinnvoll angesehen wird. Für die Priesterräte in den Diözesen stellt sich immer öfter und dringlicher die Frage, wie ein Priester eine Lebenskultur leben kann, die glaubwürdig und zeugnishaft die „repraesentatio Jesu Christi" für die Mitmenschen darstellt. Nicht wenige aus dem Amt geschiedene Priester leiden unter der ungelösten Situation ihres Status, und sie erwarten sich von der Kirche nach vielen Jahren endlich die Laisierung.

Immer wieder wird gefragt, wie es Priestern gelingen soll, trotz terminlicher Überforderung und oft auch geistiger Unterforderung zu einer Glaubens- und Gebetsvertiefung zu gelangen. Die seelsorgliche Begleitung für die Priester wird zu einer immer dringlicheren Aufgabe.

Viele ältere Priester klagen am Ende ihres pastoralen Einsatzes, daß ihr Einsatz kaum für sie spürbare Erfolge gezeitigt habe; vieles sei in den Jahren ihres Wirkens weniger geworden. Als Ermutigung und Hoffnung wird man ihnen sagen können, daß Erfolg in der Pastoral nicht vom Einsatz des Einzelnen allein abhängt, sondern Gott es ist, der vollendet.

(...)

3.5.2 Durchschnittsalter

Das Fehlen junger Männer und Frauen, die in die traditionellen Ordensgemeinschaften eintreten, hat zur Folge, daß das Durchschnittsalter in den meisten Klöstern zwischen 66 und 75 Jahren liegt; bei manchen ist es sogar noch höher. Das bedeutet, daß sich ein Großteil der Mitglieder dieser Gemeinschaften bereits im Ruhestandsalter befindet. Wo die Finanzierung des Personals von seiten des Staates erfolgt, können sie nicht mehr im aktiven Dienst eingesetzt werden, leisten aber auf pastoraler Ebene und im Verborgenen sehr viel.

(...)

3.6.2 Abmeldung vom Religionsunterricht

Im Schuljahr 1995/96 waren von 879.040 katholischen Schülerinnen und Schülern (das sind 85,02% der österreichischen Gesamtschülerzahl) 63.755 (das sind 7,25%) vom katholischen Religionsunterricht abgemeldet. Anlaß zur Sorge bilden hier die Abmeldungen in den Oberstufen der Schulen in den Städten. Positiv ist hingegen anzumerken, daß fast 21% der Schüler ohne religiöses Bekenntnis auf die Wertevermittlung des konfessionellen Unterrichts nicht verzichten wollen und daher die Religionsstunden als „Freifach" besuchen.

Je mehr Kinder ohne religiöses Bekenntnis – weil nicht getauft – die Schulen, auch die katholischen Privatschulen, besuchen, desto mehr wird sich vor allem für die katholischen Privatschulen die Frage nach einer neuen Form der Verkündigung stellen. Schon aus diesem Grund ist die weitgehende Erhaltung der bisherigen Schulstandorte ein dringendes pastorales Anliegen.

3.17 Medien

3.17.1 Allgemeine Situation – Berichterstattung über die Kirche (siehe auch 2.1.1)

Die mediale Berichterstattung über die Katholische Kirche hat sich in Österreich seit dem März 1995 aufgrund von zwei Faktoren entscheidend verändert:

- die Vorwürfe gegen Kardinal Hans Hermann Groër, junge Menschen (sexuell) mißbraucht zu haben, und
- die verstärkte Konkurrenzsituation in der österreichischen Medienlandschaft.

Die „Causa Groër" beherrschte seit März 1995 die Berichterstattung über die Kirche in Österreich, wobei immer wieder die ungelösten Probleme und offenen Fragen thematisiert wurden. Erst die Erklärung einiger österreichischer Bischöfe im Frühjahr 1998 mit einer stellvertretenden Bitte um Entschuldigung und die Abreise Kardinal Groërs ins Ausland vor dem Papstbesuch, ließen die Medienangriffe weitgehend abflauen.

Die öffentliche Meinung über „die" Kirche ist darum weiterhin sehr pauschalisierend: Die Kirche sei autoritär, gehe über Menschen hinweg, sehe nicht, was die Menschen wirklich brauchen, sei verletzend und überheblich. Wer dies durch sein Verhalten und seine Wortmeldungen bestätigt, wird in den Medien besonders gern zitiert.

Das beeindruckend vielfältige tägliche Leben der Kirche mit dem Engagement von Bischöfen, Priestern, Ordensleuten und Laien, Frauen wie Männern ist dadurch in den Medien kaum präsent. (...)

Rede von Papst Johannes Paul II.

Rom, den 20. November 1998, zu den Bischöfen der österreichischen Diözesen

Herr Kardinal,
Brüder im Bischofsamt!

1. Die Gnade unseres Herrn Jesus Christus, die Liebe Gottes des Vaters und die Gemeinschaft des Heiligen Geistes sei mit Euch allen und mit jedem einzelnen von Euch! Ich freue mich, Euch anläßlich des Ad-limina-Besuches empfangen zu dürfen. Die Wallfahrt an die Gräber der Apostelfürsten ist ein bedeutsamer Augenblick, im Leben eines jeden Bischofs. Denn sie bietet die Gelegenheit, seine Gemeinschaft mit dem Nachfolger Petri zum Ausdruck zu bringen und mit ihm die Sorgen und Hoffnungen zu teilen, die mit dem Bischofsamt verbunden sind.

Der „affectus collegialis" führt uns zum Gebet, zur Eucharistiefeier und zu den Begegnungen zusammen, um als Brüder über die seelsorglichen Probleme, die uns am meisten bedrängen, nachzudenken. Uns alle bewegt dabei der Wunsch, auf den Anruf des Herrn inmitten der Vielstimmigkeit der menschlichen Meinungen zu hören und auf diese Weise immer mehr dem zu entsprechen, was Er von uns erwartet. Der Nachfolger des hl. Petrus wurde mit der Sendung betraut, seine Brüder im Glauben zu stärken (vgl. *Lk 22,32*) in der Kirche „sichtbares Prinzip und Fundament der Glaubenseinheit und Gemeinschaft" (*Lumen gentium,* 18) zu sein, für die übrigens alle Bischöfe gemeinsam mit ihm und jeder in eigener Weise verantwortlich sind.

2. Diese meine Hirtensorge hat mich erst vor wenigen Monaten gedrängt, Euch Oberhirten und den Euch anvertrauten Gläubigen in Österreich einen dritten Pastoralbesuch abzustatten. Bei dieser

Gelegenheit habe ich Eure Aufmerksamkeit auf ein Thema gelenkt, das gerade in der Kirche Eures geschätzten Landes besonders drängend erscheint: der wahre Sinn des Dialogs in der Kirche. Während ich Euch einige Kriterien an die Hand gegeben habe, die das Gespräch als geistliche Erfahrung auszeichnen, habe ich zugleich auf Gefährdungen hingewiesen, die den Dialog fruchtlos machen können. Ich legte damals besonderen Wert darauf, Euch zu ermuntern, in der Kirche einen Heilsdialog aufzubauen: „Dieser steht für alle Beteiligten immer unter dem Wort Gottes. Deshalb setzt er ein Minimum an vorgängiger Kommunikationsbereitschaft und fundamentaler Gemeinsamkeit voraus. Es ist der lebendig überlieferte Glaube der Gesamtkirche, der für alle Partner die Grundlage des Dialogs bildet" (*Ansprache an die österreichischen Bischöfe in Wien am 21. Juni 1998*).

3. Ich bin froh, daß Ihr den wahren Dialog in den Euch anvertrauten Teilkirchen zum vorrangigen Anliegen Eurer Hirtensorge gemacht und dabei versucht habt, alle Gläubigen einzubeziehen.

Damit ist uns das Stichwort unserer heutigen Überlegungen gegeben. Ich möchte mit Euch über die Communio nachdenken. Sie ist die Voraussetzung des Dialogs. Deshalb habe ich in meiner eben genannten Ansprache auf Notwendigkeit einer „vorgängigen Kommunikationsbereitschaft und fundamentalen Gemeinsamkeit" hingewiesen, damit ein konstruktiver Dialog zustandekommen kann. Gleichzeitig ist die Communio auch Frucht des Dialogs. Wenn die Positionen offen und ehrlich einander gegenübergestellt werden, und wenn die Gesprächspartner eine Grundlage gemeinsamer Überzeugungen trägt, dann kann der Dialog ohne weiteres zu einem vertieften gegenseitigen Verständnis führen. Der Dialog des Heiles muß sich in der Communio der Kirche vollziehen. Ohne diese grundlegende Überzeugung läuft man Gefahr, daß sich der Dialog in ein oberflächliches und unverbindliches Gemeinschaftserlebnis verliert.

4. In diesem Zusammenhang tut es gut, mit den Augen des Zweiten Vatikanischen Konzils einen Blick auf das Sein und die Sendung der Kirche zu werfen. Beim Blättern durch die zahlreichen Konzils-

dokumente, die die verschiedenen Seiten der Kirche ausfalten, eröffnet sich uns eine Sicht, die Beachtung verdient. Wenn die Konzilstexte von Communio reden, dann geht es zunächst weniger um Organisationsfragen der Kirche, um Strukturen, Kompetenzen und Methoden, als vielmehr um die eigentliche „Sache" (*res*), aus der die Kirche kommt und für die sie lebt. Die Texte sprechen von der Kirche als Mysterium. Dieses Mysterium der Kirche wiederzuentdecken und im Leben der Kirche umzusetzen, darin bestand das vielbeschworene „aggiornamento" des Konzils, das daher von modischer Anpassung der Heilswahrheit an den Geschmack der Zeit ebenso weit entfernt ist wie von einer weltfremden Vergeistigung der Kirche in ein verschwimmendes und damit unsagbares Geheimnis hinein.

Ich erinnere mich an den tiefen Eindruck, den bei vielen Konzilsvätern der Titel „De Ecclesiae Mysterio" über dem ersten Kapitel von *Lumen gentium* hervorgerufen hat. Dieser Ausdruck war manchen damals wohl genauso fremd, wie er es vielen heute schon wieder ist. Mysterium meint eine transzendente Heilswirklichkeit, die auf sichtbare Weise offenbar wird. So besteht nach dem Konzil das Mysterium der Kirche darin, daß wir durch Christus in dem Einen Geist Zugang zum Vater haben, um auf diese Weise der göttlichen Natur teilhaftig zu werden (vgl. *Lumen gentium*, 3–4; *Dei Verbum*, 1). Die Communio der Kirche ist also vorgebildet, ermöglicht und getragen von der Communio des dreifaltigen Gottes. Die Kirche ist gleichsam die Ikone der trinitarischen Gemeinschaft von Vater, Sohn und Heiligem Geist.

5. Auf den ersten Blick scheinen solche Aussagen vielleicht weit weg zu sein von den pastoralen Anliegen derer, die mit den konkreten Problemen des Volkes Gottes zu tun haben. Ich bin sicher, daß Ihr mit mir darin übereinstimmt, daß dieser Eindruck unbegründet ist. Wer die Kirche als Wirklichkeit ernst nimmt, der ist sich bewußt, daß sie ihre Bedeutung nicht um ihrer selbst willen erhält. Eine Kirche, die sich nur als rein menschliche Gemeinschaft begreift, wäre nicht imstande, angemessene Antworten auf die menschliche Sehnsucht nach einer Gemeinschaft zu geben, die trägt und Sinn zu stiften vermag. Ihre Worte und Taten würden als zu

leicht befunden angesichts der Schwere der Fragen, die auf den Herzen der Menschen lasten. Denn der Mensch strebt nach etwas, das über ihn selbst hinausgeht, alle menschlichen Sichtweisen übersteigt und sie in ihrer Begrenztheit als ungenügend entlarvt. Wie tröstlich und zugleich ermutigend ist es für uns, daß es die Kirche als Mysterium gibt. Sie weist über uns hinaus und kann so zu Gottes Botschafterin werden. In der Kirche bietet sich Gottes Selbstmitteilung der Sehnsucht des Menschen dar, der danach strebt, der vollen Verwirklichung seiner selbst zu begegnen.

6. Damit ist die Gottesfrage gestellt – das vielleicht ernsteste Problem, das Ihr als Hirten in Österreich zu bewältigen habt. Auch wenn die Frage nach Gott nicht so deutlich in den Schlagzeilen der Öffentlichkeit erscheint, bewegt sie doch die Herzen der Menschen. Leider wird sie heute oft mit einem versteckten Atheismus oder mit einem zur Schau gestellten Indifferentismus beantwortet. Dahinter steckt der Wunsch, menschliches Glück und Gemeinschaft auch ohne Gott begründen zu können. Solche Versuche greifen jedoch zu kurz. Wehe der Kirche, wenn sie sich zu viel um zeitliche Fragen kümmern und zu wenig dazu kommen sollte, sich mit den Themen zu beschäftigen, die das Ewige betreffen!

Heute ist es angezeigt, die Erneuerung der geistlichen Dimension der Kirche zu fördern. Kirchliche Strukturprobleme rücken wie von selbst an die zweite Stelle, wenn die alles entscheidende Frage nach Gott auf der Tagesordnung der kirchlichen Debatte erscheint. Diese Frage wartet darauf, mit Geduld in einem redlichen Heilsdialog mit den Männern und Frauen innerhalb und außerhalb der Kirche behandelt zu werden. Im Mysterium Kirchen liegt auch der Schlüssel für unseren bischöflichen Auftrag im Dienste des Volkes Gottes. Die erste Frage, die uns als Hirten gestellt werden kann, lautet nicht: Was habt Ihr alles organisiert?, sondern: Wen habt Ihr in die Communio des dreifaltigen Gottes geführt?

7. Dieser Gedanke bringt Licht in die Kirche als Mysterium und stellt sie in Beziehung zur Teilhabe an den von Gott geschenkten Gütern des Heils. Hier kommt der Eucharistie eine besondere Bedeutung zu. Nicht umsonst heißt der Empfang der Eucharistie auch

„Kommunion". Der hl. Augustinus hat die Eucharistie entsprechend „Zeichen der Einheit und Band der Liebe" genannt (*In Ioannis Evangelium Tractatus,* XXVI, VI, 13). Darauf haben die Konzilsväter zurückgegriffen, wenn sie die ekklesiale Communio in der eucharistischen Kommunion verankert sahen: „Beim Brechen des eucharistischen Brotes erhalten wir wirklich Anteil am Leib des Herrn und werden zur Gemeinschaft mit ihm und untereinander erhoben" (*Lumen gentium,* 7).

8. An dieser Stelle kann ich zwei große Sorgen nicht verschweigen, die aus bestimmten rückläufigen Zahlen hervorgehen: einerseits die Teilnahme an der sonntäglichen Eucharistiefeier und zum anderen der Mangel an Berufungen. Wie groß meine Anerkennung dafür ist, daß Ihr Euch für den Schutz des Sonntags im gesellschaftlichen und wirtschaftlichen Leben einsetzt, so sehr fühle ich mich auch verpflichtet, Euch zu ermahnen: Werdet nicht müde, die Euch anvertrauten Gläubigen mit Festigkeit an das Sonntagsgebot zu erinnern, wie es die Bischöfe seit den ersten Jahrhunderten getan haben: „Laßt alles am Tag des Herrn und eilt voll Eifer zu eurer Versammlung, denn sie ist euer Lobpreis für Gott. Welche Entschuldigung werden andernfalls jene vor Gott haben, die am Tag des Herrn nicht zusammenkommen, um das Wort des Lebens zu hören und sich von der ewig währenden göttlichen Speise zu nähren?" (*Didascalia Apostolorum,* II, 59, 2–3).

Berichtet Euren Priestern, der Papst kennt die Schwierigkeiten, denen viele Seelsorger durch die Arbeitsüberlastung und die mit ihrem Amt verbundenen Sorgen jeglicher Art ausgesetzt sind. Der Papst weiß um den pastoralen Einsatz vieler Weltpriester und Ordensleute, der sie in ihrem Einsatz mitunter bis an den Rand der Erschöpfung führt. Die Last wird in den Pfarren Eurer Diözesen noch schwerer, wo auch die Geographie des Landes zahlreiche Strapazen und Opfer abverlangt.

Während ich den Priestern meine Wertschätzung bekunde, halte ich es für meine Pflicht, auch die Laien zu ermuntern, mit ihren Priestern einen von Wohlwollen und Ehrfurcht getragenen Dialog zu führen und sie nicht als „Auslaufmodell" einer kirchlichen Struktur zu sehen, die in den Augen mancher vielleicht auch ohne Weiheamt auskommen könnte.

9. Gerade diese Überzeugung, die selbst bei gläubigen Männern und Frauen verbreitet ist, hat sicherlich auch dem Rückgang an Berufungen in Euren Ortskirchen Vorschub geleistet: Ich weiß, daß Ihr Euch mit allen Kräften darum bemüht, den jungen Menschen die Begegnung mit Jesus Christus zu erleichtern, und ihnen Hilfestellung dabei gebt, den Ruf zu entdecken, den Er an jeden von ihnen im Hinblick auf eine bestimmte Aufgabe in der Kirche richtet. Im übrigen wissen wir zu gut, daß Berufungen von Menschen nicht „gemacht" werden können. Statt dessen müssen sie von Gott unablässig erbeten werden. Berufung ist – gerade am Anfang – eine zarte und verletzliche Knospe. Sie braucht aufmerksame und intensive Pflege. Die Beziehung muß lebendig sein zwischen denen, die schon Priester sind, und den Jugendlichen, die ein leises Verlangen in sich verspüren, diesen Weg einzuschlagen. Besonders wichtig ist es, daß diese jungen Menschen auf glückliche und glaubwürdige Priester treffen, die von ihrer Entscheidung tief überzeugt sind und zu ihren Mitbrüdern und ihrem Bischof ein Band herzlicher Freundschaft pflegen. Dafür ist es notwendig, daß der Bischof nicht als „Beamter" in weiter Ferne oder „Chef" von oben erscheint. Als väterlicher Freund sollen ihn die erfahren dürfen, die mit ihm den Dienst an den Gläubigen teilen.

Eine Kultur echter Communio zwischen Priestern und Bischöfen sowie deren frohes Zusammenwirken zum Wohl der Kirche sind der beste Mutterboden, auf dem Berufungen gedeihen können. Darauf hat schon das Konzil hingewiesen: Die Bischöfe sollen inmitten der ihnen Anvertrauten „wie Diener" sein, „gute Hirten, die ihre Schafe kennen und deren Schafe auch sie kennen, wahre Väter" also, so daß sich die Priester als „Söhne und Freunde" betrachten dürfen (*Christus Dominus*, 16).

10. Ehrwürdige Brüder, trotz allem gibt uns die Gewißheit Kraft: Stärker als die Zahlen rückläufiger Tendenzen sind die Zeichen des anbrechenden Heils. Das bezeugen die zwei Tische, die der Herr uns in seiner Güte unablässig deckt: den Tisch des Wortes Gottes

und den Tisch der Eucharistie (vgl. *Sacrosanctum Concilium*, 51, *Dei Verbum*, 21). Gerade als Bischöfe habt Ihr die hohe Ehre und zugleich die heilige Pflicht, *in persona Christi* Gastgeber sein zu dürfen, damit die Gläubigen vom Tisch des Wortes und des Sakraments in reichem Maße zehren können.

11. In den Konzilsdokumenten wird die Kirche als „creatura Verbi" beschrieben; denn im Worte Gottes liegt solche „Gewalt und Kraft, daß es für die Kirche Halt und Leben, für die Kinder der Kirche Glaubensstärke, Seelenspeise und reiner, unversieglicher Quell des geistlichen Lebens ist (*Die Verbum*, 21; vgl. *Lumen gentium*, 2). Dieses Bewußtsein hat im Volk Gottes ein lebendiges Interesse für die Heilige Schrift geweckt. Es steht außer Zweifel, daß daraus jeder einzelne für seinen Glaubensweg Nutzen ziehen kann.

Leider sind jedoch auch Mißverständnisse und Fehlentwicklungen nicht ausgeblieben: Es haben sich einige Sichtweisen über die Kirche eingeschlichen, die weder dem biblischen Befund noch der Überlieferung der Kirche entsprechen. Der biblische Ausdruck vom „Volk Gottes" (*laos theou*) wurde im Sinne eines politischen Volksverbandes (*demos*) gedeutet, der in seinem Aufbau den Richtlinien folgt, die für jede andere gesellschaftliche Größe gelten. Da die Regierungsform, die mit dem heutigen Empfindungsvermögen am meisten im Einklang steht, die Demokratie ist, wurden unter manchen Gläubigen Rufe nach einer Demokratisierung der Kirche laut, die sich gerade in Eurem Land und über dessen Grenzen hinaus mächtig Gehör verschafft haben. Gleichzeitig hat die authentische Auslegung des Wortes Gottes und die Verkündigung der Lehre der Kirche mitunter einem falsch verstandenen Pluralismus Platz gemacht. Daraufhin dachte man, die geoffenbarte Wahrheit ließe sich demoskopisch erheben und demokratisch bestimmen.

Muß man nicht tiefbetrübt sein, wenn man feststellt, welche irrigen Auffassungen in Fragen des Glaubens und der Sitten, aber auch in bestimmten Angelegenheiten der kirchlichen Disziplin in das Denken vieler Laien eingedrungen sind? Über die geoffenbarte Wahrheit kann keine „Basis" befinden. Die Wahrheit ist kein Produkt einer „Kirche von unten", sondern kommt „von oben", von

Gott. Die Wahrheit ist nicht Geschöpf des Menschen, sondern Geschenk des Himmels. Der Herr selbst hat sie uns als Nachfolgern der Apostel anvertraut, damit wir sie – ausgestattet mit dem „sicheren Charisma der Wahrheit“ (*Dei Verbum*, 8) – unversehrt rein bewahren und treu auslegen (vgl. *Lumen gentium*, 25).

12. Mit Zuneigung nehme ich Anteil an den Sorgen und Leiden Eures Amtes und sage Euch, liebe Brüder: Habt Mut zur Liebe *und* zur Wahrheit! Freilich habt Ihr recht, wenn Ihr nichts als Wahrheit gelten lassen wollt, was ohne Liebe ist. Aber akzeptiert auch nichts als Liebe, was ohne Wahrheit ist! Den Menschen in Liebe die Wahrheit verkünden – das ist das echte Heilmittel gegen den Irrtum. Ich bitte Euch, diesen Auftrag mit allen Euren Kräften zu erfüllen. An jeden einzelnen von Euch sind die Worte gerichtet, die der hl. Paulus an seinen Schüler Timotheus geschrieben hat: „Leide mit mir als guter Soldat Christi Jesu. (...) Bemühe dich darum, dich vor Gott zu bewähren als ein Arbeiter, der sich nicht zu schämen braucht, als ein Mann, der offen und klar die wahre Lehre vertritt. (...) Verkünde das Wort, tritt dafür ein, ob man es hören will oder nicht. Weise zurecht, tadle, ermahne in unermüdlicher und geduldiger Belehrung“ (*2 Tim* 2. 3. 15; *ebd.*, 4, 2).

13. Wie ich mir Eure Sorgen zueigen mache, so möchte ich auch Eure Freude darüber teilen, was Ihr in Kirche und Gesellschaft für die Kultur des Lebens leistet. Gerade die Kultur des Lebens spannt sich zwischen den Polen von Wahrheit und Liebe auf. Steht mutig zu Eurem Zeugnis in der überlieferten Lehre und bleibt darin fest.

Besonders möchte ich die Ehe nennen. Auch wenn menschliche Erfahrung dem Zerbrechen zahlreicher Ehen vielfach hilflos gegenübersteht, die sakramentale Ehe ist und bleibt nach dem Willen Gottes unauflöslich. Ein weiteres Beispiel sei genannt: Selbst wenn es Mehrheiten in der Gesellschaft anders beschließen sollten, die Würde eines jeden Menschen bleibt unantastbar von der Empfängnis im Mutterleib bis zum natürlichen Tod, wann Gott es will. Und schließlich: Obwohl von neuem darüber diskutiert wird, als handele es sich dabei um eine disziplinäre Frage, die Kirche hat vom Herrn keinerlei Vollmacht erhalten, Frauen die Priesterweihe zu spenden (Vgl. Apostolisches Schreiben *Ordinatio sacerdotalis*, 4).

14. Auf andere Themen möchte ich trotz ihrer Bedeutung nicht weiter eingehen. Auf einen Befund muß ich jedoch noch hinweisen: Während bei allen hoch zu schätzenden kulturellen Besonderheiten die Einheit der Menschen und Völker auf der ganzen Welt zunehmend ins Bewußtsein rückt, besteht zuweilen der Eindruck, daß die Kirche in Eurem Land der Versuchung nachgibt, sich in sich selbst zu verkrümmen, um sich mit soziologischen Fragen zu beschäftigen, anstatt daß sie sich für die große katholische Einheit begeistert: jene allumfassende Communio, die eine im Nachfolger Petri verklammerte Gemeinschaft von Teilkirchen ist (vgl. *Lumen gentium*, 23). Verehrte Brüder, sucht jede Gelegenheit, um Eure Gläubigen dazu einzuladen, den Blick über die Kirchtürme Österreichs hinaus zu weiten. Gerade das Große Jubiläum des Jahres 2000 könnte der Anlaß sein, Euren Gläubigen dabei zu helfen, mit neuer Leidenschaft auf Entdeckungsreise nach den Reichtümern der einen, heiligen, katholischen und apostolischen Kirche zu gehen und die Kirche inniger lieben zu lernen.

15. Liebe Brüder im Bischofsamt! Mit großem Wohlwollen lege ich Euch diese Gedanken über die Kirche als Communio ans Herz. Über Communio läßt sich viel reden und schreiben, am wichtigsten aber ist, daß wir sie als Nachfolger der Apostel beispielhaft zu leben versuchen. Am Ende möchte ich Euch einen Wunsch anvertrauen: In den vergangenen Monaten und Jahren wurde über die Kirche in Österreich viel geschrieben. Wäre es nicht ein schönes Zeichen, wenn es in Eurem geschätzten Land gelänge, weniger über die Kirche zu diskutieren, als vielmehr die Kirche zu meditieren? Wie ich am Anfang sagte, stellt die Kirche als Communio die Ikone der Gemeinschaft des dreifaltigen Gottes dar. Vor einer Ikone versagt die kritische Rezension; man muß sich im Blick liebender Kontemplation überlassen, um immer mehr in das göttliche Geheimnis einzudringen, auf dessen Hintergrund die Kirche erst richtig verstanden werden kann.

16. Ich beschließe meine Worte mit der Einladung an Euch, auf

die Ikone der kirchlichen Communio zu schauen: die allerseligste Jungfrau Maria, die von vielen Eurer Landsleute tief und innig verehrt wird. „Ewig im Geheimnis Christi gegenwärtig" (*Redemptoris Mater*, 19), steht sie mitten unter den Aposteln im Herzen der Urkirche und der Kirche aller Zeiten. Denn es „versammelt sich die Kirche im Obergemach mit Maria, die Mutter Jesu war, und mit seinen Brüdern. Es kann also nicht von der Kirche die Rede sein, ohne daß dort Maria, die Mutter des Herrn, anwesend wäre mit seinen Brüdern" (Chromatius von Aquileia, *Sermo* 30, 1).

Maria, die *Magna Mater Austriae*, sei Eure Begleiterin und Fürsprecherin in Eurem Bemühen, Euer Amt aus einem frohen und mutigen *sentire cum Ecclesia* heraus zu erfüllen und in den Euch Anvertrauten die *anima ecclsiastica* bilden zu helfen. Ich verspreche Euch auch weiterhin meine Begleitung im Gebet, damit der Heilige Geist Euch auf Eurem Weg mit der Fülle seiner Gaben beistehe. Dazu erteile ich Euch und allen Gliedern Eurer Diözesen von Herzen den Apostolischen Segen.

Kongregation für die Glaubenslehre

Bemerkungen zu einigen „Vorschlägen" der Delegiertenversammlung (beim „Dialog für Österreich") 19. Dezember 1998

Die Kongregation für die Glaubenslehre ist nach sorgfältiger Prüfung zur Auffassung gekommen, daß einige der Vorschläge der in Salzburg abgehaltenen Delegiertenversammlung zum „Dialog für Österreich" lehrmäßige Probleme aufwerfen (Teil A) bzw. nicht mit der gesamtkirchlichen Disziplin übereinstimmen (Teil B).

A. Lehrmäßige Probleme

Mehrere Vorschläge in den Dialoggruppen 3, 4 und 7 stimmen nicht voll mit den lehramtlichen Vorgaben überein oder sind so zweideutig formuliert, daß sie leicht im Widerspruch zur kirchlichen Lehre interpretiert werden können.

Dialoggruppe 3: Vorschlag 1
Im ersten Vorschlag zum Themenkreis 3 heißt es im Anschluß an die Feststellung, daß die christliche, sakramentale Ehe „unser Leit- und Idealbild" ist: „Wir respektieren neben der kirchlich geschlossenen Ehe auch andere Formen verschiedener Lebensgemeinschaften, in denen Liebe, Verantwortung und Treue verwirklicht wird …, daß Jugendliche auf der Suche nach einer ihnen gemäßen Form gelebter Sexualität sind, die noch nicht von Anforderungen einer lebenslangen Partnerschaft und einer damit verbundenen verantworteten Elternschaft bestimmt wird".

Diese Ausführungen unterhöhlen die Lehre der Kirche, wonach einzig und allein die Ehe der Ort der geschlechtlichen Ganzhingabe ist. Vor- und außerehelicher Geschlechtsverkehr ist von der Kirche immer als schwerer Verstoß gegen die Keuschheit bewertet worden.

Die Sexualität, „in welcher sich Mann und Frau durch die den Eheleuten eigenen und vorbehaltenen Akte einander schenken, (ist) keineswegs etwas rein Biologisches, sondern betrifft den innersten Kern der menschlichen Person als solcher. Auf wahrhaft menschliche Weise wird sie nur vollzogen, wenn sie in jene Liebe integriert ist, mit der Mann und Frau sich bis zum Tod vorbehaltlos einander verpflichten. Die leibliche Ganzhingabe wäre eine Lüge, wenn sie nicht Zeichen und Frucht personaler Ganzhingabe wäre, welche die ganze Person, auch in ihrer zeitlichen Dimension, miteinschließt" (Familiaris consortio, 11; vgl. Persona humana 7,11–12; KKK 2348–2350, 2353, 2396).

Dialoggruppe 3: Vorschlag 2

Im Vorschlag zur Frage der Empfängnisregelung wird zuerst richtig an die verantwortete Elternschaft erinnert, die den Eheleuten aufgegeben ist.

Hierauf wird festgestellt: „Es steht den Partnern zu, nach Erwägung kirchlicher Weisungen im Sinne verantworteter Gewissensentscheidung die für ihre konkrete Situation am besten geeignete Methode der Empfängnisregelung zu wählen."

Diese Aussage stimmt nicht voll mit der kirchlichen Lehre zur Empfängnisregelung überein. Die Kontrazeption ist eine in sich schlechte Handlung (intrinsece malum), die nicht durch einen Gewissensspruch gut werden kann. „Während die geschlechtliche Vereinigung ihrer ganzen Natur nach ein vorbehaltloses gegenseitiges Sich-Schenken der Gatten zum Ausdruck bringt, wird sie durch die Empfängnisverhütung zu einer objektiv widersprüchlichen Gebärde, zu einem Sich-nicht-ganz-Schenken. So kommt zur aktiven Zurückweisung der Offenheit für das Leben auch eine Verfälschung der Liebe, die ja zur Hingabe in personaler Ganzheit berufen ist" (Familiaris consortio, 32; vgl. Gaudium et spes, 51; Humanae vitae, 14; KKK 2370, 2399).

Die zitierte Formulierung verrät zudem ein Gewissensverständnis, das von Papst Johannes Paul II. ausdrücklich zurückgewiesen worden ist (vgl. Veritatis splendor, 54–64). Im Zusammenhang mit der Meinung, man müsse unterscheiden zwischen der objektiven sittlichen Ordnung und der Norm des einzelnen Gewissens, das letzten Endes über Gut und Böse entscheiden würde, schreibt der Heilige Vater: „Auf dieser Grundlage maßt man sich an, die Zulässigkeit sogenannter ‚pastoraler' Lösungen zu begründen, die im Gegensatz zur Lehre des Lehramtes stehen, und eine ‚kreative' Hermeneutik zu rechtfertigen, nach welcher das sittliche Gewissen durch ein partikuläres negatives Gebot tatsächlich nicht in allen Fällen verpflichtet würde. Es gibt wohl niemanden, der nicht begreifen wird, daß mit diesen Ansätzen nichts weniger als die Identität des sittlichen Gewissens selbst gegenüber der Freiheit des Menschen und dem Gesetz Gottes in Frage gestellt wird" (Veritatis splendor, 56).

Dialoggruppe 3: Vorschlag 3

Der Vorschlag über die Seelsorge an homosexuellen Menschen unterstreicht mit Recht, daß auch diesen Menschen mit Achtung und Takt zu begegnen ist, sie nicht ausgegrenzt werden dürfen und zur Teilnahme am kirchlichen Leben zu ermutigen sind. Darüber hinaus heißt es: „Sie stehen ebenso wie Heterosexuelle unter der gleichen sittlichen Verpflichtung, in ihrem Leben den Willen Gottes zu erfüllen, ihre geschlechtliche Art zu bejahen und verantwortlich in das gesamte menschliche Verhalten zu integrieren."

Diese Aussagen bleiben zweideutig und können leicht in einem Sinn interpretiert werden, der im Gegensatz zur Lehre der Kirche steht. Bei aller Notwendigkeit, die homosexuellen Menschen in ihrer Würde als Personen zu achten und ihnen pastorale Hilfen anzubieten, darf nicht verschwiegen werden, daß homosexuelle Praktiken schwer gegen die Keuschheit verstoßen.

„Gestützt auf die Heilige Schrift, die sie als schlimme Abirrung bezeichnet (vgl. Gen 19, 2–29: Röm 1, 24–27; 1 Kor 6,10; 1 Tim 1, 10), hat die kirchliche Überlieferung stets erklärt, „daß die homosexuellen Handlungen in sich nicht in Ordnung sind" (Persona humana, 8). Sie verstoßen gegen das natürliche Gesetz, denn die Weitergabe des Lebens bleibt beim Geschlechtsakt ausgeschlossen. Sie entspringen nicht einer wahren affektiven und geschlechtlichen Ergänzungsbedürftigkeit. Sie sind in keinem Fall zu billigen" (KKK 2357; vgl. Persona humana, 8; Homosexualitatis problema, 3–7; KKK 2396). Im Gegensatz zu gewissen Meinungen, gemäß denen die Homosexualität eine bloße Variante der Natur ist, muß auch festgehalten werden: „Die spezifische Neigung der homosexuellen Personen ist zwar in sich nicht sündhaft, begründet aber eine mehr oder weniger starke Tendenz, die auf ein sittlich betrachtet schlechtes Verhalten ausgerichtet ist. Aus diesem Grund muß die Neigung selbst als objektiv ungeordnet angesehen werden" (Homosexualitatis problema, 3; vgl. KKK 2358).

Dialoggruppe 4: Vorschlag 1

Im Vorschlag über die Seelsorge an wiederverheirateten geschiedenen Gläubigen wird im Einklang mit den einschlägigen lehramtlichen Dokumenten darauf aufmerksam gemacht, daß diese Menschen nicht aus der kirchlichen Gemeinschaft ausgeschlossen sind und ihnen mit Verständnis und Wohlwollen zu begegnen ist. Doch dann heißt es: „Die persönlich verantwortete Gewissensentscheidung Betroffener, nach sorgfältiger Prüfung – womöglich nach einem Gespräch mit einem Seelsorger – zur Kommunion hintreten zu dürfen, ist zu respektieren".

Es ist offensichtlich, daß diese Forderung nicht annehmbar ist. „Falls Geschiedene zivil wiederverheiratet sind, befinden sie sich in einer Situation, die dem Gesetze Gottes objektiv widerspricht. Darum dürfen sie, solange diese Situation andauert, nicht die Kommunion empfangen. Aus dem gleichen Grund können sie gewisse kirchliche Aufgaben nicht ausüben. Die Aussöhnung durch das Bußsakrament kann nur solchen gewährt werden, die es bereuen, das Zeichen des Bundes und der Treue zu Christus verletzt zu haben, und sich verpflichten, in vollständiger Enthaltsamkeit zu leben" (KKK 1650; vgl. Familiaris consortio, 84; Schreiben der Glaubenskongregation von 1994). Es geht in dieser leidvollen Frage nicht um eine bloß disziplinäre Angelegenheit, die von der Kirche auch anders gelöst werden könnte, sondern um eine Norm, die sich direkt aus der Unauflöslichkeit der Ehe ergibt.

Freilich werden alle Kräfte notwendig sein, „um glaubhaft zu machen, daß es nicht um Diskriminierung geht, sondern einzig um uneingeschränkte Treue zum Willen Christi, der uns die Unauflöslichkeit der Ehe als Gabe des Schöpfers zurückgegeben und neu anvertraut hat" (Schreiben der Glaubenskongregation von 1994, 10).

Dialoggruppe 7: Vorschlag 3
In diesem Vorschlag wird die Österreichische Bischofskonferenz ersucht, für die Einführung des ständigen Diakonats für Frauen einzutreten.

In dieser Frage ist an die im Gesprächsprotokoll (vgl. S. 4) enthaltenen Ausführungen zu erinnern. Es ist auch darauf hinzuweisen, daß die kirchliche Regelung, gemäß der die Weihe gültig nur ein getaufter Mann empfangen kann (vgl. KKK 1576; CIC, can. 1024), durchaus lehrmäßige Implikationen hat.

B. Probleme disziplinärer Art

Mehrere Vorschläge der Delegiertenversammlung gehen über die vom kirchlichen Recht geregelte Ordnung hinaus: etwa die Forderung, „die Mitarbeit von wiederverheirateten Geschiedenen im PGR und die Übernahme von Patenämtern zu ermöglichen" (Themenkreis 4, Vorschlag 1); das Votum, „laisierten Priestern den Zugang zu allen Diensten und kirchlichen Berufen zu ermöglichen, die auch Laien offenstehen" (Themenkreis 4, Vorschlag 3); das Ansuchen, „die Mitwirkungsrechte des PGR ... weiterzuentwickeln" (Themenkreis 5, Vorschlag 2); die Empfehlung an die Bischöfe, sich „für die Zulassung von geeigneten und entsprechend ausgebildeten verheirateten Männern zur Priesterweihe" einzusetzen (Themenkreis 6, Vorschlag 2).

Auf die Forderung nach der Priesterweihe der sogenannten „viri probati" hat der Heilige Vater indirekt eine Antwort gegeben, indem er in seiner Ansprache an die österreichischen Bischöfe dazu aufgerufen hat, die Identität des priesterlichen Amtes zu unterstreichen und eine Pastoral zu fördern, in der Berufungen gedeihen können (vgl. Nr, 8 und 9; vgl. auch Pastores dabo vobis, 29).

Die anderen Forderungen können nicht in Österreich entschieden werden, weil sie Themen anrühren, die die Disziplin der Gesamtkirche betreffen und deshalb den kompetenten Organen des Heiligen Stuhles vorbehalten sind.

Pater Gottfried Schätz

Gedächtnisprokoll über mein Gespräch mit Diözesanbischof Dr. Kurt Krenn im bischöflichen Haus in St. Pölten am Dienstag, 27. Januar 1998.[230]
Verfaßt am 3. Februar 1998

Zu Beginn fragt mich Bischof Krenn, was ich für einen Wunsch hätte, welches Anliegen ich vorbringen möchte. Ich sage, daß ich ihm einen Brief geschrieben habe, in welchem ich wegen der Schwere der darin beschriebenen Sache zugleich auch angeboten hätte, zu einem Gespräch gern zur Verfügung zu stehen (Brief vom 14. 12. 1997 mit der Niederschrift vom 7. 12. 1997[231]). Ich erinnere Bischof Krenn daran, er habe dem Abt Dr. Clemens Lashofer schon wenige Tage später den Eingang meines Briefes bestätigt, und dem Herrn Abt telefonisch gesagt, er, Bischof Krenn, wolle mit mir ein Gespräch führen. Diesem Wunsch wolle ich entsprechen, indem ich jetzt hier sei. Das sei der Grund meines Kommens, ich wolle ihm wegen der Schwere der Sache zum Gespräch zur Verfügung stehen.

Bischof Krenn sagt, er habe von mir nie gedacht, daß ich „solche Dinge tun" würde. Ich frage, ob er damit das Schreiben des Briefes meine. Bischof Krenn sagt, er meine die Handlungen, die in meinem Brief beschrieben sind. Er sei entsetzt, daß ich so etwas getan habe. Ich weise Bischof Krenn darauf hin, daß ich diese Handlungen in einer inneren Situation gesetzt habe, die durch die Autorität des Pater Hermann als Priester, Hausoberer und Beichtvater geprägt war. Bischof Krenn wirft ein, ich sei doch mit 19 Jahren ein „moralisches Subjekt" gewesen und damit verantwortlich für das Geschehene. Ich erkläre Bischof Krenn, diese Handlungen seien von mir her nur deshalb möglich gewesen, weil ich die Überzeugung gehabt hatte, wegen meines Nicht-Bewältigens meiner Sexualität (Selbstbefriedigung) eine sehr schlechte innere Verfassung zu haben und darum bereit sein zu müssen, die mir vom Beichtvater gebotene Hilfe anzunehmen. Daß diese „Hilfe“ so außerordentliche Formen hatte wie im Brief beschrieben, hätte ich damals darauf zurückgeführt, daß meine Verderbtheit und Schuld so groß sei, daß nichts anderes mehr helfen würde. Ich erkläre Bischof Krenn, ich sei völlig überzeugt gewesen, der einzige – eben so schlechte – Mensch zu sein, der eine solche Behandlung erfuhr. Ich sagte Bischof Krenn, ich sei überzeugt, daß ich mir diese Geschehnisse von keinem anderen Mann hätte gefallen lassen. Bischof Krenn stellte mir wiederholt die Frage: „Warum tun Sie so etwas?“

Bischof Krenn wirft mir vor, es sei ganz schlecht, daß ich diesen Brief an so viele Leute geschickt habe. Auf die Erklärung, ich habe diesen Brief nur an ihn, Erzbischof Schönborn und Kardinal Meisner geschickt, sagt Bischof Krenn, das sei ganz schlecht, daß ich „dem Meisner“ das geschickt habe. Der (= Meisner) habe mit ihm gesprochen; das sei eine sehr schlechte Sache. Auf den Versuch der Erklärung, ich habe die Sache auf dem kirchlichen Weg belassen wollen, wirft mir Bischof Krenn vor, es sei schlimm, daß ich die ganze Bischofskonferenz davon in Kenntnis gesetzt hätte. Ich sage Bischof Krenn, das hätte ich nicht getan. Darauf sagt Bischof Krenn, er wolle es mir nicht extra vorwerfen, aber es sei eben verkehrt gewesen.

Bischof Krenn wirft mir vor, es sei ganz schlimm und unpassend, daß ich in die Medien gegangen bin. Ich sage Bischof Krenn, ich sei eben gerade nicht in die Medien gegangen, ich hätte ganz im Gegenteil getrachtet, den kirchlichen Weg zu gehen. Bischof Krenn läßt diese Aussage nicht gelten und behauptet, die Medien stützten sich nur auf keinen Brief und es sei arg, daß die „Feinde der Kirche“ damit solche Mittel hätten.

Bischof Krenn fragt mich, ob das (im Brief Beschriebene) „Homosexualität im landläufigen Sinn“ sei. Ich frage Bischof Krenn, was ich darunter verstehen solle. Bischof Krenn sagt, er kenne sich da nicht aus, aber ich solle sagen, ob diese Handlungen das waren, was „man unter Homosexualität versteht“. Ich frage Bischof Krenn, ob er in diesem Sinn unter Homosexualität jetzt das fassen wolle, was man als Coitus bezeichnet. Bischof Krenn sagt ja, genau das meine er, und er fragt mich konkret: „War das bei Ihnen?“ Ich sage: „Nein, bei mir war das nicht.“ Bischof Krenn lehnt sich zurück und sagt zufrieden, dann stimme also das nicht, was in den Medien gesagt werde. Die Sache sei also „gegenstandslos“. Ich frage Bischof Krenn, wenn ein gesunder Mann einen gesunden Mann küßt, ob das in Ordnung sei; gemeint sei der Zungenkuß, der gewöhnlich nur zwischen Mann und Frau gegeben werde. Bischof Krenn sagt, das wisse er nicht. Ich frage Bischof Krenn, ob es moralisch in Ordnung sei, wenn ein Mann den Penis des anderen anfaßt, und wenn das im Lauf der Zeit oft vorkommt. Darauf sagt Bischof Krenn: „Das haben Sie getan? Warum tun Sie so etwas? Das hätte ich von Ihnen nicht gedacht.“ Bischof Krenn befragte mich über die Häufigkeit und Zeitdauer. Ich sage, etwa vier Jahre lang war es sehr häufig. Auf meine wiederholte Frage, wie er dies im Hinblick auf Kardinal Hans Hermann Groër beurteile, antwortet Bischof Krenn, das sei dann wohl eine Art „actus imperfectus“. Bischof Krenn sagt, der Kardinal habe ihm wiederholt gesagt, daß an der Sache nichts dran sei, und er, Bischof Krenn, habe keinen Grund, etwas anderes anzunehmen.

Ich spreche Bischof Krenn darauf an, was er in der Fernsehsendung „Zur Sache“ gesagt habe, obwohl er immerhin zu diesem Zeitpunkt meinen Brief schon in Händen gehabt hatte. Ich mache ihm den Vorwurf, daß er eiliger ins Fernsehen gegangen sei, als es ihm nötig schien, mit mir darüber zu sprechen. Bischof Krenn sagt, er müsse doch seine Überzeugung sagen (Bischof Krenn hatte im Fernsehen gesagt, für ihn sei Kardinal Groër nach wie vor ein Opfer, und zwar ein unschuldiges Opfer).

Bischof Krenn sagt, es bleibe immer noch die Frage offen, „warum Sie nach 20 Jahren von diesen Dingen reden“. Ich erkläre den Sachverhalt, daß ich bis 1995 annahm, ich sei der einzige, der in so hohem Maß in solche Handlungen einbezogen gewesen sei. 1995 las ich von Hartmann, glaubte diesem und nahm an, es gebe also eine zweite Person. Abt Lashofer habe mir 1995 gesagt, er habe von einigen Mitbrüdern erfahren, daß sie auch „betroffen sind“. Ich hätte also angenommen, der Abt werde diesen Dingen wohl nachgehen. Darum hätte ich keinen Grund gesehen, von mir aus etwas hinzuzufügen. Ich weise Bischof Krenn darauf hin, daß es nicht 20 Jahre sind seit diesen Geschehnissen.

Bischof Krenn: „Ich frage Sie als Prior: Wenn Pater Fischer den Abt angreift, entsteht doch ein Handlungsbedarf. Das kann nicht so weitergehen." Ich sage Bischof Krenn, meine Sicht der Dinge sei: Wenn Pater Udo den Abt angreift, entsteht Handlungsbedarf für den Abt. Bischof Krenn sagt, er müsse doch eingreifen; natürlich werde er sich mit dem Abt darüber absprechen. Es könne in Paudorf nicht so weitergehen. Ich erkläre, Handlungsbedarf bedeute ja nicht zugleich Absetzungsbedarf. Auch ein echtes Gespräch sei eine Handlung. Bischof Krenn erklärt mir, er werde sich bemühen, bei der Visitation des Stiftes mitzuwirken.

Bischof Krenn sagt, er wolle mir nichts unterstellen, aber er habe erfahren, es gebe da bei mir eine Frauengeschichte; der Abt habe mich „gemaßregelt" und die andere Geschichte (Groër) sei meine „Rache gegen den Abt". Ich verneine dies und erkläre Bischof Krenn, es stehe mir wohl zu, mit meinem Abt über Dinge zu sprechen, die mich betreffen. Der Herr Abt habe mich lediglich in einem solchen persönlichen Gespräch damit konfrontiert, daß er in Pater Ruperts Brief[232] erstmals mit solchen Dingen (Groër) konfrontiert worden war.

Zur Verabschiedung geht Bischof Krenn zur Zimmertür und sagt: „Pater Gottfried, schauen Sie in die Zukunft!" Bischof Krenn sagt, er werde den Kardinal (Groër) anrufen – er sei ohnehin in gutem Kontakt mit diesem – und werde ihm sagen, „er soll für Sie beten – und Sie beten auch für ihn, uneingeschränkt!"

Pater Gottfried Schätz

Quellen- und Literaturverzeichnis

Austria Presse Agentur, Der 13., Format, Die Furche, Freiheitlicher Pressedienst, Die Ganze Woche, kathpress, Kurier, Neue Kronen Zeitung, Media-Analyse 1998, News, Niederösterreichischen Nachrichten, Die Presse, profil, Rupertusblatt, Schöpflöffel (ÖH-Zeitschrift der Wiener Theologen), Der Standard, Wiener Kirchenzeitung, Zur Zeit

ORF: Zeit im Bild 1, Zeit im Bild 2, Zeit im Bild 3, Report, Zur Sache, Musikantenstadl, Abendjournal, Mittagsjournal.

Gabriel Adriány: Das Schisma Lefèbvre. In: Forum katholische Theologie, 5. Jg., H. 4, 1989.

Heiner Boberski: Das Engelwerk. Salzburg 1990.

Hubertus Czernin: Das Buch Groër. Klagenfurt u. a. 1998.

Udo Fischer: Herr Bischof es reicht! Bad Sauerbrunn 1993.

Thomas M. Hofer: Gottes rechte Kirche. Wien 1998.

Kurt Krenn: „Worte auf dem Weg“. Herausgegeben von Werner Schmid im 10. Jahr der Bischofsweihe von Univ.-Prof. Dr. Kurt Krenn. Kleinhain, Verlag St. Josef, 1997.

Helmut Krätzl: „Im Sprung gehemmt. Was mir nach dem Konzil noch alles fehlt“. Mödling 1998.

Thomas J. Reese: Im Inneren des Vatikan. Frankfurt 1998.

Hubert Wachter: Kurt Krenn. Gottes eherne Faust. Wien 1993.

Anmerkungen

1 Kurt Krenn am 24. November 1998 im ORF-“Report“.

2 Ein Weihbischof, auch Auxiliarbischof (lat. auxilium = Hilfe, Unterstützung) wird auf Vorschlag des jeweiligen Diözesanbischofs ernannt und untersteht diesem.

3 Das Kirchenrecht schreibt den Bischöfen regelmäßige Besuche „ad limina Apostolorum“, bei den „Schwellen“ (also den Gräbern) der Apostelfürsten Petrus und Paulus in Rom, vor. Neben den gemeinsamen Gottesdiensten in San Pietro in Vaticano und San Paolo fuori le Mura stehen Gespräche in den verschiedenen vatikanischen Kongregationen sowie Privataudienzen der einzelnen Bischöfe beim Heiligen Vater im Mittelpunkt.

4 „thema_kirche“ ist das interne Mitteilungsblatt für kirchliche Mitarbeiter der Erzdiözese Wien.

5 Die Bischöfe reisten einzeln nach Rom, wohnten aber gemeinsam in einem vatikanischen Gästehaus – außer Kurt Krenn, der mit Militär-Bischof Christian Werner in einer anderen Herberge des Vatikans logierte.

6 Siehe Anhang S. 203 ff.

7 Vgl. den Kommentar von Chefredakteur Andreas Unterberger in „Die Presse“ vom 23. November 1998.

8 Das ist, laut Auskunft von Mitarbeitern Krenns, nur die halbe Wahrheit: Krenn hatte den Bericht am Tag seiner Abreise auf seinem Schreibtisch – ließ jedoch das Kuvert ungeöffnet liegen.

9 Das trifft nur auf die Endfassung zu, die sich freilich inhaltlich kaum von der Vorlage für die Herbstbischofskonferenz zwei Wochen davor unterscheidet. Eine Debatte bzw. inhaltliche Einwände wären zu diesem Zeitpunkt leicht möglich gewesen.

10 „kathpress“ vom 18. November 1998.

11 Johannes Paul II. hielt die Rede wegen seines angegriffenen Gesundheitszustandes nicht selbst, sondern ließ den Text nach der gemeinsamen Frühmesse in seiner Privatkapelle an die österreichischen Bischöfe verteilen. Bei Reden des Papstes gilt übrigens, an-

ders als bei Politikern, immer das schriftliche und nicht das gesprochene Wort.

12 Der vollständige Text der Papst-Rede findet sich im Anhang, S. 213

13 Tatsächlich arbeiten an der Erstellung der Manuskripte für derartige Reden auch „Ghostwriter“ mit, die mit den spezifischen Gegebenheiten der Ortskirche vertraut sind und das Vertrauen des Heiligen Vaters genießen. Die Entwürfe durchlaufen dann die verschiedenen Kongregationen und werden dort inhaltlich bewertet und bearbeitet. Es ist daher nicht auszuschließen, daß Krenn an der Formulierung der Rede mitgearbeitet hat. Beweise dafür gibt es freilich nicht. In früheren Jahren sollen zuweilen die Österreicher an der Kurie, speziell Kardinal Alfons Maria Stickler, aber auch der Präfekt der Glaubenskongregation, Kardinal Joseph Ratzinger, an der Abfassung der Papst-Reden beteiligt gewesen sein.

14 Bereits die Inauguration Schönborns zum Kardinal im Februar 1998 war von Mißtönen begleitet gewesen: Am Höhepunkt der „Affäre Groër II“ – nach weiteren Vorwürfen wegen sexuellen Mißbrauchs seitens einiger Mitbrüder mußte der Wiener Alt-Erzbischof Hans Hermann Groër als Prior des zu Stift Göttweig gehörenden Hauses St. Josef in Maria Roggendorf zurücktreten – hatte Groër, begleitet von Kurt Krenns Pressesprecher Michael Dinhobl, an den Feierlichkeiten in Rom teilgenommen. Groër hatte Schönborn davon nicht in Kenntnis gesetzt, obwohl er noch wenige Tage vor seiner Abreise mit seinem Nachfolger als Erzbischof gesprochen hatte.

15 Das Interview mit Krenn wurde erst anschließend in der „Zeit im Bild 1“ zusammen mit den Aussagen Schönborns während der Pressekonferenz gesendet.

16 Helmut Krätzl: „Im Sprung gehemmt. Was mir nach dem Konzil noch alles fehlt“. Mödling 1998, S. 213.

17 Ebda.

18 Kurt Krenn am 10. Dezember 1990 in einer kathpress-Umfrage zum 25-Jahr-Jubiläum des Abschlusses des Konzils.

19 Kurt Krenn: „Worte auf dem Weg“. Kleinhain 1997, S. 178.

20 Ebda.

21 In seiner Stellungnahme beim Abschlußplenum der Delegiertenversammlung sagte Krenn: „Es gibt eine gute Meldung: Das Kli-

ma war gut. Ich möchte das auch von mir her bestätigen. Die Sitten waren sehr gut. Das, glaube ich, war auch etwas Neues in der Kirche. Ich möchte auch sagen, daß die Moderatoren ausnahmslos exzellent waren."

22 Auch der Bischof von Feldkirch, Klaus Küng, kritisierte bereits während der Sitzungen, daß viele Anträge nicht der Ordnung der Kirche und dem Lehramt entsprechen.

23 Der Sekretär der Bischofskonferenz, Michael Wilhelm, hatte die Erstellung des Berichtes koordiniert und war der erste, der noch in Rom während des Ad-limina-Besuchs Krenn widersprochen hat: „Wenn behauptet wird, daß der Bericht weder beraten noch abgestimmt wurde, dann ist das Gegenteil wahr."

24 Wobei der Kardinal bei diesem Anlaß betonte, er stünde nach wie vor zur Kritik Schüllers an Krenn.

25 Brief Squicciarinis vom 7. Dezember 1998.

26 Am 27. März 1995 veröffentlicht das Nachrichtenmagazin „profil" ein Interview mit Josef Hartmann, einem ehemaligen Zögling des Hollabrunner Knabenseminars, in dem dieser seinen ehemaligen Religionslehrer Hans Hermann Groër des sexuellen Mißbrauchs bezichtigte. Am 6. April 1995 wird Groër als Vorsitzender der Bischofskonferenz durch den Grazer Diözesanbischof Johann Weber ersetzt. Am 13. April 1995 wird der bisherige Wiener Weihbischof Christoph Schönborn zum Erzbischof-Koadjutor ernannt. Am 14. September scheidet Groër als Erzbischof aus, Schönborn ist damit automatisch sein Nachfolger.

27 Darin wird unter anderem gefordert: Überwindung der Kluft zwischen Klerus und Laien; Mitsprache und Mitentscheidung der Ortskirchen bei Bischofsernennungen; Mitsprache und Mitentscheidung für Frauen in allen kirchlichen Gremien; Öffnung des ständigen Diakonats für Frauen; Zugang der Frauen zum Priesteramt; Freie Wahl für Priester zwischen zölibatärer und nicht-zölibatärer Lebensform; Anerkennung der verantworteten Gewissensentscheidung in Fragen der Sexualmoral (z. B. Empfängnisverhütung); keine Gleichsetzung von Empfängnisregelung und Abtreibung; mehr Verständnis und und Versöhnungsbereitschaft im Umgang mit Menschen in schwierigen Situationen, die einen neuen Anfang setzen möchten (z. B. wiederverheiratete Geschie-

dene, verheiratete Priester ohne Amt), anstelle unbarmherziger Härte und Strenge.

28 „Was hier begehrt wird, geht an dem vorbei, was Menschen von der Kirche erwarten", schrieb Krätzl in einem Kommentar für „Die Furche" im Mai 1995.

29 So meinte Krenn, in Anspielung an die „Volksabstimmung" vom 10. April 1938, bei der 99,75% für den bereits vollzogenen „Anschluß" an Nazi-Deutschland gestimmt hatten, am 29. Juni 1995 in der „Zeit im Bild 2" über das Kirchenvolks-Begehren: „Unser Volk hat schon einmal in sehr großer Mehrheit geirrt."

30 Rund acht Prozent aller Katholiken haben unterschrieben – gemessen an von Parteien professionell beworbenen Volksbegehren ein erstaunlich hohes Ergebnis. So erziehlte etwa das Anti-Ausländer-Volksbegehren der FPÖ „Österreich zuerst" 1993 rund 100.000 Unterschriften weniger.

31 Im Frühjahr 1997 erhielt der damalige Vorsitzende der Bischofskonferenz, Johann Weber, zwei von Joseph Kardinal Ratzinger unterfertigte Schreiben der römischen Glaubenskongregation. Der Glaubenspräfekt bekundete darin seine Ablehnung des Kirchenvolks-Begehrens sowie der Plattform „Wir sind Kirche" und wies darauf hin, daß „diese Initiative von der katholischen Kirche nicht als legitim anerkannt ist".

32 Tatsächlich waren gegenüber dem Kirchenvolks-Begehren viele Anliegen entschärft worden. So verschwand etwa die Forderung nach dem Priesteramt für Frauen. Von den „heißen Eisen" wurden letztlich von den Salzburger Delegierten mit großen Mehrheiten befürwortet: Respektierung verschiedener Lebensgemeinschaften neben der kirchlich geschlossenen Ehe; deutliche Grenzziehung zwischen Abtreibung und Empfängnisverhütung; volle Akzeptanz von homosexuellen Menschen; Respektierung des persönlichen Gewissensentscheides beim Sakramentenempfang für wiederverheiratete Geschiedene; Beschleunigung von Laisierungsverfahren; Zulassung von viri probati für das Priesteramt; Anhebung des Frauenanteils in allen kirchlichen Gremien; ständiges Diakonat für Frauen; Mitwirkungsrechte der Ortskirchen bei der Bischofswahl.

33 Siehe die Rede des Papstes an die österreichischen Bischöfe im Anhang, S. 214 ff.

34 Hubert Wachter: Kurt Krenn. Gottes eherne Faust. Wien 1993, S. 23.

35 „Die Ganze Woche" vom 12. September 1991.

36 Ebda.

37 Wachter, Gottes eherne Faust, S. 27.

38 Kurt Krenn stand Hubert Wachter für dessen Buch 16 Stunden lang Rede und Antwort und nahm auch an der Präsentation teil.

39 Krenn in Wachter, Gottes eherne Faust, S. 27.

40 „Profil" 13/1987.

41 Georg Wilhelm Friedrich Hegel (1770-1831). Es wäre eine fundierte wissenschaftliche Studie wert, ob – und wenn ja, wie – sich die dialektische Methode und die Philosophie Hegels auf die Gedankenwelt und die Handlungsweisen von Kurt Krenn auswirken. Dies würde freilich den Umfang dieses Buches sprengen. Bei aller Problematik einer derart verkürzten Darstellung der Hegelschen Philosophie seien hier lediglich zwei Indizien für mögliche Ansatzpunkte einer solchen Untersuchung vermerkt: 1) Hegel stellt in seiner Phänomenologie des Geistes die Philosophie als höchste Form des absoluten Geistes über die Religion; 2) Hegel lehnte empirische Methoden und Gedankenansätze strikt ab; er soll, auf Widersprüche zwischen seinen Theorien und der Wirklichkeit hingewiesen, geantwortet haben: „Umso schlimmer für die Wirklichkeit."

42 Wachter, Gottes eherne Faust, S. 28.

43 Volksaltäre gibt es erst seit dem 2. Vatikanum. Davor feierten die Priester die Heilige Messe nach dem tridentinischen Ritus vor dem Hochaltar mit dem Rücken zu den Gläubigen.

44 Wachter, Gottes eherne Faust, S. 29.

45 Wachter, Gottes eherne Faust, S. 30 ff.

46 Jaworski wurde bei einem Eisenbahnunglück, das er auf einer Reise in Vertretung des damaligen Krakauer Erzbischofs Karol Wojtyla unternahm, schwer verletzt und verlor einen Arm, was das besondere Verhältnis des Papstes zum ihm erklärt. Derzeit ist Jaworski Metropolit und Erzbischof von Lemberg sowie Vorsitzender der ukrainischen Bischofskonferenz. Die Ukraine ist nicht nur wegen ihrer Nationalitätenproblematik, sondern auch religionspolitisch ein heißes Pflaster. Rivalisierend stehen einander gegenüber: ver-

schiedene orthodoxe Patriarchate; die unierte katholisch-ukrainische Kirche (die zwar orthodoxem Ritus gehorcht, jedoch den Papst anerkennt und Teil der katholischen Kirche ist); und die römisch-katholische Kirche mit lateinischem Ritus.

47 Jaworski zählt zu den engsten Freunden des Papstes und verfügt sogar über eine eigene Privatwohnung im Vatikan.

48 S. dazu das Interview mit Robert Prantner, S. 174 ff.

49 Wachter, Gottes eherne Faust, S. 31.

50 Jaworski fungierte am 26. April 1987 als Mitkonsekrator bei der Bischofsweihe Krenns durch Erzbischof Groër und nahm auch am 15. September 1991 am Festgottesdienst anläßlich der Amtsübernahme Krenns in St. Pölten teil.

51 Thomas J. Reese: Im Inneren des Vatikan. Frankfurt 1998, S. 258 ff.

52 Stanislaw Dziwisz wurde im Frühjahr 1998 vom Papst zum Bischof geweiht. Dies ist bei Thomas J. Reese noch nicht berücksichtigt, daher der Titel Monsignore.

53 Der Leiter der ersten Abteilung des Staatssekretariats für allgemeine Angelegenheiten, derzeit Erzbischof Giovanni Battista Re.

54 Hans Hermann Groër wurde Erzbischof von Wien, Georg Eder Erzbischof und Andreas Laun Weihbischof in Salzburg, der Opus-Dei Priester Klaus Küng Diözesanbischof von Feldkirch.

55 Alfons Maria Stickler wurde am 23. März 1910 in Neunkirchen (NÖ) geboren. Nach der Matura trat er dem Salesianerorden bei und wurde 1937 in Rom zum Priester geweiht, wo er Kirchenrechtsgeschichte an der Salesianeruniversität unterrichtete. 1976 berief ihn Papst Paul VI. zum Präfekten der vatikanischen Bibliothek, 1983 wurde er zum Titularbischof von Bolsena erhoben. 1984 übertrug ihm Johannes Paul II. auch die Leitung des vatikanischen Geheimarchivs. 1985 wurde Stickler vom Papst ins Kardinalskollegium berufen. 1988 trat Stickler in den Ruhestand.

56 Dazu auch S. 118 ff.

57 „Kurier“ vom 19. April 1981.

58 Zuletzt war der mittlerweile zum Erzbischof beförderte Wagner, der im Frühjahr 1999 in den Ruhestand getreten und nach Österreich zurückgekehrt ist, als Vertreter des Heiligen Stuhls bei den in Rom ansässigen UNO-Organisationen tätig.

59 Franz König wurde am 3. August 1905 in Warth bei Rabenstein an der Pielach (NÖ) geboren. Nach der Matura am Stiftsgymnasium Melk studierte er an der Päpstlichen Universität Gregoriana in Rom und wurde am 29. Oktober 1933 zum Priester geweiht. 1948 wurde König als Professor für Moraltheologie nach Salzburg berufen. 1952 wurde König von Papst Pius XII. zum Weihbischof sowie zum Bischofskoadjutor mit Nachfolgerecht der Diözese St. Pölten. Er folgte jedoch nicht Bischof Michael Memelauer nach, sondern wurde am 10. Mai 1956 zum Erzbischof von Wien ernannt, als Nachfolger des verstorbenen Kardinals Theodor Innitzer. 1958 wurde König ins Kardinalskollegium berufen. 1985 nahm Johannes Paul II. das bereits fünf Jahre alte Rücktrittsgesuch (das bischöfliche Pensionsalter ist 75 Jahre) als Erzbischof von Wien an.

60 Siehe dazu Kapitel „… da müßte eher der liebe Gott abdanken" bzw. das Interview mit Erhard Busek, S. 187 ff.

61 Am 15. Juli 1986 wird der Göttweiger Benediktiner Hans Hermann Groër zum Erzbischof von Wien ernannt, die Weihe erfolgt am 14. September 1986. Groër war Johannes Paul II. vermutlich zumindest namentlich bekannt – der Wallfahrtsdirektor hatte den Krakauer Erzbischof Wojtyla schon zu einer Monatswallfahrt nach Maria Roggendorf eingeladen, doch fand der Besuch nicht mehr statt, da der Pole inzwischen zum Papst gewählt worden war.

62 „Zulehners Kirchenkommentare" finden sich auf der Internet-Homepage des Wiener Instituts für Pastoraltheologie <http://www.univie.ac.at/pastoraltheologie/>

63 Vermutlich auf Vorschlag des früheren Wiener Nuntius Opilio Rossi und des österreichischen Präfekten der Vatikan-Bibliothek, Alfons Maria Stickler.

64 Joseph Ratzinger wurde am 16. April 1927 im oberbayerischen Marktl am Inn geboren, 1951 zum Priester geweiht und 1957 zum Professor der Theologie habilitiert. Er lehrte Dogmatik (Glaubenslehre) an den Universitäten Bonn, Münster, Tübingen und Regensburg. Beim 2. Vatikanischen Konzil war Ratzinger theologischer Berater des Kölner Kardinals Joseph Frings, einer der dominierenden Persönlichkeiten des Konzils. 1977 wurde Ratzinger Erzbischof von München, 1981 berief ihn Papst Johan-

nes Paul II. zum Präfekten der römischen Glaubenskongregation, der Nachfolgerin der Heiligen Inquisition. Ratzinger gilt als einer der geistigen Väter des konservativen Kurses der Weltkirche.

65 Siehe das Interview mit Alt-Bischof Franz Žak, S. 157 ff. und mit Monsignore Helmut Schüller, S. 178 ff.

66 „Wiener Kirchenzeitung" vom 29. März 1987.

67 „Rupertusblatt" 29. März 1987.

68 „Die Presse" vom 12. März 1987.

69 Kurt Krenn war und ist der vehementeste Verteidiger Groërs; er bestreitet nach wie vor jedes schuldhafte Verhalten des Kardinals.

70 Gemeint ist die Ernennung Groërs.

71 Unklar ist, ob damit der Verdacht des sexuellen Mißbrauchs im Hollabrunner Knabenseminar gemeint ist. Dies würde von einem erstaunlichen Insider-Wissen des „Passauer Bistumsblatts" zeugen. Zu diesem Zeitpunkt wurde über entsprechende Hinweise zwar in katholischen Kreisen gemunkelt, publik wurde der Verdacht aber erst 1995 durch das „profil".

72 „Kronen Zeitung" vom 26. März 1987.

73 „Die Presse" vom 1. April 1987.

74 „Kathpress" vom 6. April 1987.

75 Der offiziellen Zulassung weiblicher Ministranten.

76 „profil" vom 6. April 1987.

77 „Kathpress" vom 1. April 1987.

78 „Kurier" vom 27. April 1987.

79 „Vorarlberger Nachrichten" vom 23. Mai 1987, Gastkommentar von Otto Habsburg.

80 Hier versuchte Habsburg einen Wortwitz anzubringen: Gemeint war Paul Schulmeister, der damalige Präsident der Katholischen Aktion.

81 Hans Magenschab ist derzeit Pressesprecher von Bundespräsident Thomas Klestil.

82 Siehe dazu auch Kapitel „Von Rannariedl auf den Stephansplatz", S. 57, und Kapitel „Zwischen Schwarz und Blau", S. 110.

83 „Wochenpresse" 17/1987.

84 Es sollte nichts nützen. Klaus Küng wurde 1989 zum Bischof von Feldkirch ernannt.

85 Ansprache von Papst Johannes Paul II. beim Ad-limina-Besuch der österreichischen Bischöfe am 19. Juni 1987.

86 ORF-Mittagsjournal „Im Journal zu Gast“ vom 22. August 1987.

87 Laut Überlieferung wurde am 12. Juli 1462 in Rinn in Tirol der zweieinhalbjährige Andreas Oxner von jüdischen Kaufleuten ermordet. Im Laufe der Jahre entstand ein lokaler Verehrungskult. Das „Anderl von Rinn“ wurde zwar weder selig- noch heiliggesprochen, doch Papst Benedikt XIII. gestattete im 18. Jahrhundert seine Verehrung. Der Anderl-Kult war wiederholt untersagt worden: Bereits 1961 vom Innsbrucker Bischof Rusch, danach mehrmals von seinem Nachfolger Reinhold Stecher. 1985 formulierte Stecher einen entsprechenden Hirtenbrief und ließ die makabre Reliquie, ein mit festlichem Kleid und Krone geschmücktes Kleinkinder-Skelett, beerdigen. Historische Untersuchungen ergaben zweifelsfrei die Haltlosigkeit der Ritualmord-Legende. Dennoch kommt es seither jährlich am 12. Juli zu „illegalen“ Anderl-Verehrungen.

88 Siehe dazu auch Kapitel „Wahrheit versus Ehrlichkeit“, S. 140.

89 Gemeint sind offensichtlich das Diakonat bzw. das Priesteramt.

90 Siehe dazu das Interview mit Alt-Bischof Franz Žak, S. 164 ff.

91 Siehe dazu Interview mit Alt-Bischof Franz Žak, S. 163 f.

92 „Kurier“ vom 13. Juli 1991.

93 Udo Fischer: Herr Bischof es reicht! Bad Sauerbrunn 1993.

94 Wachter, Gottes eherne Faust, s. 62.

95 Interview im „profil“ vom 14. Juni 1993.

96 „Runder Tisch“ in der Zeit im Bild 2 am 7. Juni 1993.

97 ORF-Radio-Journal vom 21. 6. 1993.

98 Udo Fischer, Herr Bischof, es reicht!, S. 68.

99 Krenn spielt damit auf den damaligen „profil“-Chefredakteur Josef Votzi an, der die Affäre Groër aufgedeckt hatte. Votzi war Schüler Groërs am Hollabrunner Knabenseminar gewesen.

100 Siehe dazu auch das Interview mit Alois Mock und mit Erhard Busek.

101 Dazu auch Kapitel „Ein klarer Punktesieg“, S. 27.

102 Thomas M. Hofer: Gottes rechte Kirche. Wien 1998, S. 142 ff.

103 Hofer, Gottes rechte Kirche, S. 211 ff.

104 Siehe dazu Kapitel „Wahrheit versus Ehrlichkeit“, S. 140.

105 Siehe dazu Hubertus Czernin: Das Buch Groër. Klagenfurt 1998.

106 Stand Mai 1999.

107 Siehe Dokumente, Protokoll von Pater Gottfried Schätz, S. 230.

108 Dieses Volksbegehren blieb in der letzten Jännerwoche mit 417.278 Unterschriften weit hinter den Erwartungen Haiders und seiner FPÖ zurück. Die FP-Forderungen lauteten damals: „1) Eine Verfassungsbestimmung, wonach Österreich kein Einwanderungsland ist. 2) Einen Einwanderungsstopp bis zur befriedigenden Lösung der illegalen Ausländerfrage, bis zur Beseitigung der Wohnungsnot und Senkung der Arbeitslosigkeit auf fünf Prozent [Anm.: nach der alten österreichischen Berechnungsmethode]. 3) Ausweispflicht (Arbeitsgenehmigung, Krankenversicherung) für ausländische Arbeitnehmer am Arbeitsplatz; 4) Aufstockung der Exekutive sowie deren bessere Bezahlung und Ausstattung zur Erfassung der illegalen Ausländer [...] 5) Sofortige Schaffung eines ständigen Grenzschutzes statt Bundesheereinsatz. 6) Entspannung der Schulsituation durch Begrenzung des Anteils von Schülern mit fremder Muttersprache in Pflicht- und Berufsschulen mit höchstens 30 Prozent [...]. 7) Teilnahme am Regelunterricht nur bei ausreichenden Deutschkenntnissen (Vorbereitungsklassen). 8) Kein Ausländerwahlrecht bei den allgemeinen Wahlen. 9) Keine vorzeitige Verleihung der österreichischen Staatsbürgerschaft. 10) Rigorose Maßnahmen gegen illegale gewerbliche Tätigkeiten (Ausländervereine, -klubs) und gegen Mißbrauch von Sozialleistungen. 11) Sofortige Ausweisung und Aufenthaltsverbot für ausländische Straftäter. 12) Errichtung einer Osteuropa-Stiftung zur Verhinderung von Wanderungsbewegungen."

109 „Runder Tisch" in der „Zeit im Bild 2" vom 7. Juni 1993.

110 Einspruch beim Vatikan gegen Entscheidungen eines kirchenrechtlich Vorgesetzten.

111 „Der Standard", 23. Juni 1993.

112 Gehalten am 22. Dezember 1992 vor südwestdeutschen Bischöfen in Rom; damals hatten die ersten Balkankriege zu Flüchtlingswellen geführt, in Deutschland war es bereits zu den ersten Ausschreitungen gegen Asylwerber gekommen.

113 Freiheitlicher Pressedienst vom 12. Jänner 1993.

114 Siehe Fußnote 108.

115 „News" vom 14. Jänner 1993. Selbst wenn das Interview mit

Krenn, was durchaus denkbar ist, noch vor der Rede Haiders beim Neujahrstreffen geführt worden sein sollte, wäre noch genug Zeit für ihn gewesen, eine Änderung hineinzureklamieren.

116 Die Parteifarbe der ÖVP leitet sich von der zeitweise vom Klerus dominierten Christlich-sozialen Partei der 1. Republik ab.

117 Siehe Interview mit Erhard Busek, S. 187 ff.

118 Wachter, Gottes eherne Faust, S. 25.

119 „Schöpflöffel" (ÖH-Zeitschrift der Wiener Theologen) 1/87.

120 Wieviel von Schambecks Einfluß bloß Mystifikation ist und wieviel den tatsächlichen Gegebenheiten entspricht, entzieht sich den Möglichkeiten einer herkömmlichen seriösen Recherche.

121 Siehe dazu die Interviews mit Alois Mock, S. 167 ff., und mit Erhard Busek, S. 187 ff; Schambeck gehörte der sog. „Stahlhelm"-Fraktion an – er ist Mitglied des niederösterreichischen ÖAAB und CVer und zählt zum Vertrautenkreis rund um Alois Mock.

122 Diese Rivalitätskämpfe spielen heute eine ungleich kleinere Rolle – einerseits wohl deswegen, weil die ÖVP schon zu klein für großangelegte Flügelkämpfe ist; andererseits, weil sich das Rechts-Links-Schema in den katholischen Organisationen aufgelöst hat.

123 Khol zitiert aus Reden des Papstes und bezieht sich auf Aussagen zu Ehe und Familie sowie zum allgemeinen Wertebewußtsein der Gesellschaft.

124 Mittlerweile hat Khol seine Ansichten geändert – auch wenn er sich wie die meisten VP-Politiker zu kirchlichen Fragen öffentlich nicht äußert, ist bekannt, daß er mit dem Kirchenvolks-Begehren sympathisiert und ein vehementer Befürworter des Reform-Dialos geworden ist.

125 Cecchini führte damals eine Befragung über mögliche Kandidaten für die Nachfolge des Wiener Erzbischofs Franz Kardinal König durch. Dies dürfte eine kleine Gruppe von konservativen Wende-Theoretikern genützt haben, um ihre Wünsche zu deponieren. Es ist nicht auszuschließen, daß eben diese Gruppe im Nachhinein, als dann tatsächlich Groër, Krenn und Eder ernannt wurden, die eigene Rolle als wichtiger dargestellt hat, als sie eigentlich gewesen ist.

126 Siehe Thomas M. Hofer: Gottes rechte Kirche. Wien 1998;

S. 24 ff.; Waldstein ist derzeit Professor für Römisches Recht an der römischen Lateranuniversität.

127 Siehe dazu das Interview mit Erhard Busek, S. 187 ff.

128 Wachter, Gottes eherne Faust, S. 141; „liberal“ war in der ÖVP die Chiffre für die Politik Buseks.

129 Das historisch gesehen eine seiner Wurzeln in der antiklerikalen „Los-von-Rom“-Bewegung Georg Schönerers („Ohne Juda, ohne Rom wird gebaut Germaniens Dom“) hat und sich auch dazu bekennt.

130 Interview mit Andreas Mölzer, S. 170 ff.

131 Nummer 10/11, 1992.

132 Il Regno vom 27. Februar 1994.

133 Haider bei seiner Neujahrsrede 1999.

134 Dazu Interview mit Ewald Stadler, S. 192 ff.

135 3. April 1997, ORF-Mittagsjournal.

136 „News“ vom 3. April 1997.

137 Ende 1998 sollte jedenfalls das mit Millionen-Schulden belastete Grundstück samt Gebäude möglichst rasch wieder veräußert werden.

138 Abgesehen von den bekannten Verbalattacken in Zusammenhang mit der Fristenlösung.

139 Wachter, Gottes eherne Faust, S. 142.

140 Am 7. Dezember 1992 in der ORF-Sendung „Beim Wort genommen“.

141 Beim Medienimperium der Styria (Kleine Zeitung, Presse, Antenne Steiermark, Die Furche etc.) sind, um ein Gegenbeispiel zu nennen, gegenüber der Diözese Graz-Seckau als Eigentümer einige rechtliche Sicherheitsventile zwischengeschaltet.

142 Teile Niederösterreichs gehören zur Erzdiöse Wien, nämlich die Vikariate „Unter dem Wienerwald“ und „Unter dem Manhartsberg“, die in etwa dem Industrie- und dem Weinviertel entsprechen. Der Rest Niederösterreichs ist die Diözese St. Pölten.

143 Sämtliche Zahlen stammen aus der „Media-Analyse 1998“.

144 „Zur Zeit“ 18/1999.

145 Freilich zu „harmlosen“ Themen, nicht über den Konflikt mit Krenn.

146 Dieman hat etwa auch in Friedrich Engelmanns Zeitschrift „Der

13.", von der er mittlerweile in Unfrieden geschieden ist, geschrieben, daß „die Homosexuellen wie Ratten aus ihren Löchern" kriechen und „von Politikern und Kirchenleuten liebevoll gefüttert" werden. 43 Homosexuelle strengten daraufhin ein – noch nicht durchjudiziertes – Verfahren wegen Verhetzung an.

147 „Zur Zeit" 49/98, 4. 12. 1998; Abt Angerer antwortete darauf im „Spektrum" vom 3. April 1999: „Es ist leicht, die Ehre eines Zölibatären ins Zwielicht zu bringen. Wenn das absichtlich von Mitchristen geschieht, die da ausziehen, die Romtreue und Rechtgläubigkeit einer Partei zu verteidigen, und zwar mit Schlägen unter die Gürtellinie – welches Trauerspiel bieten wir dem Rest der Welt!".

148 Siehe Interview mit Robert Prantner, S. 174 ff.

149 Siehe Interview mit Andreas Mölzer, S. 170 ff.

150 Nach Angaben Krenns ist er nicht der einzige „Christianus"-Kolumnist. Dennoch lassen sich seine Beiträge aufgrund der Themenauswahl, der inhaltlichen Richtung und stilistischer Eigenarten unschwer zuordnen.

151 Hirtenbrief Krenns vom 15. September 1992.

152 Zur Illustration ein typischer Kleinanzeigentext (März 1999): „SCHWANGER? Frauenfreundliche und fachärztliche Hilfe bei Schwangerschaftsabbruch. Sterilisation für Frauen und Männer." (Es folgen Name, Anschrift und Telefonnummer der Klinik).

153 „Kronen Zeitung" vom 17. Juli 1994.

154 „Kronen Zeitung" vom 28. März 1999.

155 „Kronen Zeitung" vom 10. April 1994.

156 Die neuen Anschuldigungen gegen Groër aus dem Kreise der Göttweiger Benediktiner, die im Dezember 1997 zum Rücktritt des Alt-Erzbischofs als Prior von St. Josef/Maria Roggendorf und in der Folge zur Päpstlichen Visitation von Göttweig führten.

157 „Kronen-Zeitung" vom 1. Februar 1998.

158 „Kronen Zeitung" vom 8. März 1998.

159 „Kronen Zeitung" vom 25. Jänner 1998.

160 „Kronen Zeitung" vom 8. März 1998.

161 Erzählen wollen darüber beide nichts: Dichand ließ dem Autor dieses Buches über seine Sekretärin mitteilen, daß er kein Interesse an einem Gespräch habe, und Krenn selbst stand, wie erwähnt, ebenfalls nicht als Auskunftsperson zur Verfügung.

162 Dem Anonymität zugesichert wurde.
163 „Kronen Zeitung" vom 5. Dezember 1998.
164 „Kronen Zeitung" vom 28. Februar 1999.
165 „Kronen Zeitung" vom 10. März 1999.
166 Ebda.
167 An diesen Essen nahmen zuweilen auch Mitarbeiter Schönborns teil bzw. der Kardinal diskutierte mit diesen im Anschluß daran über die mit Dichand besprochenen Themen.
168 Salz der Erde. Joseph Kardinal Ratzinger. Ein Gespräch mit Peter Seewald. Stuttgart 1996.
169 Kurt Krenn: Worte auf dem Weg. Gedanken eines Hirten der Kirche. Kleinhain 1997.
170 Ansprache von Kurt Krenn bei der Jahresschlußandacht im Dom von St. Pölten am 31. Dezember 1998.
171 Dogmatische Konstitution über die Kirche „Lumen Gentium" (LG).
172 Dogmatische Konstitution über die Göttliche Offenbarung „Dei Verbum" (DV).
173 In der modernen Theologie unterscheidet man zwischen Systematischer Theologie (dazu zählen Dogmatik, also Glaubenslehre, Fundamentaltheologie, Moraltheologie, christliche Soziallehre), Historischer Theologie (Exegese, Kirchengeschichte) und Praktischer Theologie (Kirchenrecht, Liturgiewissenschaft, Pastoraltheologie, Religionspädagogik, Homiletik).
174 Wie es heißt, weil Krenn nicht genügend eigenständige Fachpublikationen vorweisen konnte. Eine Stellungnahme des Bischofs dazu war aus dem erwähnten Grund – Krenn verweigert dem Autor jedes Gespräch – leider nicht erhältlich.
175 Leider war das Sekretariat von Bischof Kurt Krenn nicht in der Lage (oder nicht Willens?), ⟨trotz wiederholter Anfragen des Autors⟩ eine Publikationsliste zu übermitteln. Der Autor war daher auf die Werkverzeichnisse in diversen Bibliotheken angewiesen – es ist daher nicht sicher, ob die Auflistung der wissenschaftlichen Publikationen Kurt Krenns vollständig ist. Allerdings steht bereits in einer 1987 von Gegnern Krenns erstellten Pubikationsliste: „Von seinen angeblich 150 Veröffentlichungen sind 120 nicht auffindbar."

176 „Die wissenschaftliche Ausbildung des Priesters von heute“; „Überlegungen zur Wirklichkeitsfähigkeit einer wissenschaftlichen Religionspsychologie“; „Geistliches Leben und menschliche Reifung im Lichte der Tiefenpsychologie“.

177 Die wirkliche Wirklichkeit Gottes. Gott in der Sprache heutiger Probleme. München – Paderborn – Wien 1974.

178 Kurt Krenn: Worte auf dem Weg. Gedanken eines Hirten der Kirche. Herausgegeben von Werner Schmid im 10. Jahr der Bischofsweihe von Univ.-Prof. Dr. Kurt Krenn. Kleinhain 1997.

179 Das „Forum katholische Theologie“ erscheint seit 1984 vierteljährlich in Aschaffenburg. Als Mitherausgeber fungieren die konservativen Theologen Leo Scheffczyk (München) und Anton Ziegenaus (Augsburg).

180 Heiner Boberski: Das Engelwerk. Salzburg 1990, S. 243.

181 Thomas M. Hofer: Gottes rechte Kirche. Wien 1998, S. 214 f.

182 Gabriel Adriány: Das Schisma Lefèbvre. In: Forum katholische Theologie, 5. Jg., H. 4, 1989. Der französische Erzbischof Marcel Lefèbvre hatte die Beschlüsse des 2. Vatikanischen Konzils strikt abgelehnt und die „Priesterbruderschaft Pius X. begründet. Als er 1988 ohne Zustimmung des Papstes Bischöfe für seine Bruderschaft weihte, exkommunizierte er sich damit laut Kirchenrecht selbst und verursachte das bislang letzte Schisma der katholischen Kirche.

183 Gastkommentar von Kurt Krenn in der „Wochenpresse“ 28/1988.

184 Würzburger „Deutsche Tagespost“ vom 22. Juni 1993, wiedergegeben von der Kathpress.

185 Krenn war zu dem von ihm angesprochenen Zeitabschnitt an der Päpstlichen Universität Gregoriana.

186 Kardinal Angelo Guiseppe Roncalli (1881–1963), Patriarch von Venedig, als Papst Johannes XXIII.

187 Johannes XXIII. kündigte am 25. Jänner 1959 das Konzil an, setzte im Juni 1960 die vorbereitenden Kommissionen ein und eröffnete das Konzil am 11. Oktober 1962. Nach der ersten Session starb Johannes XXIII. am 3. Juni 1963. Am 21. Juni 1963 wählte das Konklave Paul VI., der bereits am 27. Juni 1963 das Konzil wieder einberief.

188 Die dogmatische Konstitution über die göttliche Offenbarung „Dei Verbum".

189 Gehalten am 5. November 1989 in der vom Opus Dei geführten Karlskirche. Abgedruckt in: Worte am Weg.

190 Siehe dazu Kapitel „... da müßte eher der liebe Gott abdanken", S. 88.

191 Siehe dazu Kapitel „Ewiger Streit in der ewigen Stadt", S. 15.

192 „Kathpress" vom 6. Dezember 1998.

193 ORF-"Report" vom 15. Dezember 1998.

194 In seiner Silvester-Ansprache im St. Pöltener Dom.

195 ORF-Radio-Abendjournal vom 4. Jänner 1999.

196 Einzige Bedingung Franz Žaks für dieses Interview war, daß es möglichst nicht um persönliche Fragen über seinen Nachfolger geht, sondern um religiöse und pastorale.

197 Matthäus 20, 25–27.

198 „Sacrosanctum Concilium", die Konstitution über die heilige Liturgie, wurde am 4. Dezember 1963 mit 2147 Ja- und 4 Nein-Stimmen beschlossen und noch am selben Tag verkündet.

199 viri probati

200 Die Nationalstiftung Santa Maria dell'Anima, das Pilgerhospiz für die deutschsprachigen Katholiken in Rom.

201 Am 22. September 1968 beschlossen die österreichischen Bischöfe in Maria Trost eine Erklärung zur „Pillen"-Enzyklika „Humanae vitae" von Papst Paul VI., die, ähnlich der „Königsteiner Erklärung" der deutschen Bischöfe, als Relativierung der Enzyklika verstanden wurde. Demnach sei für katholische Eheleute eine abweichende Überzeugung unter bestimmten Voraussetzungen möglich, da die Enzyklika kein unfehlbares Glaubensurteil sei.

202 Im Jahr 1990.

203 1986/87 war das noch Michele Cecchini.

204 Vertrauter und späterer theologischer Referent von Kurt Krenn.

205 Im Jahr 1978.

206 Zit. in: Wachter, Gottes eherne Faust", S. 176.

207 Die Klerikervereinigung „Servi Jesu et Mariae".

208 Andreas Khol: „Katholikentag und Papstbesuch 1983: Eine kritische Würdigung". In: Österreichisches Jahrbuch für Politik, 84.

209 Der langjährige ständige Vizepräsident des Bundesrates.

210 Gemäß Konkordat informiert der Vatikan vorab die Bundesregierung über Bischofsernennungen. Diese kann theoretisch Einspruch erheben, die Personalentscheidungen Roms letztlich aber nicht verhindern.

211 Also unmittelbar vor der Eintragungswoche für das FP-Volksbegehren.

212 Also 1983/1984.

213 Der polnische Privatsekretär des Papstes, der 1998 zum Bischof geweiht wurde.

214 Der Generalvikar ist der wichtigste Mitarbeiter eines Diözesanbischofs, laut Kirchenrecht sein „alter ergo“, sein „anderes Ich“.

215 Das Dekret über das Laienapostolat „Apostolicam Actuositatem“.

216 Gemeint ist die Wiener Gemeinderatswahl vom 8. November 1987. Die ÖVP verlor 6,4 Prozentpunkte, kam aber immerhin noch auf 28,4 Prozent. Als Hauptgegner hatte Busek damals den SPÖ-Bürgermeister Helmut Zilk. Aber auch die FPÖ war im „Jahr eins“ nach der Machtübernahme durch Jörg Haider und nach der Wiederauflage der großen Koalition auf Bundesebene bereits deutlich im Aufwind.

217 Michele Cecchini.

218 Weihbischöfe sind kirchenrechtlich gesehen Auxiliar-, also Hilfsbischöfe, die von Rom auf Basis eines Dreier-Vorschlags des jeweiligen Diözesanbischofs ausgesucht werden. Die Ernennung eines Weihbischofs ist also theoretisch nur möglich, wenn er persönlich vom Diözesanbischof ausgewählt wurde und dessen Vertrauen genießt.

219 Juli 1991.

220 1991 bereits Donato Squicciarini.

221 In der Bundesregierung ressortieren Kultus-, also Religionsfragen zum Unterrichtsministerium.

222 1985.

223 Cecchini.

224 Ab 1985 bis zur Berufung von Hans Hermann Groër zum Wiener Erzbischof leitete Weihbischof Helmut Krätzl als Diözesanadministrator die Erzdiözese. Er galt als logischer Nachfolger und geistiger Erbe Königs.

225 Joseph Kardinal Ratzinger, Präfekt der Glaubenskongregation im Vatikan.

226 15. Juli 1986.

227 Gemeint ist Helmut Schüller.

228 Hier irrt Stadler grundlegend: Gerade die Formel „Es sind die Parteien selbst, die durch ihre Programme, ihre Praxis und die Auswahl ihrer Personen Nähe oder Distanz zur Kirche bestimmen" geht nachweislich auf Kardinal König zurück. Wörtlich verwendete König diese Formulierung etwa bei seinem Festvortrag am 29. September 1992 anläßlich des 40. Jahrestags des „Mariazeller Manifests" über „Eine freie Kirche in einer freien Gesellschaft". Sinngemäß geht der Grundsatz „die Parteien bestimmen Nähe oder Distanz selbst" auf die Ergebnisse des „Synodalen Vorgangs" der österreichischen Katholiken in Folge des 2. Vatikanischen Konzils zurück. Im Schlußdokument von 1974 des „Synodalen Vorgangs", der auf Anregung und unter Schirmherrschaft von Kardinal König einberufen worden war, heißt es wörtlich: „Die Kirche ist keine politische Organisation. Darum kann sie keine bestimmte Partei als alleinigen Sachwalter ihrer Anliegen betrachten. Das bedeutet nicht, daß die Kirche immer und unter allen Umständen zu den konkurrierenden politischen Richtungen ein gleich nahes Verhältnis haben muß (Äquidistanz). Das Verhältnis zwischen Kirche und politischen Parteien bleibt vielmehr in der Regel variabel [...] In dem Maß, in dem die einzelnen Parteien mit den von der Kirche für grundlegend gehaltenen Fragen übereinstimmen oder nicht, ergibt sich von selbst eine differenzierte Nähe oder Ferne."

229 Das Engelwerk.

230 Gottfried Schätz war bis Juni 1998 Prior des Stiftes Göttweig. Danach trat er zurück und befindet sich seit damals auf Urlaub vom Klosterleben.

231 Gemeint ist eine umfangreiche Sachverhaltsdarstellung zum Fall Groër, die Schätz an den deutschen Kardinal Joachim Meisner, Erzbischof Christoph Schönborn und Bischof Kurt Krenn geschickt hatte: Siehe Czernin, Der Fall Groër, S. 142.

232 Pater Rupert, ein aus dem Stift ausgetretener Mitbruder von Pater Gottfried, hatte in einem Laisierungsantrag den Fall Groër angesprochen.

Register

Aichern, Maximilian 30, 50, 67, 69–70, 72, 80, 98, 112
Angerer, Joachim 31, 34, 43, 45, 50–51, 104, 130
Aquin, Thomas von 60, 142

Benelli, N. 64
Berg, Karl 72, 86
Burghart, Ernst 83
Busek, Erhard 100, 119, 121, 187 ff.

Ceccini, Michele 66, 70, 76, 88, 120
Coudenhove-Kalergi, Barbara 37

Dammertz, Viktor 102
Denzler, Georg 95
Dichand, Hans 134, 135, 136, 138, 139
Dieman, Kurt 34, 129, 130, 174, 189, 190
Dillinger, Karl 90, 91, 94, 97, 104
Dinhobl, Michael 9, 20, 33, 47, 57, 106
Dziwisz, Stanislaw 46, 64, 65, 177

Eder, Georg 35, 40, 43, 87, 92, 106, 107, 112
Eichinger, Josef 129

Fasching, Heinrich 18
Feichtlbauer, Hubert 37, 41
Figl, Johann 144
Fischer, Heinz 47
Fischer, Udo 90–92, 97, 105–107, 153, 233
Friesl, Christian 33, 37, 47
Fuchs, Franz 179
Fürnsinn, Maximilian 31, 46

Gnam, Peter 134
Goesche, Gerald 101
Göttlicher, Elisabeth 17
Graff, Michael 81,119
Groër, Hans Hermann 19, 35, 50, 52, 57, 70–72, 75, 76–80, 82, 86, 98–101, 103–109, 111, 113, 133–134, 139, 152, 162–164, 167, 169, 172, 178–180, 188–191, 204, 206, 212, 230–233
Grosz, Paul 83
Grygiel, Stanislaw 64

Habsburg, Karl 80
Habsburg, Otto 80
Haider, Jörg 43, 45, 110–114, 116–117, 121–123, 124, 126, 171, 172
Hartmann, Josef 98, 233
Hawlik, Johannes 119

Hegel, Friedrich 60
Heigl, Berthold 37
Hitler, Adolf 33
Hochgatterer, Karl 101
Höfinger, Vinzenz 90, 94, 97, 104
Humer, Martin 60, 85

Iby, Paul 29, 50, 113

Jaworksi, Marian 62–63, 80, 89, 176
Johannes Paul II. 21, 22, 34–35, 56, 61–71, 75–77, 81–83, 88–89, 96, 104, 108–114, 117, 120, 147, 161, 164–165, 176, 177, 189, 190, 214, 225
Johannes XXIII. 94, 146, 147

Kaiser, Franz Josef 37
Kapellari, Egon 17, 25, 31, 34, 39, 106
Keilbach, Wilhelm 57, 143
Kern, Jakob 104
Khol, Andreas 119, 120, 121, 168
Kirchschläger, Rudolf 80
Klaus, Josef 168
Klima, Viktor 34, 132
Knittel, Reinhard 93, 144, 164
König, Franz 35, 47, 61, 68–70, 72, 76–79, 81, 94, 96, 113, 119, 131, 153–154, 162, 177, 178, 190–191, 196, 198, 203
Kohlmaier, Herbert 92
Kolb, Anton 38
Kothgasser, Alois 21, 47
Krätzl, Helmut 21, 37, 45, 52, 54, 70, 72, 94, 153
Krainer, Josef 119
Krammer, Karl 100
Kremer, Jacob 75
Krenn, Berta 59,118
Krenn, Herwig 59, 63, 118, 175
Krenn, Hilmar 59, 118, 175
Krenn, Ingrid 59, 118
Krenn, Karl 57, 58
Krenn, Leopoldine 57–59, 118, 175
Kreisky, Bruno 119, 168
Kroisleitner, Rupert 17
Küberl, Franz 135, 138
Küng, Klaus 31, 46–47, 82, 112, 176
Kuntner, Florian 72, 113

Lashofer, Clemens 36, 105, 106, 230, 232, 233
László, Stephan 86, 113
Laun, Andreas 21, 46, 47, 81, 87, 176, 194
Lefèbvre, Marcel 102, 144, 145
Löschnak, Franz 123
Ludwig, Siegfried 80, 119
Lichal, Robert 121

Magenschab, Hans 81
Martin, Wolf 134, 136
Marx, Karl 134
Mayerhofer, Christoph 37

Mayr, Hans 116
Meisner, Joachim 46, 231
Memelauer, Michael 157
Mock, Alois 80–81, 119–120, 167 ff., 177, 190
Mölzer, Andreas 116, 121, 131, 134, 170 ff., 174
Moik, Karl 43, 126
Monduzzi, Dino 65
Moser, Karl 72

Nenning, Günther 117
Neves, Lucas Moreira 31
Niewiadomski, Josef 95
Nimmerrichter, Richard 134

Oppolzer, Johannes 37, 89–90, 93–94, 110, 111

Paul VI. 65, 77, 95–96, 146, 159
Pelinka, Peter 36
Petrik, Eva 36, 37
Pfeifer, Andreas 24
Picker, Richard 37
Pius XII. 146, 157
Plankensteiner, Thomas 27, 101, 198
Prantner, Robert 62, 131, 174 ff.
Primetshofer, Bruno 111
Pruscha, Erika 62

Raich, Benjamin 45
Rapp, Peter 178
Rathner, Christian 15
Ratzenböck, Josef 80
Ratzinger, Joseph 54, 61, 71, 140, 142, 144, 183, 191
Reese, Thomas J. 64
Roithinger, Karl 17
Rooney, Marcel 106, 107
Rossi, Opilio 66
Rotter, Hans 95
Rudas, Andreas 132
Rusch, Josef 67

Schätz, Gottfried 107, 226 ff.
Schalle, Veit 123
Schambeck, Herbert 75, 118, 120, 169
Schermann, Rudolf 153
Schlögl, Karl 132
Schmatz, Franz 90, 97
Schmidt, Heide 198
Schönborn, Christoph 10, 15–16, 18, 21–25, 29–33, 35, 38–39, 41, 44, 45, 47–51, 54–55, 88, 100, 103, 106–109, 131, 135–136, 138, 148, 170, 179, 184, 194, 196, 198, 231, 204, 205
Schopf, Hannes 132
Schranz, Karl 45, 126
Schüller, Helmut 32–34, 36, 47, 48–50, 93, 103, 135, 152, 178 ff., 196
Schüssel, Wolfgang 119
Schrittwieser, Franz 36
Schwarz, Alois 30, 36, 50
Schwarzbauer, Engelbert 60
Sieberer, Balthasar 37
Squicciarini, Donato 25, 34,

37, 38, 41, 42, 51, 88, 97, 99, 105, 162, 164, 169, 189
Stadler, Ewald 32, 173, 192 ff.
Stecher, Reinhold 52, 84–85, 98–99, 104, 166, 206
Stickler, Alfons Maria 66, 70, 78–79, 81–82, 119
Stöby, Josef 118
Stöger, Alois 159
Styczen, Tadeus 62, 64, 176
Swoboda, Marga 174

Taus, Josef 119

Ungar, Leopold 136, 178

Vranitzky, Franz 100, 169, 190

Wachter, Hubert 36, 59, 62, 93, 123
Waldheim, Kurt 80
Waldstein, Wolfgang 120
Wagner, Alois 58, 66–69, 116
Weber, Johann 16–18, 22, 35, 38, 54, 55, 87, 98–99, 106–107, 113, 117, 194, 204, 205
Wechner, Bruno 86, 144
Weinzierl, Erika 37
Weismayer, Josef 144
Werner, Christian 25, 36–37, 51, 99, 104
Wesely, Peter 17
Wilhelm, Michael 7, 17, 20, 39, 40, 41, 42, 49, 72, 148
Withalm, Hermann 168
Wolf, Franz 62
Worm, Alfred 20

Žak, Franz 82, 86, 88, 93, 96, 153, 157 ff., 169
Zauner, Franz Salesius 65, 66, 67
Zulehner, Paul 33, 36, 40, 71, 83, 95